家族世代·家族（企业）治理与财富管理实战系列

# 对话家族顶层结构

## 家族财富管理整体解决方案的27堂课

张 钧 蒋松丞
张东兰 赖逸凡 胡 弯 ◎著

SPM
南方出版传媒
广东人民出版社
·广州·

图书在版编目（CIP）数据

对话家族顶层结构：家族财富管理整体解决方案的27堂课 / 张钧等
著. —广州：广东人民出版社，2019.7
ISBN 978-7-218-13708-7

I. ①对… II. ①张… III. ①家族—资产管理—研究 IV. ①F830.593

中国版本图书馆CIP数据核字（2019）第135945号

DUIHUA JIAZU DINGCENG JIEGOU——JIAZU CAIFU GUANLI ZHENGTI JIEJUE FANG'AN DE 27 TANG KE

# 对话家族顶层结构——家族财富管理整体解决方案的27堂课

张 钧　蒋松丞　张东兰　赖逸凡　胡 弯 著　　　版权所有　翻印必究

出 版 人：肖风华

责任编辑：曾白云　王 丹
封面设计：WONDERLAND Book design
　　　　　仙遮 QQ:344581934
责任技编：周 杰　吴彦斌

出版发行：广东人民出版社
地　　址：广东省广州市海珠区新港西路204号2号楼（邮政编码：510300）
电　　话：（020）85716809（总编室）
传　　真：（020）85716872
网　　址：http://www.gdpph.com
印　　刷：广州市浩诚印刷有限公司
开　　本：787mm×1092mm　1/16
印　　张：25.5　　插　页：2　　字　数：366千
版　　次：2019年7月第1版　2019年7月第1次印刷
定　　价：78.00元

如发现印装质量问题，影响阅读，请与出版社（020-85716808）联系调换。
售书热线：（020）85716826

# 序一

## 从家族立场与为家族赋能出发

规划中的"家族世代——家族（企业）治理与财富管理实战系列"丛书一共三本，这是最后一本。因为此前两本书采用的对话模式反响比较好，所以这本书继续以对话的形式呈现给读者。

细究起来，三本书对话的场景有所不同：

《对话家族信托——财富家族定制信托的21篇实战案例》采用的是专业人士与家族成员对话的形式，话题围绕家族（企业）财富管理的核心工具展开；

而《对话私人财富管理——财富家族保护、管理与传承的21篇实战案例》则是以内部研讨的方式推进的，内容紧紧围绕家族（企业）财富管理的技术路线展开；

这本《对话家族顶层结构——家族财富管理整体解决方案的27堂课》则是以分享嘉宾与互动律师研讨授课的形式演进的，围绕家族（企业）财富管理的顶层逻辑次第展开，层层推进。

之所以做这样的安排，不仅是在进行不同的尝试，更是根据对话内容的差异所做出的契合选择。无论是哪一种对话形式，我们的目的都是一个——希望将家族（企业）财富管理的逻辑讲清楚，我们的对话从《对话家族信托》的工具逻辑出发，然后到《对话私人财富管理》的技术逻辑，最后到本书探讨的"逻辑"的逻辑，形成一个完整的递进式的层次安排。当然，在讲逻辑的过程中，我们从未忽略对家族（企业）财富管理的知识与方法的介绍，只是更侧重逻辑的交流罢了。

我们始终认为，逻辑、知识与方法的融合才能形成一种真正的能力，希望包括家族成员在内的读者能够从中获取力量与能力；我们始终强调，应当朝着家族（企业）的保护、管理与传承并重的财富管理目标出发，同样也希望家族（企业）能够获取力量与能力。坚持传播逻辑的目的是希望为中国家族成员、家族及家族企业赋能，而非其他。这是我们的初心，从来没有变过，未来也不会改变！

探讨家族财富管理有很多视角与立场，我们所坚持和强调的始终是家族立场，这是我们在这一领域研究与实践的出发点。家族才是财富的创造者，家族才是财富的主人，家族才是让财富更具社会价值的主要推动力量，从家族立场出发是一种必然的选择！

与此相对的是机构立场，如果从服务机构的立场出发，其中的很多逻辑显然是完全不同的，甚至是对立的。家族立场是家族财富管理的本质，从家族立场出发，而非其他，这同样是我们的初心，从来没有变过，未来也不会改变！

家族顶层结构实际上包括家族顶层结构及家族企业顶层结构两个层面。家族（企业）既涉及"人"的关系，也涉及"权益"的关系，由此，我们往往从"家族（企业）治理"与"家族（企业）所有权结构"两个角度观察考量。这两个考量与观察维度实际上是本书真正的主线，也正是我们在实践中把握的主线，只有把握住这两条主线才可能构建并落地家族财富管理的整体解决方案。

本书中多次提到了家族力，也具体谈到了家族的生存力、发展力与价值力，但并没有更深入地打开这个话题，事实上这是我们目前研究的重中之重。我们将家族（企业）财富管理划分为私人财富管理、家族（企业）顶层结构设计及家族力整体提升三个层次，有效的家族（企业）顶层结构设计确实在其中发挥着承上启下的作用，这是我们将本书作为系列丛书最后一本的重要原因。决定家族未来的是家族力，我们在下一个系列里，将会就家族力继续"对话"下去。

这本书也许并没有讲更多的案例，甚至可能会让人略感枯燥，但确实汇聚了我们对中国家族（企业）财富管理的深度思考与经验总结，虽未必是"大餐"，但绝对不是"快餐"，更不是"碎片"。

闲话少叙，先请您进入本次关于家族顶层结构的对话，也期待着您在其中找到自己的角色，实现为您"赋能"！

是为序。

谢玲丽

二○一九年四月于广州

# 序二
## 以终为始　对话人生

　　2018年，家族（企业）及私人财富管理服务市场异常火热，虽然其间遇到了太多的家族传奇与家族故事，但能坐下来认真"对话"的时间实在是少之又少。本来计划于2018年12月完成的《对话家族顶层结构——家族财富管理整体解决方案的27堂课》严重滞后，从"对话"到完成历时八个月有余，想来也是惭愧！

　　这本书依然以"本立""道生""家和""世丰"四篇为纲，从第1堂课"决定家族未来的正确逻辑与起点"，到第27堂课"转危为机"，在大的逻辑上是一个完整的对家族（企业）财富管理整体解决方案的总体构想，但每一堂课之间是否有完整的体系化关系却无法保证；虽有逻辑线索，但并没有刻意为之，结构安排似乎有随性之处，也请读者见谅。

　　"本立"与"道生"两篇一共有14堂课，安排的是对底层逻辑及一些基础性问题的探讨，这是家族（企业）在进入顶层结构设计、财富管理整体解决方案构建前必须明确的一些核心问题，或是方向，或是准则，或是逻辑，或是层次，或是要素，抑或是对误区的澄清，总之这些都是家族出发前的"必备干粮"，是一些必须要有的共识！

　　"家和"与"世丰"两篇一共有13堂课，呈现的是对应用逻辑及一些关键性问题的探讨，重点关注家族（企业）顶层结构设计、财富管理整体解决方案构建的重要技术路径及关键要素的把握；或是方向，或是准则，或是原理，或是层次，或是要素；有结构，有工具，有文化，有教育，有培养，也有危机管理，这里谈得更多的是应用层面的主张与共识！

所以从整体结构上看，这本书可以分为上、下两个部分。

之所以选择对话模式，就是希望能够表达得更"轻"，但一旦落在纸上，感觉还是有点"重"了，看来还是功力不够，尚没有达到举重若轻的境界。

"对话"是有场景的，而且有些基础性逻辑、基础性模型、基础性观点，确实重要，虽已经力求从不同层次、不同角度进行表达，但难免在不同的"对话"中有所重复，可能因此浪费了您的阅读时间，在此致歉！

"对话"系列之《对话家族信托》《对话私人财富管理》及《对话家族顶层结构》至此算是圆满了，这个系列该结束了。

但是，持续的研究与实践告诉我们，家族力才是家族的核心，所有看似系统化的体系，从家族力角度观察也许都有打碎重构的余地，家族力的整体提升才是最为究竟的解决方案。

所以，就家族力而言，当下才是刚刚开始的时候！这是所谓的"以终为始"。

"对话"让我们用最直接的方式传递思想与情感，必将伴随我们的一生，与家族同行也是一生的事业。"对话人生"看似轻，实则重！

感恩这个时代！

感恩砥砺前行的人们！

是为序。

张 钧

二〇一九年四月二日于广州

# 目录
CONTENTS
对话家族顶层结构

世丰

家族立场　独立视角

勤俭，治家之本。
和顺，齐家之本。
谨慎，保家之本。
诗书，起家之本。
忠孝，传家之本。
——《格言联璧》

本

立

对话家族顶层结构

# 决定家族未来的正确逻辑与起点

## ——挑战、目标、方向、逻辑与立场

**分享嘉宾：** 大军律师

**互动律师：** 逸凡律师、胡弯律师、东兰律师

**分享时间：** 2018年9月6日　星期四

## 课堂研讨

世代交替　　所有权更迭　　转型升级　　全面合规

**大军律师：** 今天是《对话家族顶层结构》的第一堂课，希望对后续围绕这个主题展开的26堂课具有一定的引领价值。我们首先从家族（企业）财富管理整体解决方案的关键视角出发，以厘清最基本的逻辑与起点。

**逸凡律师：** 请问大军律师，这组《对话家族顶层结构》与《对话家族信托》及《对话私人财富管理》两组对话的差异在哪里？

**大军律师：** 《对话家族信托》与《对话私人财富管理》以实战案例作

为对话内容展开，而《对话家族顶层结构》则以逻辑为对象展开对话，更多的是探讨家族（企业）财富管理背后的逻辑，这是最大的差异。

《对话家族信托》研究的是家族（企业）财富管理的核心工具，《对话私人财富管理》更多的是探讨财富管理技术层面的内容，而《对话家族顶层结构》则从逻辑出发展开讨论。由工具、技术及逻辑构成三组"对话"，我们的目标是能够真正为中国家族（企业）及财富管理行业的从业者赋能。

当然，《对话家族顶层结构》同样也是从实战经验出发的，从这一点上来看，三组"对话"是相同的。我们的所有讨论一定是以实战基础为前提的，有经验的家族人士或专业人士可能会认为我们的讨论干货满满，但缺乏经验的反而可能会认为我们讨论的逻辑"有点虚"、不落地，这都是正常的。

**东兰律师：**从某种意义上说，家族（企业）财富的传承问题俨然已成为当下家族（企业）财富管理领域最重要的话题，这一领域的专业活动及市场活动一般都是从传承这个维度切入的。

**大军律师：**东兰律师观察得很准确！我注意到从2012年中国财富管理元年开始，大家首先关注的就是传承问题，谈家族财富管理必首言传承！

需要特别注意的是，近年来的家族（企业）财富管理服务经验告诉我们，传承问题确实是家族（企业）财富管理必然要面对的核心问题之一，但这未必是家族最迫切的诉求，也并不见得是最首要的问题。

**胡弯律师：**大军律师的观点一直是家族（企业）财富的保护、管理与传承三者并重的，但近两年尤为明显地感觉到您似乎愈来愈强调"保护"了。

**大军律师：**的确如此。就当下大多数家族（企业）而言，我认为家族（企业）财富的"保护"更为重要！也尤为迫切！

**胡弯律师：**期待大军律师的深度分享。

## 重新澄清家族（企业）所面对的系统性挑战

**大军律师：**我们这里谈到的家族（企业）实际上包括家族成员、家族及家族企业三个对象，挑战也是针对这三个对象来展开的。

在这里我借用一下"无常"的概念。"无常为常"是家族成员必须面对的基本挑战，通常涉及"人寿无常、人无完人、人心难测"三个演绎的维度。

人寿无常。我们永远无法知道下一秒会发生什么，一呼一吸之间可能已经阴阳两隔。虽然人们总想向天再借五百年，但改变不了逐渐走向衰老，更无从把握何时或以何种方式离开这个世界的残酷事实；虽然我们对健康、情感、生活、事业都信心满满且充满美好期待与把握，但永远无力左右变化与意外的不期而至。

也许我们足够"强大"，但面对自然却如此"渺小"；也许我们足够"健康"，但面对疾病却如此"脆弱"；也许我们足够"安全"，但面对意外却如此"无助"；也许我们足够"有把握"，但面对变化却如此"无力"。

**逸凡律师：**"人寿无常"大家都是理解的，只是这些"无常"没有发生在自己身边，感受没有那么真切，总觉得与我无关或存在侥幸心理，这是最大的风险。

如何理解"人无完人"呢？

**大军律师：**人无完人。这是每一个人都理解的常识性问题。但是我想要讲的是，能力再强，再完美，我们也不可能做到永远英明神武；即便是满身铠甲，也总有"命门"，只要是人就一定有弱点，都有可能被击倒，甚至往往在自认为不可能被击倒时被击倒。也就是说，我们将一切安排和期待寄托在个人的永远英明神武上是不可靠的。

**东兰律师：**这使我想起了这几天传得沸沸扬扬的国内某知名公司董事局主席兼CEO"涉嫌性侵事件"，无论结果如何，事件本身就是对"人无完人"的诠释。

再比如，近期被炒得沸沸扬扬的国内某知名手机品牌的董事长在海外赌博，输掉数亿元导致公司陷入困境的事件，不也恰恰证明人无完人吗？

在这里我们不探讨事件的真相，只能期待这一切都能过去，不要让无辜者受到伤害，更不要让这个"偶然"成为公司的致命一击。

**大军律师**：下面要谈到的是"人心难测"。

期待善良与美好是人的本性，向往"内心柔软，相互抵达"是一个美好的愿望。但是在社会信仰普遍缺失的当下，人们的内心并不是越来越柔软，而是越来越坚硬。面对坚硬的人心，太多不应该发生的事情，却发生了；太多应当做的事，却没有人理会。

我们事实上是无法给予更多"心"的期待，"心"从某种意义上说是最难把握的！换句话说，实际上人是最难把握的。

**胡弯律师**：我理解这就是您所讲的"无常为常"，事物处于一种不确定的、持续不断变化的且无法真实把握的状态，而这才是事物的真相。

上面所说的"无常为常"更多是从家族成员的视角观察的，那么家族和家族企业面对的核心挑战是什么呢？

**大军律师**：四期叠加！

具体而言，中国家族（企业）不仅全面进入到了世代交替期、所有权更迭期、转型升级期，同时也进入到了全面合规期。

世代交替期 ➡ 所有权更迭期 ➡ 转型升级期 ➡ 全面合规期

**东兰律师**：对于中国家族（企业）面临的所谓"三期叠加"挑战，我们是非常熟悉的，团队在多部财富管理领域的研究专著里也有过较为详细的阐述，理解起来也并不困难。

那么"全面合规期"如何理解呢？

**大军律师**：我们还是要展开解读一下。可以尝试用两条线索对"四期叠加"进行探讨。

第一条线索是世代交替与所有权更迭。

很多中国家族企业已经进入到交接班的关键期，家族企业的领导权将从创一代交给继任一代；同时，财产权益也将由上一代传递给下一代。"权杖"继承与财产相续虽非完全同步，但往往是相伴而生的。

这里边的挑战是不言自明的，财产性权益的传承与"权杖"交接的挑战之大是超出想象的，更为严峻的是中国家族自身缺乏经验，也缺乏可供借鉴的经验；没有规划，当然也没有必要的准备；就"道"而言相应的理论研究极度匮乏，就"术"而言缺少对技术最基本的认识。

从现状来看，世代交替与所有权更迭让中国家族（企业）集体地彷徨且迷茫了！

**逸凡律师**：那第二条线索呢？

**大军律师**：第二条线索就是转型升级与全面合规。

今天中国家族（企业）面对的困难局面是超出想象的，中国传统家族企业普遍需要面对商业模式的优化、重构与创新的挑战。"不改变是等死，改变是找死"，这话虽然有一些夸张，但也反映出了挑战的巨大。

优化、重构和创新说起来容易，但做起来却极为艰难，究其原因，就是中国家族（企业）普遍不具备转型升级相应的关键资源能力，甚至也欠缺获取这些关键资源能力的能力。

更为重要的是，合规经营的要求在不断提升，包括政商关系的合规、财务的合规、税务的合规、劳动关系的合规、环境保护的合规、知识产权的合规、安全生产的合规、市场竞争的合规，等等。合规带来最大的变化是什么？全面合规对于企业而言首先是成本的提升，利润的下降，市场竞争能力的下降；其次，企业要面对民事责任、行政责任及刑事责任的交集，面对的不仅是彷徨与迷茫，很有可能直接面对的是生与死的挑战。

**胡弯律师**：看来全面合规的挑战确实很大！

**大军律师**：真正的难点在于这个全面合规是全球性的全面合规。美国制裁中兴事件应当给中国的企业敲响了警钟，值得所有中国企业家警醒。在全球全面合规的背景下，面对的是复杂的国际政治、经济及法律环境，已经无法用公平与正义去思考和判断问题。

毋庸讳言，中国家族（企业）都有意或无意、直接或间接地参与到了全球化的竞争中，面对的是全球化背景下的转型升级与全面合规，对中国家族（企业）而言虽是"不可承受之重"，但来势又是如此的不可阻挡。可以肯定地说，转型升级期、全面合规期的到来对于中国家族（企业）的挑战所带来的影响是极其深远的。

环境决定需求与选择。在这样的大背景下，中国家族（企业）需要的到底是什么呢？我们需要深度思考一下。

**胡弯律师：** 我觉得大军律师的分析很到位，对于中国家族（企业）的挑战一定不能人云亦云，一定要有清晰的独立判断。

大军律师，您此前似乎也谈到过文化方面的挑战，可否从这个角度把话题打开一下？

商文化　　　　　家文化

**大军律师：** 是的。商文化与家文化的同时缺失也是中国家族（企业）面对的一大挑战，但是这往往是极易被忽略的。

这一点我不想太多地展开。前一段时间出现的长生生物等公司的"问题疫苗"事件，如此令人发指，就是一个最典型的商文化、商业伦理缺失的表现。在缺乏"诚信、责任、思利及人"等商文化的大背景下，这类事件的发生是必然的，而非偶然的。

"家文化"的重塑对于中国家族（企业）而言同样也是一个艰巨的挑战。从我们的经验来看，除福佬及客家两大民系背景的家族对于"家文化"尚有相对完整的延续与关注外，大部分家族的"家文化"显然出现了断层与迷失。找到文化的正确方向已经实属不易，重塑更是任务艰巨，可以说这是一个时代背景下的现状。

**逸凡律师：** 总结一下大军律师的观点，无常为常、四期叠加及商文化与家文化的缺失是中国家族（企业）面对的核心挑战。这个理解完整吧？

**大军律师：** 挑战有很多不同的观察维度，有不同类型化的切入点，都有一定的道理。但是，逸凡律师上面的概括的确是我当下对家族（企业）面临挑战的基本观点。

但是这三个层次的挑战事实上是紧密关联、互为影响的。商文化与家文化的缺失会加大"人"的风险和企业的风险；而"人"的风险又会实质性影响企业的风险；企业的风险同样也会诱发"人"的风险。可以肯定地说，上述这些风险是很难割裂开来的，大多数情形下是互为影响的。

我们探求家族（企业）挑战背景的目的是为了找到家族诉求与目标的起点，同时也是为了发现家族（企业）财富管理产品与服务的起点、家族（企业）顶层结构设计的起点、家族（企业）整体财富管理解决方案的起点。否则，我们在家族（企业）财富管理领域中的研究、服务与创新将丧失方向。

## 财富管理的目标与方向到底是什么？

**东兰律师：** 我算是理解大军律师的核心判断了，也更加理解家族（企业）财富保护、管理与传承目标并重背后的逻辑了。

**大军律师：** 这就回到了讨论开始时讲到的话题——保护、管理与传承并重的财富管理目标。我认为，就大多数中国家族而言，家族财富的传承固然重要，但家族财富的保护和管理更为真实，家族财富保护目标的实现尤为迫切。

这应当是老生常谈的话题了，我们已经强调很多年，今天上面关于家族（企业）核心挑战的讨论，就是去揭示其中的缘起。

**胡弯律师：**您在很多公开场合都在强调这个问题，为什么这个问题如此重要呢？

**大军律师：**这是一个最为根本且重要的问题。

就如同你从广州周大福金融中心开车去深圳国际创新中心的深圳大成办公室，只有确定了目标，才可以去确定行车方向。换句话说，有目标才有方向！回到财富管理上来，如果财富管理的方向搞错了，你的解决方案及路径选择一定会出现问题！

问题通常包括重要且紧急、重要不紧急、紧急不重要、不紧急也不重要等四种情形。一般情况下先处理什么问题呢？毕竟要考虑轻重缓急，当然首选是处理重要且紧急的问题。家族（企业）财富的系统性安全问题对于大多数家族（企业）而言就是重要且紧急的问题，所以"保护"目标的实现是最为迫切的，这个目标应当确定为大多数家族（企业）财富管理的出发点。

**逸凡律师：**其实多重目标也是有可能同时实现的吧？

**大军律师：**问得好！当然是这样的。很多财富管理的方案、工具及技术一定是可以同时实现多种目标的，这是确定的，但一定要寻找到一个逻辑起点。

比如家族信托，基于信托财产的隔离功能，产生了极大的财富保护价值，这是基础性的，管理及传承这两个目标的实现是在此基础上设计和衍生的。如果不是从保护出发，也许根本不会选择家族信托这个工具。这恰恰就是道理所在！

事实上，通过路径选择与工具运用的综合平衡，在家族（企业）财富管理的方案设计中确保实现首要目标，兼顾其他目标的实现是完全有可能的。

**东兰律师：**完全同意！很多人今天讨论并谋划传承百年、基业长青的时候，可能当下面对的却是基本财富安全连第二代有效传承都无法实现的尴尬，这不是荒唐吗？家族（企业）财富管理中把握首要目标、同时兼顾其他目标的平衡是一个应当坚持的方向！

## 家族（企业）财富管理的七个基础逻辑

**胡弯律师：** 厘清了目标，找到了方向，下面就是路径的选择了吧?

**大军律师：** 不是，还没有到讨论路径的时候。事实上在探讨路径选择前，首先还是要进一步明确一些基础逻辑，达成共识。同时也要找到我们的立场所在，这也是至关重要的。具体的路径安排在后面的对话中会次第展开。

下面的一些基础逻辑我认为是应当首先明确的，这是进行家族（企业）顶层结构设计的基础，当然这些逻辑也是我们始终坚持的，也希望得到中国家族（企业）与行业的认同。

**逸凡律师：** 愿闻其详。

**大军律师：** 我概括了家族（企业）财富管理的七个基础逻辑和一个根本立场。

逻辑一：不是财富传承，而是财富的保护、管理与传承；

逻辑二：不是私人财富管理，而是家族（企业）与私人财富管理；

逻辑三：不是一个层次，而是三个层次；

逻辑四：不是双层规划，而是三层规划；

逻辑五：不是单一治理，而是平行治理；

逻辑六：不是两项权益，而是四项权益；

逻辑七：不是一个点子，而是一个系统。

实际上，在家族（企业）财富管理中需要厘清、明确且坚持的逻辑是很多的，这些逻辑实际上也是存在多个层次的，上面这七个逻辑更多是从家族（企业）顶层结构设计进行考虑的，或者说是从家族（企业）财富管理的整体考量出发的。

**东兰律师：** 这几个逻辑确实是我们在做家族（企业）财富管理，尤其是家族（企业）顶层结构设计过程中提炼并坚持的核心逻辑。还是请大军律师展开解析一下。

**大军律师：**我也只能在这里对上述逻辑原则性介绍一下，具体的阐述实际上在后面的对话中会有完整的演绎。

"逻辑一：不是财富传承，而是财富的保护、管理与传承"这个逻辑刚才已经讲得比较清楚了，保护、管理和传承三个目标要并重，而且保护更为迫切。不再赘述。

"逻辑二：不是私人财富管理，而是家族（企业）与私人财富管理"，实际上是应当首先搞清楚的核心问题。家族成员、家族及家族企业的财富管理是一个有机的统一体，是一个整体与局部的、多层次的复合关系；不站在家族（企业）财富管理的角度，妄言私人财富管理是行不通的，是在误导中国家族。

从家族的财富管理、家族企业的财富管理及家族成员（私人）的财富管理三个维度进行系统性的观察、研究、规划与实施，才是财富管理的正道。

"逻辑三：不是一个层次，而是三个层次"是我们近几年在实践和研究中逐步清晰化的，我认为这也是团队对家族（企业）财富管理行业比较重要的贡献之一。必须把握私人财富管理、家族（企业）顶层结构设计与家族力整体提升这三个家族（企业）财富管理层次，而不仅仅是私人财富管理层次。"家族（企业）顶层结构设计"是家族（企业）财富管理的抓手，"家族力的整体提升"事实上才是家族（企业）财富管理的本质。

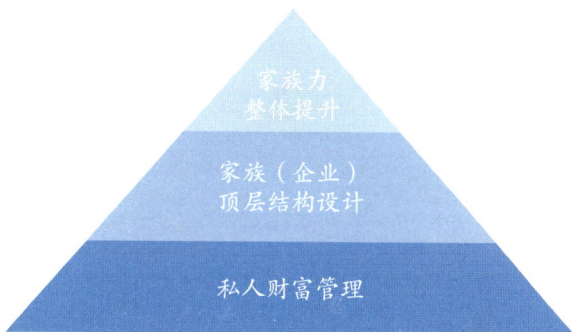

家族力
整体提升

家族（企业）
顶层结构设计

私人财富管理

**逸凡律师：**"逻辑四：不是双层规划，而是三层规划"与"逻辑五：不是单一治理，而是平行治理"这两个逻辑我们的观点形成是比较早的，似乎与传统观点是有所区别的。

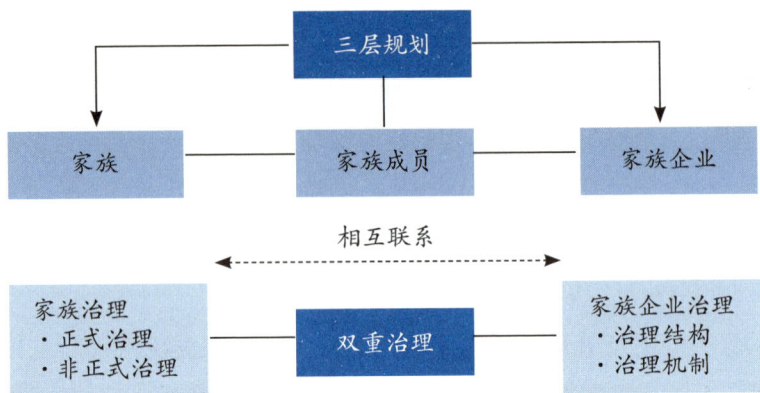

**大军律师：**这个观点是我们在2012年提出来的。传统观点认为是"双层规划、平行治理"，具体而言是家族规划与家族企业规划的双层规划，家族治理与企业治理的平行治理。

传统研究的大逻辑我是认同的。我们所讲的平行治理实际上与传统观点是一致的。在规划上，我们将家族成员的规划从家族规划中独立出来，形成了家族成员规划、家族规划及家族企业规划的三层规划格局。家族成员的规划有其特定的、独立的价值，更应当得到充分的重视与尊重，这个变化从实践来看是蛮重要的一个价值取向！

**胡弯律师：**从我的体会来看，"逻辑六：不是两项权益，而是四项权益"和"逻辑七：不是一个点子，而是一个系统"这两个逻辑也是特别要重视的。

**大军律师：**的确如此。家族（企业）内部存在两类关系，其一是"人"的关系，其二是"权益"关系。"人"的关系我们通过治理的逻辑去解决，"权益"的关系我们在实践中用所有权结构的逻辑去把握。

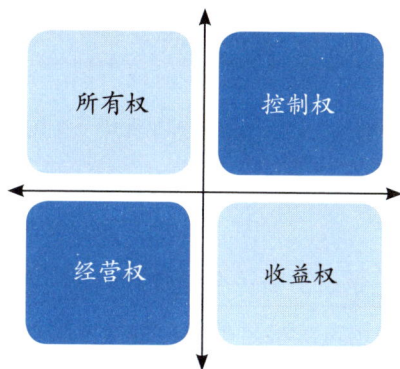

通常大家更关注的是所有权及经营权（管理权），事实上控制权与收益权也是应当予以足够重视的。在家族（企业）财富管理中，要实现的是所有权、控制权、经营权（管理权）及收益权的有效配置。

从四个权益出发进行权益配置在财富管理领域是一个非常重要的突破，不仅充分打开了解决家族（企业）财富管理中权益安排的视野，也有效拓宽了家族（企业）财富管理的实现路径。

从家族（企业）所面对的背景和挑战来看，家族（企业）的发展与传承面临着系统性的问题。很多情况下，大家可能更关注一个"好点子"，认为好点子可以解决今天面对的所有问题。但生活常识告诉我们，系统性问题不是仅仅依靠一个好主意可以解决的，系统性问题必须运用系统性方案去解决，所以"不是一个点子，而是一个系统"。

**东兰律师**：我觉得大军律师对于这七个逻辑的介绍只是点到即止，不解渴。

**大军律师**：你说对了，肯定是不解渴的，27次"对话"进行完了，才会真正解渴！

## 立场比什么都重要，家族立场才是王道

**东兰律师**：大军律师，我知道您所讲的立场实际上指的是"家族立场"，这个问题您是如何理解的？

**大军律师**：这个问题太关键了，是基础中的基础！

是或者非、大或者小、好或者坏、对或者错，都是在确定立场后才可以做出判断的，站在不同的立场做出的判断是不同的。这是我们日常生活的基本经验。

进而，不同的立场，取向不同、目标不同、选择也是不同的。举例而言，站在家族成员个人立场，某一个安排可能是一种当然的选择；而同样一件事情，站在家族立场可能是另外一种截然不同的选择。

**逸凡律师**：家族立场的关键是什么？

**大军律师**：这个问题问得好！平衡是关键！

这里所讲的平衡是在家族优先的前提下的家族立场与家族成员个人立场的平衡，不同的家族结构与基因存在不同的家族文化与价值判断，其选择的平衡点、甚至平衡的逻辑都是不同的，是千差万别的，很难一概论之。

**胡弯律师**：家族立场有没有其他考量的维度？

**大军律师**：当然有！对于家族内部而言，家族立场的关键是平衡。其实接下来我要强调的也是家族立场的重要内容——专业财富管理机构的家族立场，这里要强调的是"坚守"。

最近连续有两个家族信托的项目找到我，都是某"家族办公室"作为家族顾问在帮助家族定制的境内"家族信托"，家族在无法接受所谓的家族信托的安排时才向我们寻求帮助的。

**逸凡律师**：家族无法接受的主要原因是什么？

**大军律师**：做家族信托的两个家族的领导者都是中年企业家，两位企业家关系很好，也是基于相互影响逐步接受了家族信托的理念。同时他们对于专业机构也是非常信任的，所以共同委托了一个家族办公室协助定制他们的家族信托。

但是在这个过程中，他们感觉到这个家族办公室是在利用其"专业"优势地位，一切从机构立场出发，而忽略了家族的基本利益。具体表现不仅是方案实现的成本问题，更重要的是该机构试图通过信托参与者权利的安排长期控制和绑架家族利益，这是他们无法接受的。

家族与机构之间建立的应当是信任与同行的关系，而不是控制与绑架的关系；家族财富管理机构应当从家族立场出发，而不应当从机构立场出发。这是最基本的行业良心，是我们这些从业者的本分，也是我们最应当坚守的！具体我不想讲了，看完这个机构的家族信托安排，惊叹于其无知与狂妄，走得太远了，我确实是无语了！

**东兰律师：**这样的例子其实我们遇到了很多，确实是感同身受！平衡与坚守，非个人立场而是家族立场，非机构立场而是家族立场，这是家族立场要确立的两个基点！

## 启示与建议

● 家族（企业）面临的挑战是家族诉求与目标的起点，同时也是家族（企业）顶层结构设计及家族（企业）整体财富管理解决方案的起点。

● 家族（企业）财富的系统性安全问题对于大多数家族（企业）而言就是重要且紧急的问题，所以"保护"目标的实现是最为迫切的，这个目标应当确定为大多数家族（企业）财富管理的出发点。

● 私人财富管理、家族（企业）顶层结构设计与家族力整体提升这三个家族（企业）财富管理层次中，"家族（企业）顶层结构设计"是家族（企业）财富管理的抓手，"家族力的整体提升"才是家族（企业）财富管理的本质。

● 家族（企业）内部存在两类关系，"人"的关系应当通过治理的逻辑去解决，"权益"的关系应当运用所有权结构的逻辑去把握。

● 从所有权、控制权、经营权（管理权）及收益权出发进行权益配置，不仅充分打开了解决家族（企业）财富管理中权益安排的视野，也有效拓宽了家族（企业）财富管理的实现路径。

● 家族与机构之间是信任与同行的关系，而不是控制与绑架的关系；家族财富管理机构应当从家族立场出发，而不应当从机构立场出发。

# 互为表里，成就中国家族的当下与未来
## ——持续深度关注家族生态系统与家族力

**分享嘉宾：**大军律师

**互动律师：**东兰律师、逸凡律师、胡弯律师

**分享时间：**2018年9月11日　星期二

## 课堂研讨

**大军律师**：昨天参加了一个家族办公室在广州组织的活动，这个家族办公室在服务体系中对我们提出的"家族生态系统理论"进行了整体借鉴，我当时觉得非常兴奋，我们的理论能够被广泛运用这本来就是我们的初衷。但系统了解之后又发现这家机构似乎没有真正把握家族生态系统的核心，这对我触动很大，也引发了我的一些思考。所以今天将讨论的主题之一确定为"家族生态系统"。

基于对家族（企业）保护、管理与传承领域多年研究与服务经验的总结，我们于2017年提出了关于"家族力"的观点，家族力实际上与家族生态系统是互为表里的关系，可以一起讨论，所以也同时将"家族力"作为今天讨论的主题之一。

**东兰律师**：家族生态系统与家族力两个逻辑体系我们都是较为了解的，但我个人倒是没有从二者关系的角度进行过深度思考，仔细想来确实可以从互为表里的关系角度去探究一番。

**胡弯律师**：这个角度非常好。只有构建健康有序的家族生态系统，才能获得更强大的家族力；只有拥有更强大的家族力，才能持续优化家族的生态系统，这确实是一个互为表里的关系！

## 为什么要持续关注家族生态系统

**逸凡律师**：为什么您一直以来都特别强调家族生态系统呢？

**大军律师**：其实我们都有这样的体验，当对一件事情深陷其中时，会更多地关注一些细节，反而不会从整体与全局出发去考虑，甚至会"迷"在其中。所谓"当局者迷"就是这个道理。

这个时候走远一点，或者站得高一点去观察和思考，往往会摆脱细节与局部的桎梏，看得更清楚、更全面、更透彻，也更能够保持足够的清醒与理性。

家族生态系统的模型和理论就是这样的全局审视工具。如果从这个视角出发，我们必然会站得更高、看得更远，对家族（企业）的了解更清楚、更全面、更透彻。

**东兰律师**：我理解刚才大军律师是从观察问题的视角去解读家族生态系统的，是这样吗？

**大军律师**：刚才的解读是这样的，其实还有其他的视角。

无论是对于家族问题的剖析解构，还是对家族事务的规划与安排，都需要站在一个更高的维度上，从家族全局视角出发，纳入对各类家族财富及其互动与联系的考量，通过对家族完整图景的刻画，建立起广泛而深刻的家族问题认知，进而寻求完整而系统的家族事务解决之道。

从另外一个角度来看，家族生态系统不仅是一个全局审视的工具，其本身也是一个解决问题的模型与工具，完全可以运用这个工具来系统性解决家族所面对的系统性诉求。

进而，我们还可以换一个角度来看，家族生态系统不仅是家族发现与解决家族问题的工具，同时也是家族所诉求的家族事务的答案本身。

家族生态系统是出发点、也是过程，同时也是终点，是"三合一"的。如果把握不好家族生态系统，则既找不到出发点，也没有路径，更找不到终点。

家族生态系统如此重要，难道不值得重视吗？这就是我们强调家族生态系统的根本原因！

**胡弯律师**：既是工具，也是答案，当然要重视！

**大军律师**：为什么在进行家族（企业）财富管理过程中，对很多问题把握不准，甚至有些规划和安排的方向与路径从根本上都是值得商榷的、是错误的？

家族或财富管理服务机构尚未形成或把握一个清晰的整体框架与全局视角，这是认识、规划与安排的最大障碍。尤其是在做家族（企业）财富管理整体解决方案、家族（企业）顶层结构设计的过程中，缺乏这个框架与视角很可能是致命的。

## 不只是看图说话，家族生态系统背后的逻辑

**逸凡律师：** 下面还是请大军律师深度解读一下家族生态系统模型吧。

**大军律师：** 家族生态系统基于我们对错综复杂的家族挑战和解决之道的长期关注，来源于我们与家族客户的共同研究与实践，整合了多学科领域前沿洞见。从2013年"家族生态系统"这一模型及相应的理论体系形成至今，应当说已渐趋完善。

家族生态系统是指在一定的社会空间内，家族与社会环境构成的统一整体。在这个统一整体中，家族内部各类要素，家族与环境之间相互影响、相互制约、不断演变，并在一定时期内处于相对稳定的动态平衡的系统性关系。

家族生态系统的提出，标志着对家族问题的研究拥有了一个全新的全局视角。家族内的各要素及不同逻辑与层次，都能在家族生态系统的框架内找到位置。

**逸凡律师：** 每一个家族都是存在于特定环境中的，必然会受到环境的影响，这是每一个家族都必须要特别关注的。

**大军律师：** 正如逸凡律师所言，环境是家族生态系统存在的大背景，环境要素是一个变量，同时也是影响所有变量的宏观力量，是每一个家族都应长期关注的重要因素。

将家族生态系统放在大环境下进行考察，能够有效把握家族成长与衰退的宏观动因，进而明确家族自身所处境况、挑战、潜力与战略方向。生态系统中的环境背景主要包括五类环境要素：政治（political）环境、经济（economic）环境、社会（social）环境、科技（technological）环境与物理（physical）环境。

| 政治环境 | 经济环境 | 社会环境 | 技术环境 | 物理环境 |
|---|---|---|---|---|
| 工作场所规范的增多 | 新的经济周期 | 变化的价值观 | 全球通信 | 自然灾难 |
| 环境规范的增多 | 货币价值的波动 | 变化的性别角色 | 电子数字技术应用的扩展 | 气候改变 |
| 对社会效益的要求增加 | 微型市场和专门化 | 企业民主性不断提高 | 基因工程 | 流行疾病 |
| 政府管制的增加 | 通货膨胀率 | 生育高峰期出生的一代人的影响 | 互联网在商业活动中的应用增加 | 工业或核事故 |
| 地区政府关系 | 地区贸易联盟（TTIP和TIP） | 老龄化的人口 | 互联网在通信和娱乐活动中的应用 | 污染的残留后果 |
| 地区冲突 | 全球合并和收购 | 移民 | 非限制性计算力量 | 石油和化学品的替代物 |
| 政治趋势调整 | 多变的全球金融市场 | 道德约束 | 通信的便利性 | 空间技术 |
| 国际政治合作与对立 | 市场经济 | 多元化的价值观 | 加密数字货币（如比特币） | 海洋开采 |
| 新兴经济 | 自由贸易和新贸易壁垒 | 种族特点 | 移动互联网 | 未来技术 |

**东兰律师**：如何理解家族生态系统内部各类要素呢？

**大军律师**：我们一定要打开观察问题的维度，从多个角度观察可能会更接近真实，对家族生态系统要素的研究也是如此。家族生态系统实际上存在"内核"与"外核"的区别，有"灵魂"与"肉身"不同维度的考量。

以家族领导机制为核心，以法律筹划、税务筹划、财富管理、生活定制为路径，通过对所有权、控制权、经营权与收益权的衡平，运用沟通、教育、雇佣和规划的实现手段，凝聚家族共同愿景与价值观，获得把握机遇、战胜挑战的持续发展能力，构建起代际融合、文化融合、情感融合、资本融合的现代家族生态内核。

家族生态内核是具备虚拟属性的家族核心枢纽，是一种对家族深层次运行机制的认识，是实践上的指导原则，是在"道"的层面上的领悟与理解，是家族的"灵魂"所系。

围绕家族生态内核部署治理系统、投资系统、法务系统、税务系统、风控系统、教育系统、慈善系统和生活系统，对家族人力资本、文化资本、金融资本和社会资本进行保护、管理与传承，构建起现代家族生态外核。

家族生态外核是具备现实意义的家族支撑结构，是对家族事务运作逻辑的理解，是具体的实践活动经验，是在"术"的层面上的熟稔与高超，是家族的"肉身"所在。

既应有强大的"灵魂"，同时也应有健康的"肉身"。家族生态系统的内核和外核与环境之间相互影响、相互制约、不断演变，并在一定时期内处于相对稳定的动态平衡状态。

**胡弯律师：** 说实话，这段讲述的信息量有点大，需要好好消化，但是家族生态系统要素及构建的大逻辑体系我们是基本理解了。

**大军律师：** 说得通俗一点，这个家族生态系统不能以"看图说话"的方式去解读，也不能"望文生义"地去理解，其后面还是存在比较复杂的逻辑体系的，需要不断理解和消化。我之所以说昨天那个家族办公室没有把握住家族生态系统的核心，就是因为他们没有发现什么是家族生态系统的"内核"，什么是家族生态系统的"外核"。

就如同我前面所讲到的，可以从"工具"角度将家族生态系统理解为一个家族（企业）财富管理的理论工具，也可以将家族生态系统作为实现家族（企业）财富管理的实施工具；同时当然也可以从"答案"角度将其作为家族（企业）财富管理的方向和目标。

**逸凡律师：**关于家族生态系统还有什么要特别注意的吗？

**大军律师：**补充一点。我们所讲的、所要构建的是一个充满活力的、平衡的家族支持系统；而不是一个一成不变的、单向的管控系统。家族在财富管理中，是以"支持"还是以"管控"立场审视家族生态系统或构建家族生态系统是一个根本性的问题。

只有从"支持"的取向出发，才可能激发家族生态系统中的各类要素的"活力"；同时，努力实现家族生态系统中各类要素的持续的动态"平衡"也是最关键的目标。可以说，"支持"与"平衡"是理解家族生态系统必须把握的两个关键词。

### 家族力——真正的答案就在这里

**东兰律师：**关于家族生态系统的问题有点"烧脑"，暂时还没有全部理解，我觉得要换换脑子，还是讨论一下家族力的问题吧。

生存力——家族（企业）的永续生存能力

发展力——家族（企业）的持续发展能力

价值力——家族（企业）的核心社会价值

**大军律师：**家族力的问题可能更"烧脑"！

前一段时间团队去马来西亚休假时，我们以非常近距离的方式接触了曾经被誉为"东方洛克菲勒"的张弼士的家族故事，以及以锡铁制品享誉全世界的"皇家雪莱莪"杨氏家族的家族故事，几位团队律师还就两个家族故事分别写了研究文章，我们也做过深入的讨论。

两个家族都发端于同时代的客家民系的核心区域——梅州大埔，同样深具客家底色。虽然至今号称"世界十大豪宅之一"的张弼士故居——

"蓝屋"还在，但早已物是人非，为什么深谙财富管理之道的张氏家族已经"衰败"，而昔日名不见经传的杨氏家族却以"皇家雪莱莪"而"辉煌"至今？

张氏家族缺的是什么？杨氏家族有的又是什么呢？

当然，因为我们提出了家族力的理论，所以可以很清楚地知道两个家族的家族力的差异是根本原因。

**胡弯律师：**还是要请您介绍一下家族力的提出背景是什么。

**大军律师：**站在"术"的层面思考会陷入徘徊之中，这个时候就需要从"道"的层面进行探寻了。跳出来看问题会让我们豁然开朗。从整体及全局角度观察、研究及服务家族（企业），用家族生态系统这个模型是足够的。

打一个未必准确的比方，家族生态系统解决的是"高度"问题。

家族（企业）最重要的财富是什么？是文化资本、人力资本、社会资本还是金融资本？今天很多人会说文化资本是最重要的财富，但缺失其他资本还可以称之为家族吗？既然要实现对家族财富的保护、管理与传承，那么保护、管理与传承的目标又是什么呢？进而，家族（企业）真正的驱动力是什么，真正的长寿基因是什么呢？这是我近几年一直在反复思考的问题，似乎一直没有一个满意的答案，更没有一个定义。用什么来诠释或解决家族（企业）财富管理的"深度"问题呢？

所以我们理解的家族力是要去尝试解决"深度"问题。

我始终认为有"高度"，才会有视野和视角，有"深度"才会有目标与方向。这些根本性问题解决不了，再高超的家族（企业）财富管理技巧都是"浮云"。

这也是我们提出"家族力"概念的认识背景。

**逸凡律师：**我走访过不少的客户，也和一些熟识的家族做过深入沟通，可以很真切地感受到家族对于我们这些观点也是高度认同的。

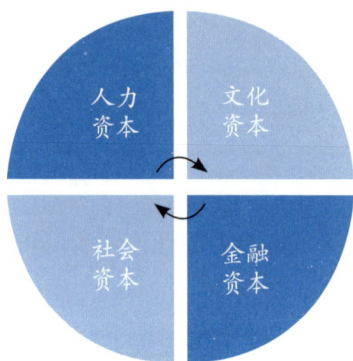

**大军律师：**确实是这样的。在家族（企业）财富管理过程中，家族会逐步发现财富管理的逻辑与技术虽然可以解决家族（企业）财富保护、管理及传承过程中的各类问题，但同时也会逐步意识到财富管理不仅是对金融资本的管理，也是对家族的文化资本、社会资本及人力资本的系统管理，只有这样才能真正解决家族基业长青的问题。

那么，<u>金融资本、人力资本、文化资本及社会资本的强大且平衡的集合体，以及与这个集合体无法割裂的、维持这个集合体有效运行及充满活力的机制应当称之为什么呢？应当确立一个什么"名"呢？</u>

**东兰律师：**家族力！

**大军律师：**哈哈，看来东兰律师的脑子还没有"烧坏"，抢答得很好，就是家族力！换言之，我们当下用"家族力"这个概念来对此进行提炼，感觉这个提炼是相对准确的，也符合当下的时尚语境。这就是家族力的由来。

**逸凡律师**："家族力"这个提法确实是比较精练和精准的。

**大军律师**：家族力的提出除了刚才所讲到的背景外，实际上也在一定程度上借鉴了一些其他领域的研究成果，包括充分吸收了一些家族人士的洞见。

但是大家注意到没有，我们并没有对家族力的内涵与外延进行更深入、更明确的界定。

**胡弯律师**：这个我也注意到了，也有同行和家族人士问过我这个问题。我也问过谢玲丽律师这个问题，但当时她并没有直接回答我，而是让我认真思考一下。

**大军律师**：也许有些事是"只可意会而不可言传的"。

"家族力"这个概念普遍得到认同，这从家族及行业两方面都得到了印证，但事实上大家对家族力的理解是存在很大差异的。

因为没有确定性的概念或定义，所以认识上一定是有差异性的，这与我们当时的判断完全一致。恰恰是这个认识上的差异性，决定了家族力的可传播性。每一个家族、每一个家族成员，每一个机构、每一个从业者，都可以且乐于按照自己的理解去充分演绎与传播家族力。这种局面更有助于引发社会、家族及机构对家族力的更广泛的关注与更深入的研究。

相信在不久的将来会有更具学术能力的专家学者对家族力作出更完整的定义！我们目前事实上也正在努力推动这件事，拭目以待吧！

**东兰律师**：可谓"用心良苦"呀！

**逸凡律师**：当然要这样，与家族有关的每一件事我们都是"认真的"！

**大军律师**：所以目前我们在公开场合只是从"生存力""发展力"及"价值力"三个维度对家族力做了一些实践性的演绎，具体而言：家族力应当同时包括家族（企业）的永续生存能力——生存力、家族（企业）的持续发展能力——发展力、家族（企业）的核心社会价值——价值力。

当然我们已经将"家族力的整体提升"与"家族（企业）顶层结构设计"及"私人财富管理"确定为家族（企业）财富管理的三个层次。在强调家族力整体提升的核心价值的同时，特别强调了这三个财富管理层次的"打通"，这个以后会有专门课程进行交流。

**逸凡律师：** 生存力和发展力比较直观，不难理解，但价值力如何去理解呢？

**大军律师：** 这里的价值力实际上指的是家族价值与社会价值的契合能力，家族价值对社会价值的引领能力。

我们可以从国内看到国外，从当下回顾历史，哪一个家族在家族价值与社会价值无法融合或者冲突时还会长期繁荣发展？过去没有可能，现在没有可能，未来也肯定不可能，这是由家族的社会属性决定的。家族与社会之间是彼此认同与尊重、相互关注与需要的关系，违背了这个价值关系家族必定会以某种形式消亡。

大家可以想一想，其实在我们身边这样的例子非常之多。大量经营"非正常政商关系"的不可一世的家族在反腐浪潮中轰然倒下，分崩离析，为什么？究其原因就是家族的价值力出了问题。这样的家族也许可以辉煌一时，但是不可能长期融于社会，社会也难以"容纳"这样的家族，这种结果的发生是必然的。

所以说，家族保持家族价值与社会价值的长期契合与始终引领，既是一种家族需要，也是一种必不可少的家族能力，是家族力的核心组成部分。

最后，可以用一句话来结束关于家族力的讨论：家族力事实上就是家族的生命力！

## 互为表里，成就中国家族的当下与未来

**东兰律师：** 刚才讲到了家族生态系统与家族力，最后还是请大军律师再讲一下家族生态系统与家族力的关系，以及研究二者的现实意义。

**大军律师：** 其实刚才胡弯律师在前面概括的 **"只有构建健康有序的家族生态系统，才能获得更强大的家族力；只有拥有更强大的家族力，才能持续优化家族的生态系统，这确实是一个互为表里的关系"** 是很到位的。

**胡弯律师：** 我只是沿着大军律师的思路作了概括。

**大军律师：** 对于家族生态系统与家族力，虽然我介绍得比较扼要，但是二者互为表里的关系并不难理解，这里就不更多展开了。

实际上，我更愿意再去强调一下，我们建议中国家族及家族财富管理行业持续关注家族生态系统及家族力的现实意义。

**逸凡律师：** 无论是当下还是未来，我觉得家族生态系统与家族力对家族而言是不可或缺的。

**大军律师：** 逸凡律师说得很正确，确实可以从当下和未来两个角度来看。

就当下而言，家族（企业）财富管理普遍欠缺的是系统性思考及清晰的价值判断，但是家族（企业）面对的挑战又恰恰需要整体性的解决方案，二者已经成为一对核心的矛盾，无疑形成了家族（企业）财富管理的"瓶颈"。**在"家族（企业）财富管理整体解决方案的时代"，没有一套完整的系统性理论与工具是走不出这个瓶颈的，没有一个清晰的价值判断是找不到方向的，发现、发挥及回归家族生态系统及家族力的价值是最有效的"破局之策"。**

就未来而言，家族必将走出对"财技"的关注与执着，而进入对"家族力"这一关键价值的持续追求，这也是财富管理的理性回归，这个趋势已初露端倪、是不可阻挡的。在这个时候，我们为家族找到一个对的方向，发现一条对的路径，找到真正的目标，不仅是我们从业者的本分，也是一件对家族、对社会功德无量的事情！家族生态系统及家族力就具有这样的价值！

遗憾的是，今天对于家族生态系统及家族力的关注度还远远不够，需要我们共同努力去倡导和推动！

## 启示与建议

● 可以从"工具"角度将家族生态系统理解为一个家族（企业）财富管理的理论工具，也可以将家族生态系统作为实现家族（企业）财富管理的实施工具。

● 家庭生态系统当然也可以从"答案"角度将其作为家庭（企业）财富管理的方向和目标。

● 环境是家族生态系统存在的大背景，环境要素是一个变量，同时也是影响所有变量的宏观力量，是每一个家族都应长期关注的重要因素。

● 家族生态系统内核是具备虚拟属性的家族核心枢纽，是一种对家族深层次运行机制的认识，是实践上的指导原则，是在"道"的层面上的领悟与理解，是家族的"灵魂"所系。

● 家族生态系统外核是具备现实意义的家族支撑结构，是对家族事务运作逻辑的理解，是具体的实践活动经验，是在"术"的层面上的熟稔与高超，是家族的"肉身"所在。

● 家族保持家族价值与社会价值的长期契合与始终引领，是一种家族需要，也是一种必不可少的家族能力，价值力是家族力的核心组成部分。

第3堂课

# 家族（企业）必须长期坚持的行动准则
## ——再谈三层规划、双重治理

**分享嘉宾：**大军律师

**互动律师：**东兰律师、胡弯律师、逸凡律师

**分享时间：**2018年9月14日　星期五

## 课堂研讨

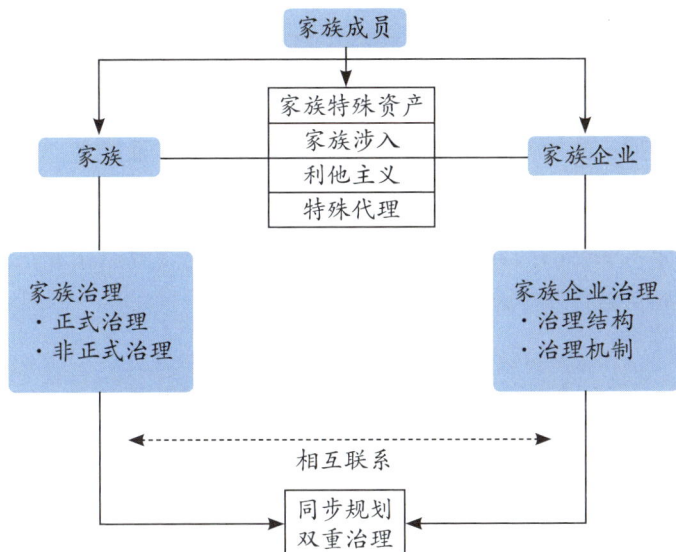

**大军律师：**当下，很多家族已经深刻地感受到必须采取一些有效的行动，为家族（企业）的未来做一些事情，但总是感觉千头万绪，无从下手。今天我们就围绕这个问题进行交流，家族（企业）必须长期坚持的行动准则到底是什么？

**东兰律师：**我们一直坚守的"三层规划、双重治理"就是家族（企业）长期的行动准则。这个提法现如今已经很少有人关注了，浮躁的氛围之中，大家似乎对各式各样的"财技"更感兴趣，从根本上说已经在舍本逐末了。

**大军律师：**这确实是很让人遗憾的事情！但是，"三层规划、双重治理"这个问题不搞清楚，家族是不可能正确地做出相应的、有效的行动的。

<u>三层规划是指对家族成员、家族、家族企业的价值观、意愿、战略、财富管理、治理需求进行同步规划；双重治理则是指家族治理与家族企业治理的平行治理。</u>从大目标来看，"三层规划、双重治理"解决的是个人中心主义、家族中心主义、家族企业中心主义之间的冲突，不仅要实现家族成员之间和谐、家族兴旺，还要实现家族企业基业长青。

## 理论探讨：家族特殊资产与家族涉入

**胡弯律师：**三层规划、双重治理，说起来简单，真讲透彻实际上很不容易。我们应当从何处入手呢？

**大军律师：**大家都认为家族企业是一种特殊的企业类型，首先要知道家族企业的特殊之处到底在哪里。准确把握家族企业的特点，不仅是家族自身必须深入学习的功课，同时也是我们这些从事家族（企业）服务的机构及从业者必须长期关注和研究的课题。

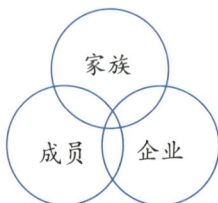

**东兰律师：** 那就请大军律师详细介绍一下家族企业的特点。

**大军律师：** 我们通常所讲的"家族"一词实际上包含了家族成员、家族及家族企业三个对象，三者的关系相对复杂，是互为关联和互为影响的。

家族企业之所以被称为家族企业就是因为具有家族特殊资产、家族涉入、利他主义及特殊代理四个一般企业不具备的特点。这四个特点在国内的家族企业治理领域是有广泛共识的。

家族特殊资产是家族企业最重要的特点。

我始终认为家族的特殊资产中最为核心的是家族精神，此外还包括政商关系、社会的普遍认同、领导人的特殊才能、品牌与特殊技能以及秘而不宣的竞争优势，等等。

巴菲特的兴趣与能力决定了伯克希尔·哈撒韦公司的传奇与成功；乔布斯超乎想象的天才创意，以及矢志不渝的热情是苹果公司成功的关键。

又如，政商关系在新兴市场国家发挥了较大的价值，家族企业热衷于构建政商关系网络。不过，"关系"这类特殊资产虽能为企业带来价值，但是保有和传承极其不易。一个主要家族成员退休或离世不但会对家族事业造成影响，甚至会对关系网中的其他成员企业产生深远影响。

家族特殊资产对于家族（企业）的重要性是不言而喻的，而这些特殊资产的最终拥有者就是家族成员及家族。

我们可以非常清楚地看到，但凡能够脱颖而出、传承久远的家族企业一定是拥有特殊的不同类型的家族资产。但是另一个值得注意的现象是，不同类型的家族特殊资产的可传承性、传承难度、传承方式、传承路径是存在较大差异的。

**逸凡律师：** 家族涉入也是一个非常值得重视的家族企业特点，而且未经约束与规范的家族涉入对于家族企业而言是利弊参半的。

**大军律师：** 看来逸凡律师对家族涉入是有一定体会的。

家族涉入是家族企业第二个显著的特征，这个话题说起来有点抽象。

家族涉入是指家族持续向家族企业投入人力资本、文化资本、社会资本和金融资本，对家族企业的所有、控制、经营、收益、文化等方方面面产生不同程度的控制与影响，并产生一连串由家族成员或家族利益共同体涉入家族企业的行为或理念，最终影响家族企业的成长与发展。

家族涉入存在正式涉入与非正式涉入两种途径，正式涉入意指所有权涉入、控制权涉入及经营（管理）涉入等，非正式涉入包含家族意愿涉入、家族精神涉入、家族文化涉入等。

这些结论性观点并不是我们的研究成果，而是一些学者的研究成果，但对此我们是高度认同的。

**东兰律师：** 为什么会出现家族涉入呢？

**大军律师：** 无论是在中国还是其他国家，家族企业都必然会存在家族涉入这一特点，稍有区别的可能只是涉入程度及约束机制的差异而已。

家族的梦想、福利、名声与家族企业紧密相连，家族精神之使命、责任甚至信仰往往促进家族对家族企业不计代价的投入与牺牲。富于中国传统儒家思想色彩的家族观念，也是强调延续祖先的遗产和照顾子孙将来的家族使命。

企业是家族经过数十年甚至上百年建立起来的，企业就是家族的反映，企业的价值观、文化与使命很多时候就是家族自己的价值观、文化与使命，因此，家族往往蕴含着对维系企业成长的内部与外部利益相关者的特别关心与照顾。

而且，家族长期投入的各项资本，对家族及家族企业社会地位、名声与关系网络的传递，是有利无害的。因此，家族有动力为家族（企业）内部与外部关系进行长期的投资与管理。

总而言之，家族涉入是一种必然。

**胡弯律师：** 既然家族涉入是一种必然，那么家族涉入又意味着什么呢？

**大军律师：** 我们可以看一看海外著名家族企业的兴衰，也可以反观国内家族企业的起落。家族企业与家族经历风云变幻之后，胜者尤荣，越发光彩夺目，而败者累累，让人唏嘘不已。

深入观察的结论是：家族在一段时期内对家族企业不断投入、渗透后，或者转化成深刻而有活力的优势资源与能力，促使家族企业形成其独特的优势，或者适得其反，家族涉入导致了比比皆是的家族冲突、家族成员控制权争夺、家族企业战略失误，等等。家族涉入所形成的是优势还是冲突，往往只在毫厘之间。

成也在此，败也在此！这和家族企业另外一个特点利他主义是很相似的。

## 理论探讨：利他主义与特殊代理

**逸凡律师**：利他与利己是相对的，利他主义在家族企业中到底会产生什么影响呢？

**大军律师**：利他主义是家族企业第三个最显著的特点。

家族成员的利他主义，可以理解为家族企业的家族成员基于血缘或姻亲关系而普遍具有的向其他家族成员提供精神、物质或其他资源，以增加其福利的倾向。这个概念有一点抽象，但并不难理解。

但是有几点是必须要注意的：

第一，利他主体和利他对象为以血缘或姻亲为纽带联结起来的家族内部成员。

第二，由于家族成员之间存在着血亲、姻亲关系，在"家文化"的影响下，家族成员之间的关爱、帮助和支持具有普遍性。但同一个家族企业的家族成员之间的利他主义会因为亲缘关系的亲疏程度不同而在利他强度上有所区别，并且随着亲缘关系的变化而变化。

第三，家族成员为了提高其他家族成员的福利，可以采用的手段或者方式包括精神上的关爱、鼓励，也包括物质上的给予和支持，还包括无形资源（如政商关系、商业经验）的言传身教，等等。

**第四，**家族成员在利他意识的支配下，产生具体的利他行为，进而对家族企业的治理产生直接或间接的影响。

**东兰律师：**讲到这里我立即想到利他主义对家族企业一定是有很多好处的，但同时我也想到家族企业与家族毕竟不是一回事，会不会也有一定的负面作用呢？

**大军律师：**东兰律师的这个判断总体上是正确的。从经验来看，家族成员在家族企业中的利他主义演绎得非常复杂。

家族成员之间的利他主义倾向，一方面使得家族成员之间更容易团结和建立信任，并促进家族成员之间的沟通、协作、理解与包容，使得家族成员在家族企业的经营管理中减少冲突，提高效率，凝聚合力，在发展初期，家族企业在利他主义的作用下往往能够获得快速发展。

但另一方面，一旦利他主义的利他方向、利他水平、利他强度不平衡或不对称时，则利他主义又会引起家族成员的偷懒、搭便车、机会主义行为，甚至会引起利益冲突，增加代理成本。

因此，在一个长的周期中，利他主义好比一把双刃剑，既能够促进家族企业的成长，也能阻滞家族企业的发展。

具体而言，家族企业的利他主义产生的正面效应是很明显的，可以归结为以下四个方面：

有助于家族成员之间的沟通与交流，建立信任与合作；

有利于增强家族成员责任感、使命感，维护家族企业利益；

有利于家族成员进行自我激励，降低代理成本；

有助于培养家族企业的"接班人"，实现代际传承。

**胡弯律师：**负面效应有哪些具体的体现呢？

**大军律师：**近年来家族企业频频出现的内部冲突问题，大家开始质疑家族企业代理成本低的主流观点，并指出，利他主义也会给家族企业带来负面影响，比如：自我控制问题，导致撒玛利亚人困境，引发家族经理人的机会主义行为，易引发非家族经理人的机会主义行为等。

**逸凡律师：**您刚才讲到的特殊代理指的是什么？

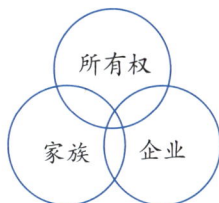

**大军律师：**特殊代理是家族企业的第四个特点。

传统的代理理论要解决的是所有权与经营权分离的情况下产生道德风险和代理成本问题。家族企业特殊就在于所有权与经营权的高度融合，即家族企业通常都是以所有权及经营权的统一归属的形式存在的。

事实上情况确实如此吗？

随着家族企业的不断扩张，越来越多的家族企业的经营权实际上是由家族成员与职业经理人共同执掌的，甚至是由职业经理人单独执掌的，这种例子不在少数，如美的集团就是很典型的例子。从这个意义上讲，家族企业也存在非家族企业存在的代理问题。

家族成员在家族中的地位是一样的吗？是否全部家族成员都进入家族企业？家族成员在家族企业中的地位是一样的吗？所有家族成员都是家族企业的股东吗？所有家族股东都参与家族企业经营吗？家族股东的股权是一致的吗？答案显然并不难发现。

也就是说，在家族企业中事实上是存在家族内部的代理行为的，这是一种特殊的代理。当然这种特殊代理是与家族进入家族企业的自我控制相关的。

**东兰律师：**看来家族企业的代理问题同样也是存在的，只是比较特殊而已，同样也存在代理人控制、代理成本控制等一系列问题。

**大军律师：**确实是这样的，这对一个家族来说是非常敏感的话题，当然也是顶层结构设计中要重点解决的核心问题。

### "双刃剑"、根与翅膀、以谁为中心

**胡弯律师：** 家族企业确实有很多特点，大军律师刚才讲的虽然比较简要，但核心点已经基本都讲到了。

**大军律师：** 是的，家族企业的主要特点都讲到了，实际上是有很多案例和数据可以展开研究和分析的，大家可以关注一下。

我讲这些的目的就是要谈谈三层规划、双重治理的初衷和缘由。

家族的特殊资产重不重要？当然重要，但当家族企业的发展过于依赖家族特殊资产，而忽略市场因素和竞争环境时，家族特殊资产也许会成为家族企业发展的一种桎梏。

我记得冯骥才先生早年写过一篇中篇小说《神鞭》，我是很小的时候看的，当时就觉得很精彩，也很有寓意。小说的大体内容是清朝末年生活于天津卫的主人公傻二从小苦练"辫子功"，神出鬼没，堪称武林高手，号称"神鞭"；但是，清帝退位了，民国来了，辫子剪掉了，怎么办？此后主人公消失了，当若干年后主人公再现津门时，已经成为一个军人，而且是一名出色的"神枪手"，主人公很豪迈地说道：辫子没了，但"神"还在。

我觉得将这个例子引用到家族特殊资产上很有寓意，特殊资产的核心本质是什么，这是首先要搞清楚的。家族（企业）抓到特殊资产的"魂"才是最为关键的，如果家族没有相应的特殊资产规划与管理，这个"魂"是绝难抓到的。

**逸凡律师：** 抓住特殊资产的"魂"？很有意思！

**大军律师：** 这个"魂"是很重要的！

要知道特殊资产本身也是随着时代的变化而演进和发展，比如说家族的特殊技能，其实不同时代的总体技术发展水平、生活水平对特殊技能是有很大影响的，时代改变了，特殊技能的价值可能发生很大的变化，可能有些特殊技能变得不再为社会所需要。比如"锔锅锔碗"，这是一门很有技术含

量的技能，但是现在还有多少人对它有需求呢？很少了！所以"锔"这项特殊技能的经济价值其实大大降低了，可能只有文化上的价值了，家族需要将这种技能进行发展和创新，否则它是不可能成为家族特殊资产的。

仔细想来，其实"锔"这项特殊技能的"魂"是家族对于技术的尊重与信仰，只要始终保持家族对技术的尊重和信仰，家族一定会在不同的时代形成不同的特殊技能。这是在家族特殊资产的传承中我们应当有的清醒认识。

**东兰律师**：无论是"神鞭"还是"神枪"，或者是大军律师所举的"锔锅锔碗"的谋生技能，最重要的核心实际上就是抓住"魂"——本质。冯骥才先生的《神鞭》这篇小说大军律师不止一次和我说起过，我一定要抽空读一读，也感悟一下。

**大军律师**：我们再去看家族涉入以及利他主义，更是有意思。家族涉入与利他主义是大多数家族企业迅速崛起和发展的重要动力。这一点是不可否认的。

二者的好处、正面价值不多讲了。在前面讲到的二者的负面影响应当如何控制和管理呢？难道我们要视而不见、坐视不理吗？

显然不能！家族（企业）应当拿出什么行之有效的办法来呢？

**逸凡律师**：此前学者们更多讲到的是家族及家族企业的"双层规划"，为什么要提出来"三层规划"呢？

| 规划对象 | 目标 | 利益取向 |
| --- | --- | --- |
| 家族成员 | 理性经济人 | 个人中心主义 |
| 家族 | 家业和谐 | 家族中心主义 |
| 家族企业 | 企业效益最大化 | 家族企业中心主义 |

**大军律师**：可以肯定的是，家族成员、家族及家族企业的目标和利益取向是不一致的。

并不能说学者们忽视了家族成员这个视角，他们是将家族成员纳入到家族的视角一并考量了，而我们则将家族成员作为一个独立对象进行考虑，这是区别之处。

传统的双层规划以"家族"与"企业"为对象，通常将家族成员的个人规划纳入到家族整体规划中予以考虑。但是，家族成员的个人规划并不当然与家族整体规划相契合。不同的家族成员对于家族的影响力不同，重要家族成员的个人意志可能会决定家族整体意志，而另一些家族成员可能在家族事务中默默无闻；一些家族成员可能肩负了家族企业传承重任，而另一些可能会遵循自己的想法摆脱家族重新创业。无论是理论还是实践层面，家族成员在家族、家族企业中的角色差异性直接决定了家族成员的个人规划必须独立于家族与家族企业。

通过培养与教育家族成员的兴趣、爱好、企业家精神、对所处行业的热爱、家族（企业）荣誉感等，启发家族成员理解家族精神，承担家族（企业）责任。从这一点上说，针对家族成员的规划应当是一个重点。

每个家族成员都有一对梦想的翅膀，但他们身上又肩负着家族的梦想与未来，家族事业是他们的"根"，对于家族成员而言，他们该如何在"翅膀"与"根"之间去抉择？

鉴于家族成员、家族与企业之间的角色定位、利益取向等因素，三层规划以家族成员、家族、家族企业为对象，以个人中心主义、家族中心主义、家族企业中心主义的冲突协调为目标，解决家族（企业）的实际问题可能更为科学。

**胡弯律师：**大军律师这么一展开，我们对为什么提出"三层规划、双重治理"就很清楚了。

## 如何出发：三层规划、双重治理的逻辑

**东兰律师：**最后还是要请大军律师介绍一下到底应当如何进行三层规划、双重治理。

| 规划对象 | 价值观 | 意愿 | 战略 | 财富管理 | 双重治理 |
|---|---|---|---|---|---|
| 家族成员 | 家族自豪感、责任感 | 个人意愿 | 个人战略规划 | 个人财富管理 | |
| 家族 | 家族精神 | 家族意愿 | 家族战略规划 | 家族财富管理 | 家族治理 |
| 家族企业 | 企业文化 | 企业意愿 | 企业战略规划 | 企业财富管理 | 家族企业治理 |

**大军律师：**今天交流的目的是让大家了解三层规划、双重治理的重要性，具体内容我们在《中国家族办公室——家族（企业）的保护、管理与传承》中讲得比较系统了，有时间的话大家可以再翻阅一下。

我简单介绍一下三层规划和双重治理的步骤和内容。具体可以归纳为五步，也可以理解为五方面的内容：

第一步：价值观规划——培养家族成员的家族自豪感、责任感，提升并固化家族精神，建立和发展与家族精神相匹配的企业文化。

这里要注意价值观的形成需要岁月的积累与沉淀，并不是一朝一夕即可实现的。在此过程中，个人价值观、家族价值观、企业文化三者之间是会不断调整与转化的。

价值观的统一是基础中的根本，不仅要关注家族成员之间价值观的协调与统一，同时也要关注家族成员与家族整体价值观的统一与协调，更要关注家族价值观与家族企业文化之间的统一和协调。

第二步：愿景规划——明确家族成员的个人愿景、家族的愿景、家族企业的愿景，并进行不同层面的规划。

这里要解决个人愿景与家族愿景、家族愿景与企业愿景之间的冲突，以实现家族成员、家族、家族企业愿景规划的融合、协调、让步甚至转化。

愿景就是理想，也可以理解为最终目标，它和价值观是有区别的，很难实现统一，这里要强调的是融合与协调。

**第三步：战略规划**——家族成员的个人战略规划、家族战略规划及家族企业战略规划。

个人战略规划如何影响与服从于家族战略，家族战略如何涉入家族企业战略，家族企业战略如何实现家族战略目标，同时又支持家族成员个人战略的实现，这些都是关键要点。

家族企业的战略规划大家往往是很重视的，最起码是逐渐重视的，家族的战略规划及个人的战略规划往往是缺失的，但两者有着相互影响、相互服从、相互支持的复杂关系，把握起来并不容易。

**第四步：财富管理规划**——家族成员的个人财富管理、家族财富管理及家族企业财富管理。

这里要强调运用各种财富管理工具，通过家族（企业）财富整体解决方案，从家族成员的财富管理、家族的财富管理及家族企业的财富管理三个层面系统实现家族的财富目标。

从规划层面看，家族需要的是整体的规划和整体解决方案，而不是局部规划和局部解决方案。在整体规划下如何分解实施是另外一个层面的问题。

**第五步：双重治理**——家族治理与家族企业治理。

这里要注意应以正式治理与非正式治理为手段，以家族委员会与企业股东会的同步治理，以家族理事会与企业董事会的同步治理展开。

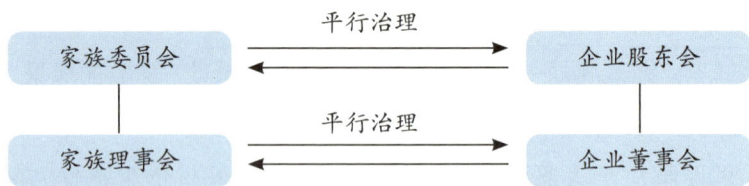

治理一定要有"抓手"，就家族而言，建立并有效运行家族委员会及家族理事会是关键；对家族企业而言，规范股东会及董事会建设与运营是前提。

**逸凡律师：**毫无疑问，三层规划、双重治理是家族（企业）的行动准则。

## 启示与建议

● 家族企业具有家族特殊资产、家族涉入、利他主义及特殊代理四个一般企业不具备的特点，同时存在个人中心主义、家族中心主义、家族企业中心主义价值冲突与选择。

● 当家族企业的发展过于依赖家族特殊资产，而忽略市场因素和竞争环境时，家族特殊资产也许会成为家族企业发展的一种桎梏。

● 三层规划是指对家族成员、家族、家族企业的价值观、意愿、战略、财富管理、治理需求进行同步规划；双重治理则是指家族治理与家族企业治理的平行治理。

● 家族企业的特殊资产、家族涉入、利他主义及特殊代理等特殊性决定了家族（企业）治理必定是家族治理与企业治理同向并行的双重视角，这是家族企业治理的逻辑与规律。

● 家族与家族企业的双重治理，通常以家族委员会与家族企业股东会、家族理事会与家族企业董事会同步规划下的平行治理模式展开。

# 关键资源能力的平衡与控制是基业长青的密码

## ——成功掌控家族特殊资产

**分享嘉宾：**大军律师

**互动律师：**逸凡律师、胡弯律师、东兰律师

**分享时间：**2018年9月20日　星期四

## 课堂研讨

政商关系　　　　　　　　　　社会的普遍认同

领导人的特殊才能　　　　　　品牌与特殊技能

家族特殊资产

秘而不宣的竞争优势　　　　　……

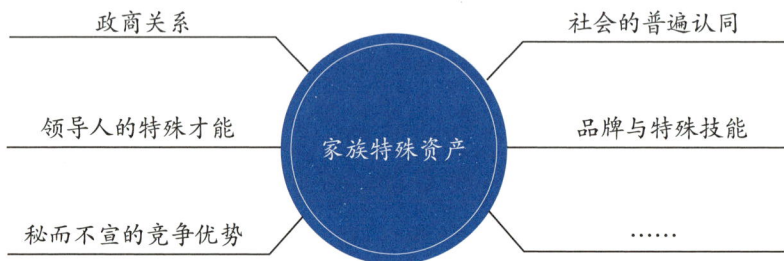

**大军律师：**但凡发展与传承较为成功的家族企业都有一定的共同特点，比如：通常都比较关注家族文化、家族治理等。毫无疑问，家族企业的共性特征是我们研究和把握的重要内容，也是研究的核心价值所在。

但是，家族企业的共性并不是我们研究的全部，每一个家族都具有某种程度的唯一性，都有自己鲜活的特征或者说"基因"，恰恰是这些特征

与共性共同决定了家族及家族企业的荣辱兴衰。今天的话题就是探讨这些特征和"基因"——家族特殊资产。

站在家族企业角度来看，特殊资产是家族与家族企业的核心资产，是确保家族企业持续保有竞争优势和基业长青的关键资源能力。

**逸凡律师：**我们在"三层规划、双重治理"那堂课中讨论家族企业特点时讲到了家族特殊资产，但并没有很充分地展开来讲。我觉得家族特殊资产平时提到得并不多，更多提到的是关键资源能力，这是为什么？二者的关系到底是怎样的？

**大军律师：**"特殊资产"是家族及家族企业治理研究领域普遍关注的一个概念，家族（企业）研究领域的学者对这个概念是非常重视的；而关键资源能力是商业模式研究领域非常关注的一个概念，是商业模式的核心要素之一，更多是从商业逻辑出发进行观察的。

关键资源能力是企业发展必须具备的资源和能力，比如：高科技企业的科研能力、技术成果及研发团队是最核心的关键资源能力，而房地产企业最核心的关键资源能力是政商关系与融资能力。关键资源能力往往是有行业共性的，比如说进入某一个行业就必须拥有特定的、必须具备的关键资源能力，否则是无法在特定行业生存和发展的。

换个角度来看，并不是所有的家族企业的关键资源能力都属于家族特殊资产，比如：财富规模就不是这里所讲的家族特殊资产，但可以成为一种家族企业的关键资源能力。

但家族特殊资产往往会成为家族企业的关键资源能力。对于家族企业而言，家族特殊资产从某种意义上讲是形成家族企业关键资源能力的源泉，是更为本质的"种子"。

之所以用关键资源能力这个词去诠释家族特殊资产，只是为了让大家更易于从家族企业角度理解家族特殊资产的重要性而已。在我个人表达的语境里，当一个"特征"既属于家族特殊资产，同时又属于家族企业的关键资源能力时，我会称之为家族特殊资产，而不会称之为关键资源能力。

总体来说，特殊资产与关键资源能力是有关联的，但并不是同一个层次的概念。

## 特殊资产必须实现平衡和控制

**胡弯律师**：接下来还是请大军律师对家族特殊资产进行一个初步介绍吧。

| 家族 | 家族企业 | 创业地点及年代 | 核心特殊资产 |
|---|---|---|---|
| 泰澄大师 | 法师旅馆 | 日本，718年 | "无为"的家族精神；"特殊"的传承制度 |
| 爱马仕家族 | 爱马仕 | 法国，1837年 | 传统与创新相融合的家族精神；品牌；坚持独特的传统工艺；专注质量与富有创造力的文化 |
| 穆里耶兹家族 | 迪卡侬欧尚 | 法国，1961年（欧尚）；1976年（迪卡侬） | 家族信仰与价值观；透明、勇敢、渴望发展、以人为本、企业为先；有效、特殊的家族（企业）治理与管理模式 |
| 兰黛家族 | 雅诗兰黛 | 美国，1946年 | 始终如一的家族文化：每个女人都可以美丽；敢为人先与持续创新的家族精神；品牌 |
| 杜邦家族 | 杜邦 | 美国，1802年 | 团结、竞争、忠诚、创新与实践的家族精神 |
| 福特家族 | 福特汽车 | 美国，1903年 | 领导人的特殊才能；特殊、创新的经营模式 |
| 奥克斯和苏兹贝格家族 | 纽约时报 | 美国，1851年 | 产品品质；家族精神；社会认同 |
| 坎普拉德家族 | 宜家 | 瑞典，1943年 | 特殊、创新的经营模式；领导人的特殊才能；独断与铁腕 |
| 李嘉诚家族 | 长和 | 香港，1979年 | 政商关系；领导人的特殊才能 |

**大军律师**：通过大量的观察，我始终认为家族特殊资产最为核心的是家族精神，此外还包括政商关系、社会的普遍认同、领导人的特殊才能、品牌与特殊技能，以及秘而不宣的竞争优势，等等。

家族精神主要指的是家族的核心价值观、愿景、使命、理念等。不仅所有家族成员必须认同这种价值，而且通常家族精神也会转化为家族企业文化，所以其他利益相关者，包括员工、消费者、合作伙伴、政府与社会也认同这种价值。业内有一个说法是"家风，才是真正的家族不动产"，说的就是这个道理。

家族精神这个"家族不动产"可以产生两个价值，一个是内部的价值，是一种持久的、强大的凝聚力；另一个是外部的价值，社会的、时代的尊重与认可。同时，家族精神也是家族价值力的核心要素。

基于社会文化与传统、制度与环境、家族历史、家族企业所处行业等因素的不同，不同类型的家族企业所依托的家族精神具有显著的差异性。

家族精神往往意味着两个层面的优势，一是让家族和家族企业能够始终面向"过去"的使命与传统，二是让家族及家族企业保有"未来"长期发展的动力与能力。从这个意义而言，家族精神是家族企业传承与创新之间的绝佳平衡器。因此，家族精神是最为核心的特殊资产，也是全球成功的家族企业无一不具备的特殊资产。

但是家族精神优势的长期保持，需要持久地实现家族内部人的长期共识与有效传承，同时也需要得到外部人的长期尊重与高度认可，这都是比较难做到的。因此，家族精神亦是最难以保持与延续的家族特殊资产。

**东兰律师**：家族精神确实是核心的家族特殊资产，近几年关注这一层面的中国家族从比例上来看越来越多了。我也系统梳理过一些国内家族的"家族精神"，更多的是"家族口号"，往往缺乏实质价值，没有保持与延续的基础，这是要特别值得关注的。

**大军律师：**家族精神一定不是"口号"。接下来我讲一下品牌与特殊技能。

创立于1839年的百达翡丽（Patek Philippe）是瑞士日内瓦仅存的家族独立经营的制表商，始终致力于设计、开发、精制并装配出世界上最完美的设计作品，也是全球唯一采用手工精制且可以在原厂内完成全部制表流程的制造商，始终如一地坚守着钟表的传统工艺。瑞士钟表界称这种传统制造手法为"日内瓦七种传统制表工艺"，意即综合了设计师、钟表师、金匠、表链匠、雕刻家、瓷画家及宝石匠的传统工艺。坚持家族运作及精湛的工艺是百达翡丽的核心特殊资产，也是百达翡丽基业长青和延续家族荣耀的关键。

品牌与特殊技能这类特殊资产，是否是家族企业的核心特殊资产，应区别看待。最为重要的是，同时还应当有与之互补的其他特殊资产作为平衡与控制，如家族开放的经营管理模式或家族领导人创新能力等，避免家族企业过于偏重品牌与特殊技能，忽略了市场的变化与竞争的态势，从而使家族企业陷入困境。

若干年来国内已经有一大批有品牌与特殊技能的家族企业辉煌一时后迅速"倒掉"，这与过于偏重品牌与特殊技能而忽略了市场的变化与竞争的态势是密切相关的。

**逸凡律师：**政商关系是一个非常敏感的话题，但从世界成功家族的案例来看，又是一个无可回避的话题，大军律师您怎么看？

**大军律师：**世界各地区的家族企业在发展与扩张过程中都存在比较明显的政商关系烙印，如欧洲的罗斯柴尔德家族，美国的洛克菲勒家族、J.P.摩根家族、杜邦家族，日本的三井家族，香港的李嘉诚家族，台湾的五大金融家族，等等。同样，中国家族企业大多也对这种政府与企业关系非常重视，而且普遍存在过于紧密的政商关系。

有"台湾第一豪门"名号的鹿港辜家，借助政商关系在历经日本殖民、国民党执政及政党轮替时期而不倒，在历次经济改革中都因拥有信息优势而获得先机发展壮大。但是辜家传承至第四代时，政商关系的双刃剑效应显现，过于依赖政商关系加上脆弱的传承路径，最终导致辜家传承受阻，两度分家。

政商关系的优势在于可以迅速掌握信息获得先机从而发展壮大，但过于紧密的政商关系也会导致家族企业面临危机。保持适度的政商关系，同时让家族特殊资产各要素实现平衡是成功家族企业的基本特征。比如适度的政商关系与企业品牌优势匹配，适度的政商关系与创新能力相匹配等。可以肯定的是，持续保持家族企业的实力只有依靠家族与家族企业自身的努力与创造，而不是也不能依赖政府给予的"特殊关照"。

近两年我们也欣喜地看到很多国内成功家族及家族企业都在努力构建"新型政商关系"，这是一个非常好的现象。

**胡弯律师：**政商关系是一把双刃剑，这一点中国家族企业一定是感同身受的，建立"新型政商关系"对于中国家族企业而言是重要的一堂课。只有这样，中国家族及家族企业才可能得到社会的普遍认同。

**大军律师：**胡弯律师说得好！社会的普遍认同是家族存在和发展的前提。

社会普遍认同，实际上包括三个层次：其一，最为核心的是社会对家族精神、文化及信誉的普遍认同；其二，社会对家族及家族企业社会责任的普遍认同，这是很重要的；其三，也是最为直接的，是家族企业内部员工、供应商、消费者以及政府等利益相关者对家族企业的产品与服务的普遍认同。

家族及家族企业获得社会普遍认同的能力毫无疑问是其获得竞争优势和基业长青的重要资产。社会普遍认同给家族及家族企业带来巨大回报的同时，也会促使家族及家族企业更具耐心地投资与发展。

**东兰律师：**家族领导人的特殊才能是一个极具特点的家族特殊资产，具有很强的不可复制性，家族应当如何对待呢？

**大军律师：**每个人的禀赋都是不可复制的，因此家族一代代的领导人所具有的特殊才能，也是很难复制和传承下来的。而且，时势造英雄，不同时代的家族领导人所具备的个人才能也是不同的，更不容易被复制。但领导人的特殊才能却可以被模仿，并不断激励下一代努力与创造。

我们也特别注意到，诸如爱马仕、杜邦、米其林等家族，他们虽然一方面在坚守着家族企业传统业务与传统技艺，但他们同时也还有另一个共同点：那就是家族不同阶段的领导人所具备的特殊才能虽有不同，但都不会缺乏创新能力，他们既努力维护与坚持传统，同时又懂得在经济环境与政治局势变换之际锐意创新，并在两者中实现了平衡与控制。这种家族代际领导人所具备的平衡传统与创新的特殊才能，是家族永续经营和企业基业长青的有力保障。

我刚才对家族特殊资产的介绍虽然并不深入，但大家应当已经初步意识到其重要性了吧？

## 家族特殊资产与"四大资本"

**逸凡律师：**家族特殊资产从其内容来看，对于家族及家族企业而言确实是意义非凡的。大军律师可不可以再换一个角度进一步阐述家族特殊资产的重要性？

**大军律师：**要进一步讲清楚家族特殊资产，有必要从家族的四大资本出发进行探讨。家族及家族企业资产到底包括什么，家族财富到底包括什么？目前在实务界已经形成相对统一的观点：家族及家族企业资产包括人力资本、文化资本、社会资本及金融资本四个方面的资产。

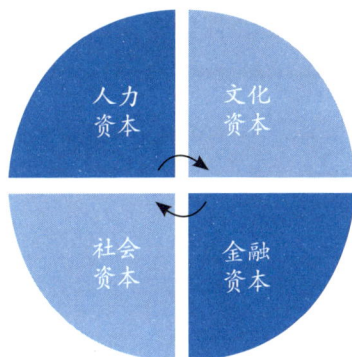

家族应当人丁兴旺、各有所长、人才辈出、家族和合，这就是人力资本；家族应当具有始终如一的价值认同、世代传承的家族精神与生生不息的创新与追求，这就是我们所讲的文化资本；家族不仅应当有效融入社会，更应当得到社会的普遍认同与尊重，引领社会的发展，这就是社会资本的核心内容；当然，对于财富家族而言，拥有有价值的经营性资产、非经营性的不动产与其他资产等各种形态的资产是必要的，这就是我们通常所关注的金融资本。

请问，这四大资本是不是都非常重要？

**东兰律师：**当然都非常重要，从某种意义上讲，对于成功传承的家族而言，人力资本、文化资本、社会资本及金融资本是缺一不可的。

**大军律师：**仔细分析一下，这四大资本之间的关系也是相对复杂的，虽然往往互为影响，会出现此生彼生、此长彼长、此消彼消、此灭彼灭的情形；但很多时候又不尽然，四大资本之间并不是必然的确定性的影响关系。

现在的问题是，听完我刚才对于四大资本的概括，再比较一下前面对于家族特殊资产的剖析，有什么感觉？

**胡弯律师：**我的理解是，家族所拥有的人力资本、文化资本及社会资本都属于家族特殊资产，这个说法对吗？

**大军律师：**胡弯律师的结论并不为过，我是认同的。

**49**

就如同一张桌子有四条腿，保持桌子的平稳应当是四条腿之间的平衡；三条腿虽还可以保持桌子依然不倒，但桌子已经很难平稳了；只有两条腿甚至一条腿的桌子是万万不能立而不倒的。这是一个常识性问题，相信大家都有这样的基本判断。

我们可以将家族比作一张桌子，将家族的四大资本比作桌子的四条腿。如果一个家族缺少了人力资本、文化资本及社会资本这些家族特殊资产的一类或几类，而只有金融资产，家族这张桌子是万难保持平稳的。这个道理实际上是不言而喻的！

**东兰律师：**很多家族确实忽略了特殊资产的价值，刚才大军律师对于"桌子"与"四条腿"的关系的阐释很形象，也很到位，希望对家族有所启发。

**大军律师：**东兰律师抢答了，我还没有说完。

下面的观点也是非常重要的：一个桌子的四条腿即使都有了，如果长短不一同样也是立不稳的，如果长短差距太大一样也是会倒掉的。

我再打一个比方，如果用家族的四大资本中的每一个资本作为一片木板做一个水桶，然后用这个水桶去装水，如果每一片木板的高度不一样，决定水的高度的是哪一片木板？答案很简单，一定是最短的那一片木板，这是最简单的"木桶理论"，结论大家都清楚。

当然这个例子还是可以向另外一个方向演绎的：如果四片木板的强度不一样，决定水桶寿命的是哪一片木板？你一定会说是强度最弱的那一片木板。其实也不尽然，四片板子如何"密不透水"地持久组合在一起也是决定水桶使用寿命非常重要的因素。

我们用桌子及木桶来打比方进行分析，就是要告诉大家不仅四大资本是非常重要的，更想说明四大资本的平衡与控制同样也是非常重要的。既然特殊资产涵盖了家族四大资本中的人力资本、文化资本及社会资本，也就是说家族特殊资产的平衡与控制对于家族（企业）而言也是最为关键的。

我们在以后的很多堂课中都会从不同角度讲到平衡与控制问题，这是在财富管理及家族顶层结构设计中必须始终要去把握的要点。

**逸凡律师：** 所以站在家族特殊资产的角度，不会讲哪一个更重要，而只会讲哪一个更为核心，就是这个道理，家族特殊资产形成后我们必须作为一个整体来看待。这个理解对吗？

**大军律师：** 我认为这个理解是非常正确的！

当这些家族的家族特殊资产发生变化无法实现平衡时，家族如果不能做出适时的特殊资产的补强或相应的调整时，家族必然处于较大的风险之中，甚至必将会走向衰败。这样失败的例子今天发生在我们身边的不在少数，就不用一一列举了，大家也许比我有更深的体悟，有更多的思考。

值得欣喜的是，中国家族从单一关注金融资本到对家族特殊资产的全面关注，是一种理性的回归，只是这个回归的完成需要一个相当长的过程。

## 特殊资产与家族企业的规划路径

**胡弯律师：** 家族特殊资产重要性是确定的，可不可以具体讲一下研究家族特殊资产的意义，以及如何获得家族特殊资产。

**大军律师：** 如何获得家族特殊资产不在今天的讨论范围内。

近几年来有一个很有趣的说法，是"李嘉诚跑了"，从资产的"东退西进"，从公司的所有权结构重构到"迁册"，以至近期尘埃落定的交接班布局，确实引起了很多关注，逼得李老先生也要亲自现身表明自己就是一个"邻家老人"。这是为什么？

以我的观点看，其中重要原因之一是李氏家族的特殊资产发生了重大变化，从而为了解决这个问题家族做出了相应的调整，主动规划家族及家族企业治理模式与传承模式，重构家族及家族企业的所有权结构。

所以说我们研究特殊资产，是为了帮助家族对家族治理、家族企业治理、所有权结构、传承模式等进行有效规划，选择适合的路径、模式与方向。

**东兰律师：** 大军律师可不可以谈一谈您的观点？

**大军律师：** 我先谈一下一些学者的观点。在这一方面，香港中文大学的范博宏教授等学者有较多的研究与阐述，很有价值，希望你们有机会多看一看范博宏教授的著作。范博宏教授与莫顿·班纳德森（Morden Bennedsen）教授的共同研究成果——《家庭企业规划图》，很有价值。

以家族特殊资产及家族所有权作为两个轴，以特殊资产的强弱及所有权集中程度作为考量要素，家族企业治理模式与传承模式有退出、管理职业化、所有权稀释及家族传承四个路径可供选择，企业可以通过考察自身资产特殊性和制度局限性的不同情况，选择最佳的传承模式与治理模式，并根据它们的改变对模式做出相应的调整。而且，适合的治理模式与传承模式是相辅相成的，找到传承方向只是传承准备工作的第一步，接下来必须制定一套配合此传承模式的家族与企业治理制度，反之亦然。

家族（企业）规划图已经表达得很清楚了，具体就不展开了。

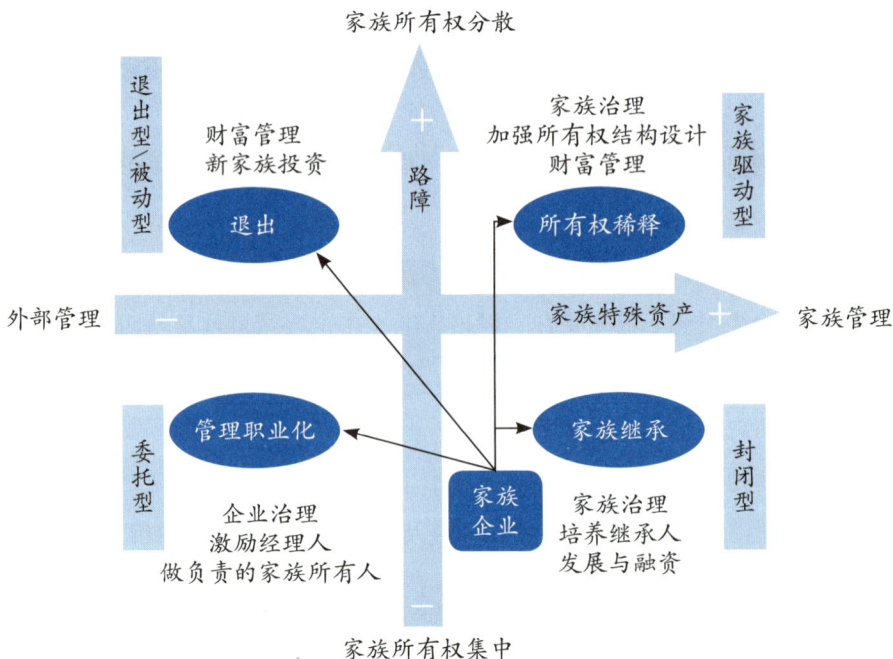

**逸凡律师：** 我知道您对范教授一向是非常推崇的，您是不是也同意这样的观点？

**大军律师：** 这种治理模式与传承模式的选择不无道理，但是有些被动与局限了，它是基于家族现有的特殊资产状况来做的模型研究，而且这个模型本身也没有首先考虑家族意愿。

规划家族（企业）治理模式与传承模式，在考虑特殊资产及家族路障的同时，应当充分考虑并充分体现家族意愿，家族意愿的梳理与尊重是前提。因此，应当将这种被动的治理模式与传承模式选择，转向积极主动的投入、提炼、固化与传承特殊资产，并对特殊资产的组合进行合理设计，提升为家族企业战略规划，实现家族企业长期发展目标。因此，首先应当通过家族治理与家族企业治理的力量，来投入、保存特殊资产。

家族企业规划图我们在后面一定会用一堂课进行专门的讨论。

站在实务的角度看，家族特殊资产一定是沉淀在"人"上的，很多时候是以"权益"承载的，对家族及家族企业进行规划，我更愿意从"人"的关系、"权益"的关系两个角度进行梳理，除了学者们的主张外，我也非常关注保护结构、控制权结构及传承结构等所有权结构的相应配置。

## 启示与建议

● 家族特殊资产是家族及家族企业的关键资源能力。特殊资产包括家族精神，品牌与特殊技能，政商关系，社会的普遍认同，领导人的特殊才能，独特和创新的经营模式等。

● 家族精神是家族价值力的核心要素，不仅可以让家族产生一种持久的、强大的凝聚力，而且可以让家族得到社会的、时代的尊重与认可。

● 家族精神往往意味着两个层面的优势，一是面向"过去"的使命与传统，二是让家族及家族企业保有"未来"长期发展的动力与能力，是家族企业传承与创新之间的绝佳平衡器。

● 政商关系的优势在于可以迅速掌握信息优势而获得先机发展壮大，但过于紧密的政商关系也会导致家族企业面临危机。保持适度的政商关系，同时让家族特殊资产的要素实现平衡是成功家族企业的基本特征。

● 规划家族（企业）治理模式与传承模式，在考虑特殊资产及家族路障的同时，应当充分考虑并充分体现家族意愿。

第5堂课

# 以所有权结构的名义

## ——所有权、控制权、经营权与收益权的配置

**分享嘉宾：** 大军律师

**互动律师：** 胡弯律师、东兰律师、逸凡律师

**分享时间：** 2018年9月28日　星期五

## 课堂研讨

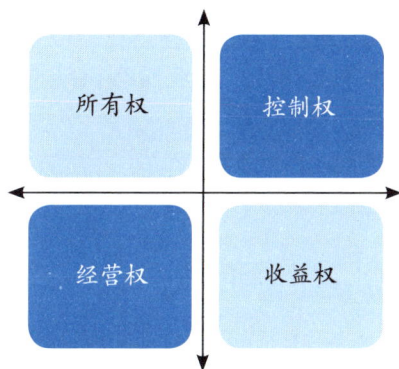

**大军律师：** 家族所有权结构的配置是家族顶层结构设计的核心问题之一，后续将会有多堂课涉及所有权结构的具体配置及工具运用，而今天的讨论纯粹从逻辑出发。

**胡弯律师：**当今已经有一定比例的中国家族及家族企业逐步形成了家族所有权结构意识雏形，但是大部分家族及家族企业考虑问题的维度依然只是停留在股权设计的层面。

接下来我们会谈到只解决"股权"问题显然是远远不能满足家族及家族企业的实际诉求的，也无法从根本上解决家族及家族企业所面临的相应问题与挑战。

**大军律师：**我先说说我们对家族所有权结构的观察维度。首先要声明的是，这里所探讨的家族所有权结构事实上涉及两个层面：一个层面是家族的所有权结构，一个层面是家族企业的所有权结构，应当说家族企业所有权结构是家族所有权结构的核心内容。

家族及家族企业中存在两种关系，一种是"人"的关系，这里的"人"包括家族及家族企业内部与外部的人、机构与组织；一种是各种"权益"的关系。

在实践中，家族及家族企业似乎更乐于接受从"权益"关系的角度去观察、思考并解决家族及家族企业的内部关系问题，而一般较少从"人"的关系角度去思考。虽然二者实际上是一体两面的，但"权益"可能更加"具象"，也更加"生动"，所以前者更易让人接受。

这就是我们提出的家族及家族企业所有权结构体系逐步被更多家族所接受的重要原因。家族及家族企业更注重的是实效性，更喜欢从"看得见、摸得着"的地方着手，并不希望限于理论的探讨。

## 从四个权利维度出发，而不是两个

**东兰律师：**大家已经迫不及待了，还是请大军律师言归正传吧。

**大军律师：**我们还是先从家族企业角度来切入。自从伯利和米恩斯1932年正式提出所有权与经营权分离理论，一直以来大家更多的是关注和研究所有权及经营权的关系问题。

这个逻辑当然是非常合理的，恰恰是所有权与经营权的分离，产生了现代的公司治理理论与公司治理实践。

我们先从三个问题出发开始讨论：

首先，所有权当然决定控制权吗？应当说所有权是控制权的基础，但是类似阿里巴巴、Facebook、韩国三星等大量知名企业，似乎实际控制人并没有持有太多的股权，为什么依然可以牢牢地控制着公司呢？无论是你给出什么答案，可以肯定的是所有权的多少显然并不当然等于控制权的大小。

**逸凡律师**：是的，所有权并不当然决定控制权。您的第二个问题呢？

**大军律师**：其次，经营权当然决定控制权吗？

为什么很多时候会出现经理层控制公司并成为实际控制人的局面？你可以说是因为这些经理人掌握了公司的经营权，事实上也未必完全如此。

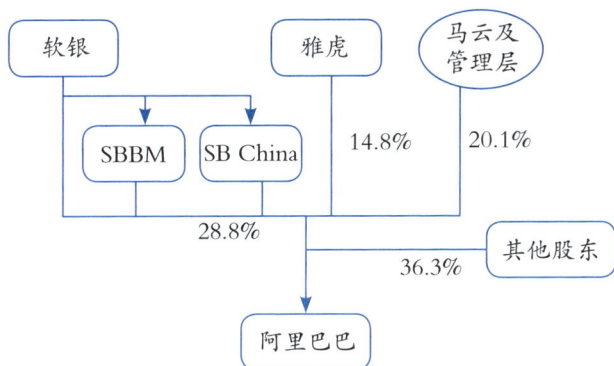

据阿里巴巴2018年年报，软银持股28.8%，
雅虎持股14.8%，马云及管理层持股约20.1%

还是以阿里集团为例，从大的范围来看，我们可以说阿里集团的合伙人是阿里集团的实际控制人；从小的范围来看，可以理解为马云和蔡崇信是阿里集团的实际控制人。阿里集团的实际控制人掌握了阿里集团的经营权确实是实现控制权的路径之一，但是我认为通过一系列的制度安排让阿里合伙人掌握了公司的管理者选择权和重大事项决定权，这才是控制权实现的根本路径。

**胡弯律师：**所以可以说经营权的把握程度并不能等同于控制权的强弱。

**大军律师：**确实是这样的。经营权是通过一系列的授权途径取得的，一旦授权的法定基础丧失，经营权实际上是不复存在的。

此外，所有权一定可以与收益权画等号吗？相同比例股权的收益权一定一样吗？存不存在不享有股权也可以享有收益权的情形呢？用一个极端的例子——优先股就可以告诉你所有权与收益权之间不一定是画等号的；股权比例相同，实际收益权也不见得相同，公司持股、个人持股及合伙企业持股分配公司股息时实际收益是显然不同的；如果将股权置入家族信托，受益人不持有任何股权，但也可以享有最终的收益权。

也就是说，所有权并不等于收益权，甚至所有权是可以与收益权分离的。

**逸凡律师：**所有权与收益权之间不一定画等号！但凡有一点公司实践基础的人都会明白并认可大军律师的上述结论。

**大军律师：**控制权与所有权有关，同时控制权也与经营权有关，从实践来看，将控制权置于所有权或经营权之下去考量都未必是完整的，有必要从控制权的独立视角进行观察与安排。

同时，收益权与所有权也并不是完全一致的视角，也有独立观察与安排的余地。

所以说实务中，单纯从所有权与经营权角度去观察家族企业"权益"关系问题未必是可靠的；从股权设计的角度进行家族企业的权益配置更是"隔靴搔痒"。控制权的问题如何解决呢？用什么样的权益结构获取收益权呢？二者与家族企业的所有权与经营权是同等重要的。

从所有权、控制权、经营权和收益权四个维度进行家族企业的权益配置似乎更为有效，更能有效平衡家族企业"人"的关系及"权益"的关系。所以说，家族企业所有权结构就是上述四个权利的配置，事实上公司治理解决的也是上述权利的配置问题。

具体而言，所有权如何分配，控制权如何实现，经营权如何安排，收益权如何规划，以及从整体角度出发如何在四个权利之间进行有效平衡与约束，这是所有权结构配置要解决的主要问题。

**东兰律师：**所以说是四个权利，而不是两个权利。从四个权利出发较从两个权利出发能更好地解决问题。

**大军律师：**我的上述观点并不是站在理论研究的角度，也并不是否定传统公司治理理论中所有权与经营权的理论与观点。甚至这里讨论的所有权与经营权与传统理论中这两个概念在内涵上都未必是一致的。但是，实务经验证明四个权利的配置确实是更为有效和可靠的。

当然，其中的关键和难点在于，权利的配置不仅是静态的，更是动态的，权利配置的有效性和柔性同等重要。

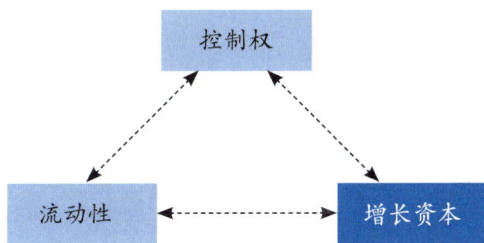

**胡弯律师：**如何理解上述权益配置是动态的，而且应当是柔性的呢？

**大军律师：**这个问题以后和丰君会与大家以专题的形式进行交流。以控制权为例，大部分家族都有实现控制权的现实诉求，但出于股东流动性需求，企业发展增长资本的诉求也是极为现实的。如何实现三者之间的长期平衡呢？这是一个动态的过程，也是一个需要进行持续调整的过程。

相对应的所有权结构的规划，如果没有动态思维，没有柔性的考量，肯定是行不通的！

## 从股权设计透视家族企业所有权结构的构建逻辑

**东兰律师：**家族所有权结构如何建立是一个非常复杂的问题，中国家族需要逐步形成相应的理念、逻辑，并探索其中的经验。

**大军律师：** 确实是这样的。以新三板市场为例，有80%的企业，其实际控制人以个人名义持股，甚至一些上市公司的实际控制人都是直接以个人名义持股，从法律角度来看颇值得反思。

一个公司的股权应当如何设计呢？设计时应当考虑哪些因素呢？难道真的只是将股权一分了事吗？

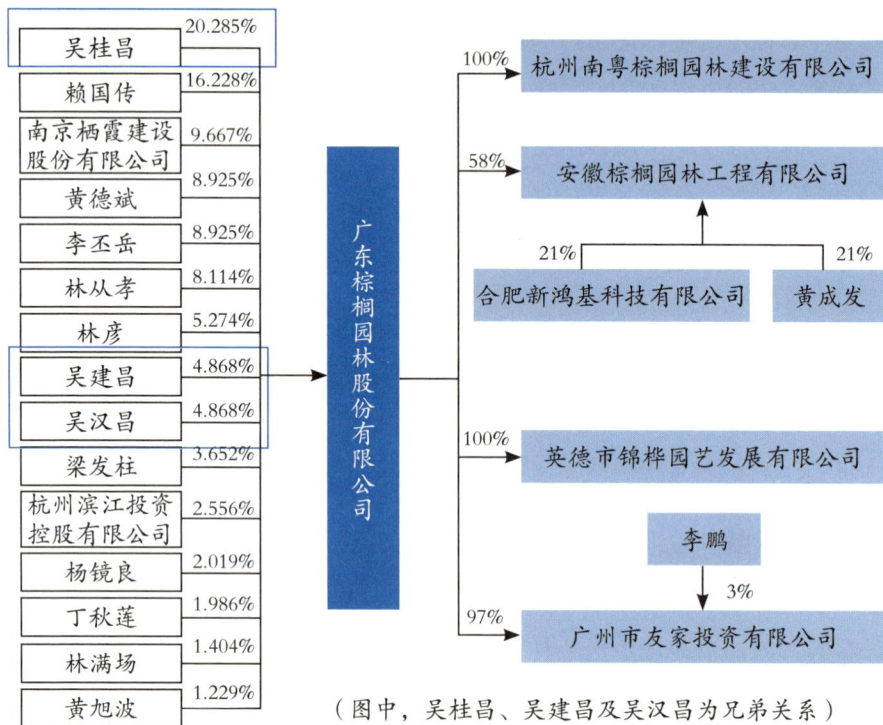

（图中，吴桂昌、吴建昌及吴汉昌为兄弟关系）

对于像棕榈园林这样的公众公司而言，兄弟均个人直接持股，合计持股比例已经较低，如果兄弟们产生股东流动性诉求怎么办，家族合计持股比例将会更低，家族还能保持控制吗？如果发生继承或者其他导致股权分割的事项，家族持有的股权也会更加分散，家族对企业的控制力将进一步减弱。如果在这个过程中公司需要增长资本，那么家族的股权比例将会进一步降低，这种情况下，如何面对"门口的野蛮人"呢？

我们可以看到在股权设计过程中，需要适当考虑股权的集中度与稳定性，也要考虑可能的股东流动性与资本的增长，这是实现控制权和影响力的基础。

**胡弯律师：** 看来股权设计是要充分考虑控制权因素的。

**大军律师：** 是的，但不限于此，最起码还有四个考量要素。

股东持有股权的目的很多时候是为了长期持有，获取长期股息并在公司长期价值增长中获益，但也存在大量财务性投资等短期持有的情形。长期持有或短期持有公司股权，有些时候是出于家族规划的考量与安排，有些时候可能是出于无奈的被动性选择。长期持有的，主要会考虑长期持有的成本，以及与公司的共同成长；短期持有的，可能更多考虑的是流动性的成本，以及短期财务目标的实现。

此外，不同的持股形式涉及不同的股东责任的范围，其可能的风险隔离效果也是不同的。

持有公司股权主体形式的差异，不仅涉及直接持股还是间接持股的问题，同时还会涉及持有成本及退出成本的差异，也就是说股权结构设计也是要考虑风险隔离与税收筹划因素的。

**胡弯律师：** 除了上面的两种情形，还有哪两种要素需要考量？

**大军律师：** 家族是否希望家族成员继续管理或继续控股家族企业，是希望"分而治之"还是"分家不分店"，还是"共享共治"，无论家族或家族企业情况如何复杂或处于何种阶段，家族意愿是首先需要考虑的要素。

换句话说，公司在进行股权设计时应当考虑传承因素，同时也应当充分考虑家族意愿。传承诉求与期待不同，股权结构的设计也是不一样的。

**逸凡律师：** 我粗略归纳了一下，大军律师刚才列举了一个公司在股权设计上要考虑的多个要素：稳定性、集中度、流动性、控制权、影响力、风险隔离、税收筹划、家族意愿及传承诉求。

还有没有其他要考虑的因素？

**大军律师：**当然有，从不同的维度出发，有太多要考虑的因素了！

股权是不是要考虑法律环境呢？因为不同的法律环境对于同股同权等重要法律问题的规范可能是不一致的。阿里巴巴赴美上市很大程度上是因为香港联交所不接受"同股不同权"，而今天联交所的态度已然转变。

股权比例本身的设计也是一个重要课题，是一门大学问。不仅要考虑股东对公司的价值，同时也要考虑股东之间的制衡与约束，股东人数的多少等情况都要考虑。

更为重要的是，相同的股权设计，效果一样吗？当然不一样！为什么不一样？权益在不同公司股东会、董事会、监事会及经理等治理结构之间的配置是不同的；即使权利配置相同，但各治理机构出席、表决等权利行使机制也未必相同；反过来看，不同的治理结构和治理机制安排，会不会影响股权的设计呢？答案当然是肯定的！

**东兰律师：**所以公司股权的设计也许与一般人想象的不一样，是一个复杂的系统工程。

**大军律师：**股权设计当然与一般人想象的不一样，大家想象得太简单了，我这里并不是故弄玄虚，更不是将简单问题复杂化。我们可以再去总结一下股权设计要考量的要素：

1. 股权设计既要考虑进入与持有的成本，也要考量退出的成本；

2. 既要考虑股权集中的诉求，也要考量流动性的诉求；

3. 既要考虑对公司决策、管理与执行的影响，又要考量隔离与保护；

4. 既要考虑现实持有，又要考量传承安排；

5. 既要考虑公司发展，又要考虑股东意愿；

6. 既要考虑效率，又要考虑税收筹划。

最为重要的是，这些多重考量因素又会相互制约、相互影响，同时受到法律环境及其他条件的限制。

**逸凡律师：** 股权结构设计确实太不容易了。

**大军律师：** 仔细想来，股权设计实际要考虑的其实应当是我在前面所讲到的所有权、控制权、经营权及收益权的配置，难道不是吗？

**东兰律师：** 是的，做一个好的股权结构设计太不容易了。

**大军律师：** 我们一直在讲股权结构及股权结构设计，但是讨论到这里，我必须去纠正一下我们的表达了！

刚才我们为了便于讨论，选择从股权结构设计角度切入话题，并不是想证明股权设计很重要，目的是要表明单纯的股权结构设计是一个伪命题。从我们列举的股权结构设计必须考量的因素来看，所谓的股权结构设计，考量的不仅仅是股权，设计的也并不只是股权结构，需要考量的是所有权、控制权、经营权及收益权的整体设计与配置。

所以我要特别强调，也特别建议从事相关业务的机构和专业人士，以后尽量少讲股权结构设计这个概念，而应当回归到我们的所有权结构设计的概念和逻辑上来。

## 无处不在的所有权结构

**胡弯律师：** 大军律师提示得非常及时，对于公司而言，关注的应当是所有权结构，而不仅仅是股权结构；要实现的是所有权结构合理设计与配置，而不是股权结构设计与配置！对于家族企业而言，要实现的则是家族企业所有权结构的合理设计与配置。

**大军律师：** 我一直强调家族企业所有权结构设计与配置是非常复杂的，大家觉得为什么？

**逸凡律师：** 因为家族企业所有权结构设计与配置需要考量前面所列举的诸多要素，当然是复杂的。

**大军律师：** 确实如此！事实上，除了考虑前面谈到的要素以外，家族企业所有权结构设计与配置还需要平衡三个方面的关系，所以会非常复杂。

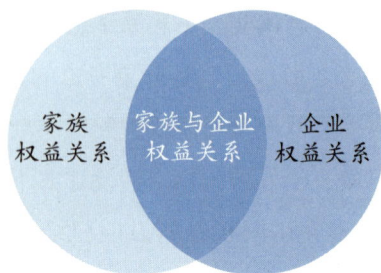

**东兰律师：**请大军律师具体讲一下。

**大军律师：**就单一家族企业的所有权结构而言，要平衡三方面的权益关系：向上要平衡家族的权益关系，向下要平衡家族企业的权益关系，更为重要的是中间还要平衡家族与家族企业之间的权益关系。

更为复杂的是，这些权益关系不是一成不变的，随着时间、条件与环境的改变也是动态变化的。换句话说，所有权结构设计应当能够应对这种可能的动态变化。

你说复杂不复杂？

**胡弯律师：**看来确实是比想象的要复杂得多！

**大军律师：**如果是一个企业集团，其所有权结构设计会不会更复杂呢？如果一个家族有多个单元的事业板块，是不是还要考虑事业板块之间的关系问题呢？如果是一个跨境的企业集团，考量要素会不会又有不同呢？这个我们以后会专门讨论，结论肯定是更复杂！

重要的事情说三遍，再次强调，我们在这里讲家族企业所有权的复杂绝对不是危言耸听，故弄玄虚，而是要让大家明白，考虑问题时一定要从更全面、更长远、动态的角度出发，这样才可能在所有权结构落地实现时做到当下合理、长期有效、可调可控、动态平衡。

**东兰律师：**最终是要实现家族企业所有权结构的动态平衡？

**大军律师：**可以这样理解。

前面我们讲的一直是家族企业的所有权结构，这个大家平时考虑得相对更多，可能更容易理解和接受。

我刚才讲了，家族所有权结构有两个层面，站在家族的层面，除了属于经营性资产的家族企业外，实际上家族还有大量不动产、金融性资产等，这些家族财富同样也有一个所有权结构的问题，所以也存在所有权结构的设计与配置问题，这一点大家似乎关注度更低。

以我们大成律师事务所广州办公室现在办公的周大福金融中心举例，这是郑裕彤家族的家族资产，不在家族控制的公众公司资产范围内。几十万平方米的物业，包括酒店、写字楼及商场三种用途，价值超过百亿元人民币。如此庞大的、家族长期持有的一个不动产，家族应当如何持有呢？最终的家族所有权结构应当如何设计呢？有兴趣的朋友可以通过相关法律检索工具进行查询。

再比如某一家族购买了两万平方米的写字楼，租赁给家族企业作为永久办公场所，请问这部分家族不动产的所有权结构应当如何设计呢？

此外，家族持有的大量的保险、投资、证券等资产的所有权结构应当如何设计呢？

**逸凡律师：**所有的家族财富都存在所有权、控制权、经营权及收益权的配置问题。

**大军律师：**一定是这样的。当然，对于有些家族财富而言，经营权可以理解为管理权，但道理是一样的呀。

事实上还有一个更需要深入思考的问题，家族企业等经营性家族资产与其他非经营性家族资产的关系问题，不同资产的风险是不同的，运作方式是不同的，获利能力是不同的，承载的家族诉求是不同的，二者一定是互为影响的，甚至是相互转化的，但又是相互独立的。

不同类型家族资产所有权结构的关系应当如何平衡呢？也就是说，对于一个家族而言，应有一个整体家族所有权结构的规划，单一类型资产的所有权结构只是家族整体所有权结构的组成部分及实现路径而已。

从这个意义上讲，对于一个家族而言，家族所有权结构是无处不在的，是家族财富面对的首要问题。

## 所有权结构的落地：保护结构、控制权结构及传承结构

**胡弯律师**：从落地角度来看，家族的所有权结构应当如何规划呢？

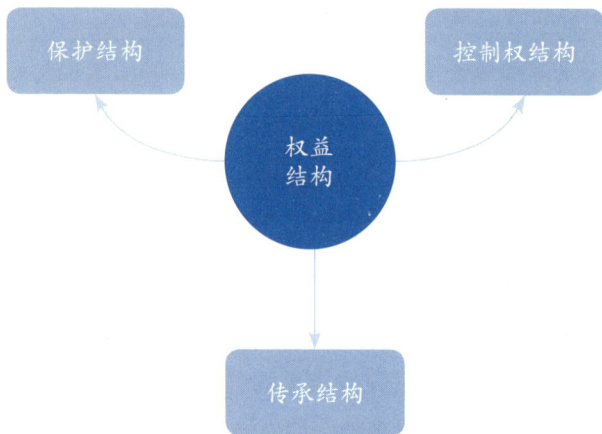

**大军律师**：我们这次准备的27堂课，其中绝大部分的内容就是介绍如何进行家族及家族企业所有权结构的规划与设计。

我今天只是简单讲一下家族所有权结构的规划方向。

家族对于财富的安全性是非常看重的。风险的来源很多，风险管理的方式也很多，但从权益结构上进行风险隔离是一个基础的考量，所以，家族所有权结构中有一个保护结构的规划与设计问题。

家族对于家族财富的控制权非常关注，无论是家族财富的整体控制、经营性资产的控制，还是某一类家族财富的控制，或者是某一项家族财富的控制。如何实现呢？这里又存在一个家族财富控制权结构规划和设计的问题。

传承也是一个最重要的话题。家族资产形态会不断转化，家族的财富布局从空间上要进行不断的调整。这些财富如何传承呢？在所有权结构中传承结构的规划和设计是每一个家族都无法回避的。

**东兰律师**：总结一下，大军律师认为所有权结构的规划落地有三个维度：保护结构、控制权结构及传承结构，可以这样理解吗？

**大军律师：**可以这么理解。但是从所有权结构规划的整体出发，保护结构、控制权结构及传承结构这三个维度是可以分别观察的，但规划与落地时必须要一并考量。

如果从落地角度来看，这就涉及运用多种结构性工具进行所有权结构规划的问题了。不同工具有不同的功能优势，可以满足家族不同的诉求。但是家族的诉求往往又不是单一的，而是复杂和多变的，这就决定了在家族所有权结构规划中多种结构性工具综合运用的必要性。

在实践中，以家族信托、家族基金会、家族控股公司、家族投融资平台、家族有限合伙、离岸公司及家族特殊目的公司等多种结构性工具的组合运用，实现家族所有权结构目标已经是一种家族及家族企业关注的新趋势。

无处不在的家族所有权结构是决定家族及家族企业成败的最重要因素之一。

## 启示与建议

● 家族所有权涉及家族的所有权结构、家族企业的所有权结构两个层面，应当说家族企业所有权结构是家族所有权结构的核心内容。

● 家族企业所有权结构是所有权、控制权、经营权（管理权）与收益权的权益配置，而不只是所有权与经营权的权益配置。

● 家族企业需要规划和配置的是所有权结构，而不是股权结构，这是家族及家族企业首先要明确的。

● 家族（企业）所有权结构一定要从更全面、更长远、动态的角度出发，这样才能在落地实现时做到当下合理，长期有效，可调可控，动态平衡。

● 所有权结构的规划落地有三个维度：保护结构、控制权结构及传承结构，但从所有权结构规划整体出发，这三个维度是要一并考量的。

# 走出"共享共治"的乌托邦

## ——不同的思维角度，决定了不同的视野

**分享嘉宾：** 大军律师

**互动律师：** 胡弯律师、东兰律师、逸凡律师

**分享时间：** 2018年10月8日　星期一

## 课堂研讨

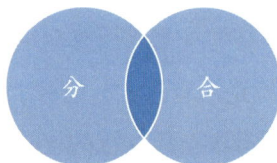

**大军律师：** 谈到家族财富管理的话题，必然会面对家族财富的"分"与"合"的问题，这对任何家族而言都是一个重要的考验。我们在《对话私人财富管理》中通过多个案例对这方面的内容进行过深入探讨，这也是我近几年思考最多的几个问题之一。

今天我不仅从"分"与"合"的角度，更希望从家族"共享共治"的角度与大家进行逻辑层面的交流，这个问题不搞明白，顶层结构设计就不会有方向，整体解决方案也不可能是解决问题的方案。

**胡弯律师：**每次提起这个话题都很纠结，很深刻地感受到"丰满"的理想与"骨感"的现实之间的冲突与无奈。也请大军律师用最通俗的逻辑把这个问题讲透。

## 全球视野很重要，但并不应当是简单的拿来主义

**大军律师：**首先我要讲一个视野的问题。拥有全球视野确实是件好事，毕竟我们处于一个全球化的时代，但如何观察和借鉴国外经验是一个非常需要着重说清楚的事。

**逸凡律师：**大军律师不会无缘无故讲这个问题，一定是有针对性的。

**大军律师：**是有针对性的。今天的家族财富管理有一个重要的趋势——向以欧洲及日本为代表的国外家族（企业）学习。各种同欧洲及日本"古老"家族（企业）交流的活动非常频繁，甚至成为一种"时尚"。

交流是必要的，也是必需的。确实也有很多家族（企业）财富传承的经验通过这种国际化的交流引入国内，但是这里有一个鉴别和吸收的问题。国外的一些经验和做法并不见得一定适合中国的国情，并不一定能为中国家族所用，用了可能会"水土不服"的。

**东兰律师：**家族财富管理行业在借鉴商学院"游学"的模式，确实有点"蜻蜓点水"，由此进行的观察一定是不系统的、不全面的。

**大军律师：**对家族（企业）的观察不系统、不全面是肯定的、也是正常的。但是，这并不是我担忧的全部原因，当下的观察往往忽略了社会和文化因素，这才是最值得关注的。

**胡弯律师：**您可不可以举个例子？

**大军律师：**当然可以。我们可以从对日本家族的观察谈起。

日本离我们很近，有世界上规模最大的100年以上的家族企业群体，有学者估算的数据显示日本有近10万家百年以上的家族企业，同时也有世界上最长寿的家族企业；日本人也是黄皮肤，早期的"渡来人"也是来源

于东亚大陆沿海地区，从文字、法令等多方面来看受到很多中国文化尤其是汉唐文化的深远影响，甚至很多日本家族所尊崇的家规、家训等就是照搬中国古代"老祖宗"的经典语录。

我们认为日本与我们是最相似的，所以向日本家族企业借鉴家族财富管理、尤其是家族企业传承的经验成为一种应然。

**逸凡律师：**确实是这样的，包括我们自己也是一直在观察和研究日本的家族（企业），而且从中确实有很大收获。但是，通过近年来的研究，我们越来越清晰地发现，日本文化在很多方面与我们仅仅是貌似而已，骨子里有很多根本性的差异。

**大军律师：**逸凡律师的观察很到位，其实骨子里的根本差异是最重要的，是最应当重视的。日本文化与我们中国文化差异很大，这是不容忽略的事实。为什么会存在文化的差异？核心原因是中国与日本的家族血缘结构存在显著差异！

著名的文化人类学学者官文娜教授指出："家族的血缘结构不同，会形成不同的文化，这就是民族文化。就这一意义而言，家族的血缘结构可以说是区别不同文明类型的决定性要素之一。"

而又有多少人去观察过日本的家族血缘结构与中国家族血缘结构的差异呢？

**东兰律师：**中日家族血缘结构的具体的差异在哪里呢？

**大军律师：**这是一个非常大的课题，在这里只能浮光掠影地说两句。我们经常讲到日本的"婿养子"制度，而且将这个作为成功传承的重要经验。其实在日本曾经拥有各种名目的养子制度，这里就不一一介绍了。有学者统计过，在19世纪中叶全部男子中有大概25%进入其他家庭成为其他家庭的婿养子，也就是说全社会有50%以上的男子加入到养父子关系中，养子制度已经成为家族人力资本的调解器。这个大家可能想象不到吧？

所以官文娜教授很准确地指出："在日本，'家'并不是一般意义上以血缘为纽带的家族，即并不是以夫妇为中心、通过生儿育女传宗接代、以家庭的生产和消费为基本功能的社会最末端单位，而是一个拥有经济实力、以家产的永续传承为目的的经营体。这种经营体超越了以夫妇为中心、以通过繁衍子孙传承祖先香火为目的、以家族生产和消费为基本功能的一般意义上的家。日本的'家'是一种拟制血缘（即非血缘，可以通过某种方式，例如法律程序进入家族，成为家族的正式成员）的经济的、社会的集团。"

**胡弯律师**：真没有想到中国的"家"与日本的"家"竟有如此之大的差异！

**大军律师**："家"的差异自然会影响到家文化的差异。中国和日本传统文化都强调"忠"与"孝"，但中国文化强调的是"孝为先"，而日本文化强调的是"忠"为先。为什么？日本的家是一个永续的经营体，是以"业""职业"和"事业"为核心的，首先强调的是"奉公"与"忠职守业"，这是最根本的原因。中世纪以后日本逐渐形成并确认了"家督制"和财产的长子继承制，实际上也是由家族血缘结构决定的。

因为家族血缘结构的差异，在日本文化里并不存在我们认为天经地义的血缘身份制，也不存在与此互为表里的儒家文化系统的文化观及价值观。

大家可以想一想，如果离开家族血缘结构这种文化人类学方面的研究，是很难真正把握中国与日本"家"的差异的，也很难理解和把握中日文化差异的核心。

**逸凡律师**：刚才大军律师确实让我受教了，也让我深刻意识到了我们在研究中的差距，需要补的课太多了。

**大军律师**：我也是近几年做了一些较为系统的观察和思考，还很不成熟。由此让我确信的是，任何家族所有权结构及财富管理制度的安排和设计，都回避不了特定社会文化背景的制约与惯性，尤其离不开特定的家族结构特点而形成的先天的制约与诉求。

所以中国家族在家族财富的保护、管理与传承过程中，尤其是家族（企业）顶层结构设计中，不仅要借鉴国际的经验，更要契合中国的文化背景及家族结构，坚守本土化的大方向。

这是我在探讨今天的主题前，先和大家阐明的一个基础观点。

**胡弯律师：** 大军律师今天的观点提示是很重要的。

## 不要迷信财富共有，顺应时代才是理性的家族选择

**大军律师：** 不可否认，聚族而居，共同发展，财富共有是绝大多数家族长久以来的一个梦想，我们暂且不对这个问题进行价值判断，先对财富共有的一些背景问题进行讨论。

**东兰律师：** 是什么决定了家族的财富共有模式呢？

**大军律师：** 所有的合理存在都是基于社会经济发展状况及社会需要产生的。

家族财富共有模式通常与家族共同生活方式紧密相关。在家族共同生活的时代，一切均围绕家族而展开。为了提高财富的效率，集中财富力量、平衡家族支系、家庭及家族成员的利益与关系，更好地实现家族的生存、安全与发展，家族财富共有模式成为必然的选择。

在今天，基于社会环境的改变，除了极个别的家族外，绝大多数家族的共同生活方式已被彻底打破，客观上也不再是必需，这是不可回避的现实。也就是说，家族财富共有的社会基础已经根本动摇了。同时，家族

财富共有模式的价值已经大大弱化，对于家族支系、单一家庭及个人的生存、安全及发展而言，财富共有甚至可能会带来负面影响，形成某些方面的制约。

**逸凡律师：**家族财富共有模式的时代已经结束，可以这样理解吗？

**大军律师：**我就是这个意思！这个道理理解起来并不困难，事实上采用财富共有模式的家族也越来越少了。即使存在财富共有的现象，往往也只是阶段性的"不分家"，如福佬民系的有些家族坚持长辈家族成员在世时兄弟不分家就是一个典型的例子。

一个力量是希望通过财富共有实现对家族成员的平等关爱以及提供共同发展的平等机会的渴望，同时实现对世代同堂、家族和合等传统家族"圆满"文化的坚守与梦想。

另一个力量是更多追求个性的张扬、独立的发展。虽然人们依然关注家族荣耀，但更希望在家族资源与平台背景下实现自我完善，期待的是家族价值、家庭价值及个人价值的同步发展。

前者是家族的力量，后者是时代的力量，不言而喻后者的力量更大。所以说，家族财富共有的基础是缺失的，与时代文化下的家族需求也是冲突的，这就是大部分家族财富的规划与传承以"分"为主流的原因。

需要明确的是，我并不是彻底否定财富共有，家族财富一定不是"一分了事"，也不是在"分"与"合"之间做简单的排他性选择。除了"分"的背景外，家族在发展中确实也存在强烈的"合"的诉求。家庭及个人发展需要家族人力资本、文化资本、社会资本及金融资本的土壤与支持。

**胡弯律师：**改变财富共有理念，选择"分"，除了您讲到的背景以外，是不是还有一些时代背景下的直接动因？

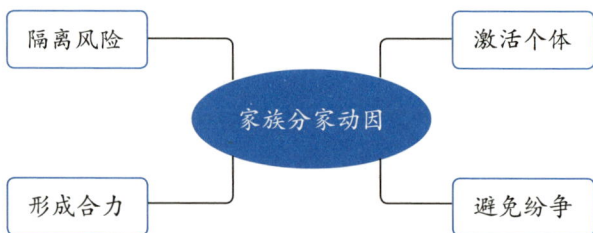

**大军律师**：当然有！最起码有四个直接动因：

其一，**隔离风险**。"分"可以清晰财产边界，分清彼此，划分清楚每一个家族支系、家庭及个人的财产边界，这就具备了风险隔离的前提，"分"是家族成员间风险隔离的重要手段。

其二，**激活个体**。"分"会使个体的自主性更加突出，激发个体的能量，让家族中的支系、家庭及个人在更社会化和平台化的大背景下谋求更大的发展空间，将"依赖"家族发展转变为"依托"家族发展。

其三，**避免纷争**。"分"清楚了，实际上是对家族发展过程中支系、家庭及个人价值与需求的确定，也是对未来权益的固化，避免混同不清，进而避免了家族内部现在与未来可能的纷争。

其四，**形成合力**。"分"是为了更好地"合"，只有清晰家族支系、家庭及个人财产的归属与边界，成员间才能真正消除心理障碍与安全顾虑，家族财富才可能更清晰、更长久、更好地"合"在一起，形成真正有力量的合力。

**东兰律师**：大军律师的观点极具辩证色彩，"分"是为了更好地"合"，"分"得清，方可"合"得明。加上前面的背景讨论，改变传统的财富共有理念，顺应时代趋势，选择新的家族财富模式的理由很充分了。相信大多数家族都是可以理解和接受我们刚才所讨论的观点。

**大军律师**：谁也改变不了趋势，家族确实要放弃对财富共有的迷信，"分"是一种理性的选择。但是我要特别强调，我这里讲的"分"，并不等同于传统意义上的"分家"，这个后面我们再探讨。

当然了，正如前面所讲到的，家族财富的所有权模式事实上与特定区域文化、特定发展阶段下的普遍性的家族结构是有很大关系的。这个问题有机会再深度讨论。

## 共享共治是一种境界，但不能作为一种目标

**逸凡律师：** 刚才还提到了"共享共治"，这个也是大军律师最近讲得比较多的一个角度。

**大军律师：** 说得透彻一点，财富共有不是目的，只是手段。家族选择财富共有模式的目的是希望能够实现家族成员对财富的"共同享有、共同管理"，进而实现家族与家族成员梦想的协调与一致。

按照我们的观点，既然是财富，就会存在财富的所有权、控制权、经营权和收益权四个维度的权利。以家族为主体实现上述财富四个权利的共享共治，想起来都觉得非常困难，有太多的问题需要解决了，最关键的是这需要以财富共有为前提。这一点刚才已经讲过了，财富共有的时代结束了，所以家族财富"共享共治"的基础没有了。

毫无疑问，"共享共治"这是一个很高的境界与追求。但是，我们都有这个常识，追求的境界越高，实现的难度就越大，失败的可能性就越大。我不想说"共享共治"不存在实现的可能性，但最起码可以说这个"境界"是可遇而不可求的。

所以必须建议中国的财富家族不要轻易将"共享共治"这样的"乌托邦"作为财富规划、顶层结构设计的目标，最起码不应作为阶段性的行动目标。

这个建议也许与很多家族的梦想未必一致，听起来好像不舒服，但这个建议一定是中肯的，是每一个家族都应当关注并认真思考的！

当然，我并不反对家族保有"共享共治"这样的伟大愿景，我始终对保有这种愿景的家族及家族领导人保持最大的敬意！

**胡弯律师**：显然您对家族"共享共治"目标的实现是悲观的，甚至认为是不可能实现的。

**大军律师**：其实也不尽然，我仅仅对家族所有权层面的"共享共治"是悲观的，换句话说，我对某些层面或维度的"共享共治"未必是悲观的。

## "分"不等同于"分家"，不同维度的思考会有不同的视野

**东兰律师**：大军律师显然是话里有话，看来还有其他维度的"共享共治"。

**大军律师**：东兰律师实际上对这个问题也是有一些思考的。财富管理领域一直以来是以"分"与"合"作为交流与研究语境的，后来又演绎为将"分家"和"分业"与否作为探讨与实践的基本主张。

这似乎造成了两个思维定式：

其一，非"分"即"合"，非"合"即"分"的对立；

其二，形成"分家"与"分业"、"不分家"与"不分业"、"分家"与"不分业"、"不分家"与"分业"四个考量的角度。

难道真的只有这两个思考的维度吗？"分"与"合"是一定对立的吗？"共享共治"有没有其他层面或维度呢？

**逸凡律师**：请大军律师深入讲一下您的观点，我觉得很受启发，快"开窍"了。

**大军律师**：我可以确定你们已经开窍了。那我就以问作答吧。

"分"的是什么？是哪一个层面的"分"？

"合"的是什么？是哪一个层面的"合"？

可否从"宏观"与"微观"、"整体"与"局部"的层面考量"分"与"合"？

如果基于不同的层面考量，是不是可以出现一个新的维度，"分中有合""合中有分"？

有没有这样的例子？

**胡弯律师：** 这样的例子很多。

**大军律师：** 我继续问。

如果从所有权、控制权、经营权及收益权这四个维度来看，如果将"共享"指向所有权和收益权，而将"共治"指向控制权与经营权，是不是多了两个维度？

如果将"共享"分别指向所有权或收益权，将"共治"分别指向控制权及经营权，是不是又可以增加两个维度？

如果我们只考虑"共享"，而不考虑"共治"，是不是又有不同的维度？反之是不是也是这样子的呢？

有没有这样的例子？

**东兰律师：** 这样的例子同样很多。

**大军律师：** 我刚才说你们已经开窍了，不是开玩笑的。大家思考一下，其实我们在为家族（企业）进行顶层结构设计时遵循的不就是上面的思路吗？

我为什么一直强调逻辑的重要性，原因就在这里。这些年家族（企业）实践领域的研究成果并不多，如果没有一定的理论和逻辑支撑，是很难将我们的服务提高到一个新的高度的。

当然，家族如果不能够对这些基础逻辑有一定理解，同样我们也很难与家族在同一个"频道"上对话，达成基础性共识。这就是近些年一直在坚持将我们的研究成果与实践经验进行总结，并通过专著的形式不断发表的初衷。

**逸凡律师：** 说起来很惭愧，很多时候我们的思考确实不够系统。其实能用来回答大军律师刚才问题的例子实在是太多了，几乎每一个维度都有很鲜活的、为人们耳熟能详的例子。尤其是我们自己在顶层结构设计中一直以来坚守的就是这样一个逻辑与方向。

**大军律师：** 确实如此。其实我并不是否定"共享共治"，甚至也不想否定"财富共有"，我只是反对简单粗暴的逻辑，甚至直接将西方"经验"或古人"传统"照搬的"教条"与"迷信"。

时代变了，我们应当站得更高，从多层次、多维度去观察、思考与创新，这样才会有更广阔的视野，也会获得更多关于解决家族（企业）治理、顶层结构设计及财富管理问题的路径与方法。

思维、逻辑、路径、技术及工具的坚守与创新是统一的，没有任何矛盾，就如同"分"与"合"一样可以对立统一起来。

**胡弯律师：**下面还是请大军律师总结一下这部分内容的观点吧。

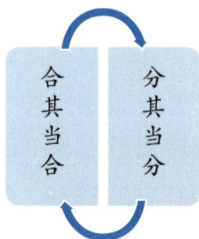

**大军律师：**其实我的总结就是一句话，对于家族（企业）而言，在家族顶层结构设计及财富管理中应当"合其当合，分其当分"。

具体操作层面还是再次强调以前多次强调的三个基本原则：

其一，保留合的能力，关注分的可能，适时而行；

其二，宜合则合，宜分则分，顺势而为；

其三，合之有道，分之有术。

总之，无论是什么解决方案，能够实现家族价值、家庭价值及个人价值的同步发展才是"王道"。

## 有没有第三条路呢？

**东兰律师：**就今天讨论的问题，还有没有其他的思考逻辑呢？

**大军律师：**事实上还有一个非常重要的思考逻辑是需要特别强调的，

那就是在家族（企业）治理能力偏弱的情形下要关注主线归集与保障支持的逻辑。这里所讲的主线归集指的是主动保持家族主线的权益能力，同时要实现家族支线的权益保障与发展支持。

最近我们关注的香港鹰君集团实际控制人三子罗嘉瑞与母亲及其他家族成员之间的冲突实际上是非常值得思考的。本来设计了一个家族"共享共治"的格局，但在上一代创始人之一、母亲杜莉君女士依然健在的情形下出现了危机，并围绕家族信托闹上法庭。三子罗嘉瑞一支独大的基本格局事实上是很难改变的了。

同时，也有家族（企业）成功传承的经验表明，在家族第三代依然保持家族所有权的合理集中度是非常关键的。

**逸凡律师：**主线归集确实是非常有必要的，家族一旦"散"了就没有力量了，其他更是无从谈起。

**大军律师：**支线的保障和支持问题今天我们就不展开讲了，这是家族必须妥善解决的基本问题。

主线归集要考虑的问题也是系统性的，最起码有三个主要的考量维度：

如何选择和确定主线？主线是一个家族支系、一个家庭、一个人，还是一个特定的群体？

如何确定归集的标的？归集的是所有权、控制权还是经营权抑或是收益权？

如何选择和确定归集的层次？是整体性的归集，还是局部的归集？整体归集与局部归集如何协调？

这同样也是一个很大的话题。

**胡弯律师：**这些问题确实是很复杂的，不同的家族也有不同的情况，也会有不同的选择，有没有一些指导性的原则呢？

**大军律师：**我尝试着从我们的实践中提炼了几点最基本的原则，这几点不仅是主线归集的逻辑，也可以理解为顶层结构设计的基本逻辑：

　　其一，主线归集应以家族第三代依然能够保持所有权集中度并可以形成所有权结构重构能力为中期目标；

　　其二，应当更多关注通过稳定的、多层次的结构性工具提高家族控制权的归集能力；

　　其三，以保持主线归集的足够柔性应对家族内部可能的流动性和增长性，以及未来可能产生的严重冲突。

　　**东兰律师**：今天收获很大，最重要的是不会再以简单的"分"与"合"的思维定式设计家族顶层结构。这次对话打开了我们的视野，形成了多层次的思考逻辑！

## 启示与建议

● 中国家族在家族财富的保护、管理与传承过程中，尤其是家族（企业）顶层结构设计中，不仅要借鉴国际的经验，更要契合中国的文化背景及家族结构，坚守本土化的大方向。

● 对家族而言，"分"的力量与"合"的诉求是同时存在的，并不矛盾，合其当合，分其当分，是最重要的逻辑出发点。

● 如果站在所有权、控制权、经营权及收益权四个权益分离配置的维度观察，"共享共治"会有不同的视野，也会有不同的空间，可以有很多的变化与演绎。

● 思维、逻辑、路径、技术及工具的坚守与创新是统一的，没有任何矛盾，也没有任何不可能，就如同"分"与"合"一样可以对立统一起来。

● 家族顶层结构设计中，应以家族第三代依然能够保持所有权集中度并可以形成所有权结构重构能力为中期目标，这是成功传承的关键。

● 家族应当以保持主线归集的足够柔性应对家族内部可能的流动性和增长性，以及未来可能产生的严重冲突。

第7堂课

# 是家族智慧，还是专业能力
## ——财富管理必须面对的"尊重"与"信任"

**分享嘉宾：**大军律师
**互动律师：**东兰律师、逸凡律师、胡弯律师
**分享时间：**2018年10月12日　星期五

## 课堂研讨

**大军律师：**家族顶层结构设计中，有些非技术性问题是必须解决、无法回避的。今天分享的就是这样的话题，这也是一个长期给我带来思考、欣喜、激动、失落、遗憾和悲伤的复杂话题！

**东兰律师：**什么话题让您产生如此复杂与丰富的感受？

**大军律师：**这个话题几乎每次在处理家族事务时都会提到，那就是

"家族智慧"与"专业能力"的话题。

很多中国家族完全是依靠家族智慧处理顶层结构设计等重大家族事务的，在这个过程中很少寻求专业支持。

虽没有完整的逻辑，更不成体系，但家族创造了很多财富管理的"土办法"，往往是以约定俗成的非正式方式呈现的，实用性很强，而且仔细分析起来，和一些专业财富管理逻辑也是非常契合的。

这是一个很有意思的现象，让我不得不深入思考家族智慧与专业能力之间到底是一种什么样的关系。

**胡弯律师：**家族之所以能够取得财富领域的巨大成功，一定是拥有能力非凡的家族领导人及家族成员，具有"家族智慧"也就不足为奇了。可不可以举几个与家族智慧有关的例子？

## 必须尊重家族智慧的价值，这是一种原动力

**大军律师：**我举两个例子：

一个非常成功的家族企业，为了避免父子两代人可能的冲突对重大决策的影响，做了一个非正式的安排：在重大事项表决中，第一代家族成员持有30%的表决权，第二代家族成员持有30%的表决权，职业经理人团队持有40%的表决权。这样的机制虽显单薄，甚至可以说"简陋"，但很有"想象力"，且确实在实践中发挥了一定的积极作用。

多年前我参加了中山大学岭南学院举办的一个关于家族传承的沙龙，席间一个知名企业家就谈到自己家族的财富安排：他将财富分成了七份，其中赠给四个孩子（不论男女）各一份，太太保留一份，自己保留一份，另外留有一份家族共有。家族共有的这一份用以支持家族共同事务，同时作为家族成员的最终保障。他和太太离世后，会将他们各自拥有的份额并入到家族共有部分。

**胡弯律师：**您确定这两个家族都没有接受过专业指导吗？

**大军律师：** 可以确定这两个家族在做这种安排前并没有接受过家族治理、家族企业治理、顶层结构设计等方面的专业训练与支持，甚至连这些概念都没有听说过。

第一个家族所确定的家族决策机制虽未形成正式的治理机制，执行也并不严格，甚至有些时候还会因为上一代的"任性"而失效，但确实非常值得研究。首先，家族发现了影响家族发展的重要路障之一就是家族的决策机制，而且充分意识到了决策机制的重要性；同时，家族成员之间也是力图通过机制的确立去寻求家族代际成员间的权利平衡，这实际上是一个非常重要的传承环节；此外，家族通过引入第三方力量——职业经理人来平衡家族成员间的差异与冲突，这个尝试在方向上是值得肯定的。

**东兰律师：** 第二个家族案例呢？

第二个家族实际上设立的就是一个典型的西方意义上的家族基金，虽然家族基金的管理模式未必科学，当时也未对管理者选择及运营机制等更具体的问题进行长远考量，但家族基金的轮廓是具备的。

在这个安排下，不仅可以明显看出家族在财富传承中对家族成员长期保障与支持的关注，同时也看到明显的平等分产、分而传之的传统理念，当然也充分显示了大部分中国家族普遍接受了在传承中财产份额男女平等的当代理念；最值得关注的是，家族事实上已经意识到，家族要实现长期发展与传承，必须具备集中的家族力量。

**逸凡律师：** 这两个家族我都比较熟悉，他们事实上还有很多"土办法"。中国家族是非常有智慧的，确实要对他们的家族智慧表示敬意！

**大军律师：** 从某种意义上讲，我们以专业人士的身份为家族提供服务的过程，就是对这些有价值的"土办法"进行规范、优化的过程，最起码这是其中的重要工作。当然从学术角度而言，这是将非正式的治理机制逐步演变为正式治理机制的过程。

我始终认为家族智慧就是一种原动力，很多家族财富管理工具、治理技术及顶层结构的逻辑，都来源于境内外家族智慧的"蓝图"与实践，我们的服务也可以理解为一个"取之于民，用之于民"的过程。

所以我们更应尊重家族智慧的价值，尊重家族的选择，这两点是特别要铭记的服务理念。

**胡弯律师**：您说的我们确实也是感同身受！能够创造或保有财富的家族一定有很多过人之处值得他人学习，一定有一些独有的经验与品质值得总结和提炼，其中的共性就会被提升为工具、技术与逻辑，甚至会形成相应的理论。您的家族智慧是原动力的说法是很恰当的，我也非常认同。

**大军律师**：当然，家族（企业）自身也要特别注意挖掘和总结自己的一些好的做法、成功的经验，同时也要特别注意向其他家族学习与借鉴！

## 专业能力的价值同样无可替代

**东兰律师**：家族智慧固然重要，但难道只靠家族智慧就可以解决家族（企业）顶层结构以及其他财富管理方面的问题吗？

**大军律师**：当然不是。没有专业能力的导入肯定是不行的。大量的案例告诉我们，即使依据家族智慧做出了"对"的选择，但在没有专业支持的情况下，也不见得能取得"对"的效果。

**逸凡律师**：大军律师，举例说明最有说服力！

**大军律师**：那我就举一个最典型的例子——家族信托的设立与运营。

中国家族设立境内或境外家族信托的路径通常是：选择信托机构作为家族信托的受托人，然后与受托人进行沟通选择信托类型，与受托人共同确定家族信托的具体条款，进而与受托人签署信托契约并置入信托资产完成家族信托的设立。请问这个流程有问题吗？

**逸凡律师**：有问题，这与我们的信托构建逻辑是不一样的，我们通常是确定家族信托的核心要素及信托框架后，再去遴选最契合的受托人设立家族信托的。

**大军律师**：我们确实是这样做的，这也是正确的做法。逸凡律师所讲的确定家族信托的核心要素及信托框架，实际上指的就是家族根据自己的情况与意愿独立确定家族信托的治理结构和治理机制，以及家族信托的所有权结构。选择受托人实际上是一个家族信托"实现"的过程，并不是由受托人去设计这个家族信托。

这个能力家族是不具备的，没有专业能力是无法实现的。

**胡弯律师**：有些家族认为信托机构最专业，家族信托设立过程中只要将家族信托的全部事务委托给受托人安排就够了。很多人持有这个观点。

**大军律师**：受托人当然是专业的，这个毋庸置疑。

我一直讲，家族信托就是家族一个虚拟的"房子"，与建造一个房子的逻辑是完全相同的，我们再以建筑施工工程合同为例：

工程施工单位很专业，请问作为业主方的你是不是要根据自己的具体需要向施工单位提一些标准与要求？那么如何确定你自己的具体标准和要求呢？是通过设计师还是仅仅通过自己？

标准和要求确定后，是不是需要就建筑工程合同中的商务条款与技术条款和施工单位进行谈判？为什么需要谈判？因为你的立场与施工单位的立场是不一样的，虽然都想把房子建造好这一点是一致的，但你更希望完美实现你的目标，而施工单位也有自己的利益和规范要求。

请问，这些工作没有专业支持可以完成吗？

**东兰律师**：没有专业支持确实是非常难以完成的，一个好的房子一定是专业设计师设计的！

**大军律师**：再举个离岸家族信托的例子：我们可以先不谈家族信托的设计与谈判中专业能力的价值，请问有多少家族能够完整读懂英文版的家族信托文件？很多家族都有在海外留学的家族成员，也许能够读懂晦涩的专业法律文件，但又有多少人能够真正理解家族信托法律文件每一个字、词及句子的意思？即使能够理解这些字、词及句子的意思，你又能够真正理解这样安排的法律后果吗？

事实上确实如此，没有专业支持对家族而言都是困难的。

**逸凡律师：** 家族信托这个"房子"比一个真正的房子更重要，更久远，更复杂，没有专业能力的支持一定是行不通的。

**大军律师：** 当然是行不通的！其实专业能力在家族信托的构建中的价值远远不止这些，大家可以多思考一下！

## 问题的本质是什么？

**东兰律师：** 既然专业能力如此重要，我们必须知道家族为什么更愿意依靠家族智慧，而对专业能力持有怀疑。当然也有另外一种现象，很多专业人士对家族智慧嗤之以鼻，为什么？

**大军律师：** 你们觉得呢？

**逸凡律师：** 这个问题大军律师和我曾经交流过，大军律师认为缺乏信任与尊重是这一问题的本质。

**大军律师：** 我至今依然是这个观点，从来也没有变化过。家族与专业机构及专业人士的相互信任与尊重问题解决不好，家族关于保护、管理与传承的家族目标与财富目标是很难实现的。

有一位60多岁、身为一代创业者的家族企业掌门人曾经和我有一次交谈，在谈话中提到他的孩子都非常团结。当时我并没有讲太多，但是还是比较直接地提醒了他：三个不同母亲生的孩子，没有共同生活与学习的经历，作为父亲的你也很少对他们施以更多的关注与教导，你看到的所谓"团结"我并不想怀疑，但这个"团结"是没有经过考验的，是不可靠的。

他当时对我的话很不以为然，甚至还很不高兴。遗憾的是今天的结局被我不幸而言中了。

并不是这位老板没有智慧，相反他很有智慧。过往持续成功的经历让大多数中国家族的领导者对自己的能力太过于自信了，对自己家族成员的情感、品格、理性、智慧、能力与格局也太过于自信了。认为只有自己和家族成员有足够的能力解决自己的家族事务，并不认可专业能力的介入价值。这是一种盲目的自信！

**东兰律师：**这个现象确实是很突出的！

**大军律师：**前天有位50多岁的家族领导者直接对我说："办法我比你多，我找你只是想让你告诉我一些成功家族，尤其是一些犹太家族的具体做法，剩下的我自己想就可以了，或者说上网查查信息了解一下其他家族怎么干的就可以了。"

**东兰律师：**说白了就是不信任专业能力。

**大军律师：**不信任专业能力，也可以理解为不尊重专业能力。最后我和这位老板谈了私人财富管理、家族（企业）顶层设计、家族力整体提升及家族投融资的整体解决方案时，他也算是明白了专业能力是有价值的，可能也明白了专业人士的办法事实上并不比他少，而且有很多办法是他不知道的。

这不仅是见识多少的问题，更重要的是有没有总结和提炼，在相应的能力是不是有科学的技术支撑、构不构成完整的体系、是不是有逻辑指导、有没有理论依据等方面，这些家族智慧可能与专业能力相比是处于较大劣势的。

**胡弯律师：**其实不信任还有另一个层面的因素——对专业机构及专业人士操守的不信任。

**大军律师：**刚才谈到的那个老板对此讲得也很直白：你再好，也是外人，毕竟不如自己家里人可靠。他的这个观点同样也是很有代表性的。

专业人士与家族成员谁更可靠本身就是一个伪命题。专业人士办专业的事，承担专业的责任，受专业环境的约束，以独立视角站在专业与家族立场处理家族事务，如果依然不能被信任，也只能说家族没有选对机构，也没有选对人了。我们今天没有必要就这个话题展开深度讨论了。

**逸凡律师：**信任与尊重一定是相互的，这一点在家族服务中我也很有体会。

**大军律师：** 逸凡说到了一个核心问题。这是我今天要重点讲一讲的。

深度　　温度　　角度

如果专业人士不给予家族足够的信任与尊重，也得不到家族的充分信任与尊重，你的服务一定是没有"深度"的，这是其一；你也无法真正站在家族立场提供专业支持，你的服务一定是没有"温度"的，这是其二；你也无法真正放下自我，去掉我执，你提供的方案一定只是"你的"，而不一定是"家族的"，"角度"会出现问题，这是其三。

与其说是"家族智慧"与"专业能力"的相互信任与尊重，不如说是家族与专业机构之间的相互信任与尊重。这是一个关键的"结"，家族与专业机构之间的这个"结"如果解不开，后面的一切基本无从谈起。

"家族智慧"与"专业能力"关系的厘清，并不是一个"虚"的问题，而是一个要实实在在解决的问题，既躲不开，也绕不过去。无论境内、境外，无法协调好这个问题的家族很难生存与发展，这是家族一定要深思的。

## 是一种融合，而不是简单的导入

**东兰律师：** 家族智慧与专业能力应当怎样协调呢？

**大军律师：** 家事无小事。家族在做具体家族事务规划和安排时，是不应当以对错作为判断标准的，而应当以"可靠性"作为总的判断原则。家族智慧与专业能力的结合将会使可靠性大大提升。

多年的实践告诉我们，中国家族智慧与西方治理制度的选择往往是异曲同工的。例如，在西方家族治理中，家族银行或家族基金的运用是很普遍的做法，很多中国家族在没有专业支持的情形下，虽未运用家族银行或家族基金的概念，但却保留了很多具有类似功能的特定的且具有一定规模的财富，以在特殊情况下对特定家族支系或成员提供支持。如果这些家族智慧能够与家族信托等治理工具相结合，效果就更可靠了。前面讲到的那个企业家分配家族财富的例子就很典型。

**胡弯律师：**还是请您把这个话题打开一些，这是很重要的部分。

**大军律师：**企业家将家族财富中的一个份额确定为家族共有，并承担家族基金的功能，而且未来企业家和配偶的份额依然会注入到家族基金之中，家族基金的规模是很大的。家族基金承载的责任不是短期的，不是一代的，而是代际相传的；同时要求绝对的安全，并且还应有一定的持续保值增值空间。

这个家族基金应当由什么机构进行管理，机构是由家族成员主导还是职业经理主导，抑或是独立的第三方？现在的或未来的机构的确定、主导者的确定机制是什么？如果是家族附属机构进行管理，财富管理的机制是什么，如何确定？既然要求绝对安全，那么如何保证呢？这些财富应当在国内配置，还是在全球范围进行配置？说得学术一点，核心问题就是家族基金的所有权、控制权、经营权和收益权如何配置，治理机制应当如何安排，才能保证家族基金的持久存在、长期发展，进而实现家族基金的目的。

这显然是一个系统性问题，所有人都应当清楚系统性问题必须用系统性的方式来解决。其实这就是前面强调的导入专业能力的价值所在。

**逸凡律师：**请大军律师讲一下家族应当如何导入专业能力。

**大军律师：**逸凡律师提的问题很大，我只能略说一二了。

我们讲的专业能力的导入实际上应当包含两个层面的意思：其一是如何选择并引入专业机构及专业人士，其二是家族智慧与专业能力应当如何与家族匹配。

沟通 与 价值　　能力 与 操守

选择和引入专业机构及专业人士的核心问题在前面实质上是触及了，那就是以能够实现家族与专业机构之间的相互信任与尊重为前提，当然这里涉及沟通与价值、能力与操守等多个层面的考量。其中有一点需要补充的是，专业人士与家族在"三观"上应当是相互认同的，"骨子"里的一些取向是一致或接近的。

这一点在其他类型的服务中未必需要考虑，但是在家族治理、家族企业治理与顶层结构服务中是一个非常重要的影响因素，而且服务程度越深，这个因素的影响越大。

**胡弯律师：**专业机构及专业人士与家族的协调应当如何把握呢？

**大军律师：**与其说是专业机构及专业人士与家族的协调，不如说是专业能力与家族智慧的融合。

导入只是手段，专业机构及专业人士导入后应当如何发挥专业能力的价值呢？其中的关键就在于"融合"二字，也就是家族智慧与专业能力要"合二为一"。

**东兰律师：**大军律师，"融合"中应当把握哪些基本原则呢？

| 独立视角下的家族立场 | 家族智慧的提炼与优化 | 专业逻辑与技术的家族化 |
|---|---|---|

**大军律师：**我觉得这里讲的"融合"最起码有三点是需要专业机构与家族共同把握的——独立视角下的家族立场、家族智慧的提炼与优化、专业逻辑与技术的家族化。

我先谈谈独立视角下的家族立场。专业人士具有独立的视角，这是由专业身份先天决定的，独立视角会更客观、更理性，也更专业。但是如果不能够坚定地站在家族的立场去思考、规划、安排和解决家族问题，服务效果一定是不"解渴"的，甚至很多时候是隔靴搔痒。

我每次为家族、家族企业提供大提案时，一定是要进入"角色"的，一定会将自己定位为一个家族成员，没有这个角色代入很难确保家族立场。当然同时也一定要坚持自己的独立视角，否则家族请你来就没有意义了。这里特别强调家族也应充分尊重和鼓励专业机构及专业人士保持独立视角。

坚持独立视角才会有观察，保持家族立场才会有体悟，二者融合后的思考与判断才是真正有价值和力量的。

**逸凡律师：**家族智慧的提炼与优化，这一点大军律师在前面也讲到了，并不难理解。既然家族智慧有价值，就要挖掘、整理、规范和优化。就像前面讲到的，家族为了解决决策僵局或决策冲突而规定，上一代家族成员持有30%的表决权，下一代家族成员持有30%的表决权，职业经理人持有40%的表决权。如果通过一些正式的治理机制进行规范，通过一系列配套的安排进行优化，其执行程度或执行效果相信一定是不同的。

**大军律师：**逸凡律师说得很好！其实这里还有一个延伸的问题。这个家族规则出发点是为了解决决策僵局或决策冲突的问题，如果站在专业角度进行完善的话，应当在确保满足这两个家族诉求的同时，通过一定的机制设计实现决策的科学化，这样就将其功能延伸了，这也应当是专业能力介入的重要目标。

挖掘、整理、规范和优化是一个"知易行难"的事。

**胡弯律师：**最后您还是要介绍一下专业逻辑与技术家族化的问题。

**大军律师：**这一点说起来也很简单，但做起来也颇为不易。每个家族有每个家族的家族特色，逻辑与技术的运用应当也要契合特定的家族特色；同时，完全可以依据家族特色调整或革新一些逻辑，也可以创造一些新的技术，通俗地讲就是要"定制"！

实现前面谈到的这三个原则，实现家族智慧与专业能力的融合就问题不大了。

今天的讨论虽然我们没有涉及具体技术细节，但对这一底层逻辑的梳理是很有意义的。

## 启示与建议

● 家族与专业机构及专业人士的相互信任与尊重问题解决不好，家族关于保护、管理和传承的家族目标与财富目标是很难实现的。

● 家族智慧就一种原动力，很多家族财富管理工具、治理技术及顶层结构的逻辑，都来源于境内外家族智慧的"蓝图"与实践。

● 家族在做具体家族事务规划和安排时，是不应当以对错作为判断标准的，而应当以可靠性作为总的判断原则，家族智慧与专业能力的结合将会使可靠性大大提升。

● 独立视角下的家族立场、家族智慧的提炼与优化、专业逻辑与技术的家族化是家族智慧与专业能力融合的三个基本原则。

● 坚持独立视角才会有观察，保持家族立场才会有体悟，二者融合后的思考与判断对家族（企业）而言才是真正有价值和力量的。

道生之，德畜之，
物形之，势成之。
是以万物莫不遵道而贵德。
——《道德经》

# 道生

生

对话家族顶层结构

# 什么才是当下家族（企业）最迫切的诉求
## ——风险隔离与保障支持

**分享嘉宾：**大军律师

**互动律师：**逸凡律师、胡弯律师、东兰律师

**分享时间：**2018年10月18日　星期四

## 课堂研讨

| 方向 | 横向隔离 | | 纵向隔离 | |
|---|---|---|---|---|
| 路径 | 资产隔离 | | 安全池 | |
| 时间 | 短期隔离 | | 长期隔离 | |
| 空间 | 在岸隔离 | | 跨境隔离 | |
| 工具 | 家族协议 | 意愿安排 | 金融性工具 | 结构性工具 | 身份配置 |

**大军律师：**我们今天交流的主要目的是澄清一个不是问题的问题——家族（企业）当下最迫切的诉求是什么？

这个问题看似非常简单，但我始终认为在这个问题上无论是家族（企

业）、还是家族财富管理领域的服务机构及专业人士都存在一定的认识误区。

**逸凡律师：**家族（企业）财富管理的核心目标是家族财富的保护、管理与传承，这是我们提出的核心观点，也是我们进行家族（企业）服务的根本出发点，这一主张行业是普遍接受的。

当然，具体到每一个鲜活的家族，一定又是千差万别的。

**东兰律师：**逸凡律师说得很对，但总体感觉无论是家族（企业）还是机构，对于财富管理的三个目标的重视程度是有所不同的，总体而言，对传承的关注度最高。

**大军律师：**其实这个话题在第一堂课上是讨论过的。的确，大家对三个目标的重视程度有所不同，不过，我感觉2018年以来似乎大家的观点有所"回归"，对家族（企业）财富的保护、管理与传承三个目标的认识更清晰了。

但是，我觉得目前家族（企业）及机构对于家族（企业）保护目标，或者说家族（企业）保护诉求的重视程度还是有所欠缺的，具体表现在对"保护"的迫切程度认识不充分，同时对于实现"保护"的考量要素把握不准，也可以说没有形成完整的、体系化的"保护"逻辑，当然也就无法切实有效地实现"保护"目标。

**胡弯律师：**形成这个局面的根本原因是什么？

**大军律师：**原因肯定很复杂，可能存在一定的"误导"，但核心问题还是没有能够真正认清家族（企业）财富管理的背景！

**胡弯律师：**请您详细介绍一下。

## 从背景出发才可以找到真正的答案

**大军律师：**我首先问一个问题：今天家族（企业）面对的挑战是什么，或者说家族（企业）财富管理的背景是什么？谁能回答一下？

**逸凡律师**：普遍认为改革开放40年后的今天，家族（企业）全面进入世代交替期、所有权更迭期、转型升级期"三期叠加"的阶段，这是当下被普遍认同的家族（企业）财富管理的大背景，也是家族（企业）面对的根本挑战。

**大军律师**：说得很好！所谓的"三期叠加"确实是得到充分认同的一个观点，比较客观地反映了今天中国家族（企业）所面对的集体"困惑"，对此我也深有同感！我的下一个问题是：这是中国家族（企业）所面临的全部核心挑战吗？

**胡弯律师**：我记得在2018年粤港澳大湾区法律服务论坛上大军律师强调的是"四期叠加"的观点，第一堂课实际上也初步讨论了"四期叠加"的观点。

**大军律师**："四期叠加"的观点在第一堂课就已经讨论过了，但这个问题太重要了，所以今天非常有必要再次重申一下这个观点。

**东兰律师**：我记得在第一堂课中大军律师是从两个逻辑出发来阐述中国家族（企业）面临的世代交替期、所有权更迭期、转型升级期及全面合规期的挑战的。

**大军律师**：是的，可以称为两条线索，也可以理解为两个逻辑。

第一个逻辑是世代交替与所有权更迭。这里主要面对的是"权杖"的继承与"财产"的相续两个核心问题。这两个问题确实让中国家族集体迷茫了。从目前的状况来看，既有非常成功的例子，如方太、美的等，也有更多不胜枚举的失败案例。

问题的关键在于每家情况各有不同，"家家有本难念的经"，家族成员、家族及家族企业的差异性和复杂性决定了"成功经验"的不可复制性。总体上感觉家族并没有找到更好的办法，更多的是无奈与焦虑。

**逸凡律师：** 第二个逻辑涉及我们新的观点，请您着重讲一下。

**大军律师：** 第二个逻辑就是转型升级与全面合规。

转型升级是一个老话题了，很多家族企业领域的学者目前将研究重点转移到了家族创业上，为什么？实际上也是基于家族转型升级的大背景、大挑战。

最具挑战性的实际上是全面合规期的到来。合规者"生"，不合规者"死"，俨然已经涉及家族企业的生死问题。举个例子，前一段时间国家在社会保障政策执行层面的调整动作把所有企业家都"惊着了"，引起了轩然大波。为什么出现如此大的反应？不仅是因为合规的企业不多，而且更为重要的是，也许大多数企业根本不可能具备相应的合规能力！

尤其严峻的是中国家族企业面对的不仅是中国境内的全面合规，随着中国家族企业直接或间接地深入参与全球市场竞争，要面对的事实上是全球的全面合规。全面合规对于以野蛮生长甚至是灰色生长的模式成长起来的中国家族企业而言是"可望而不可即的"。

**胡弯律师：** 无法面对的后果是什么呢？

**大军律师：** 全面合规使家族企业面对的不仅是经济风险的问题，还有可能面对民事责任、行政责任及刑事责任多重风险的叠加，涉及的不仅是家族企业的安全问题，还包括家族及家族财富的整体安全，以及家族成员的个人安全及资产安全。

有一种观点认为，家族企业及家族企业家最大的风险就是刑事责任的风险，从某种意义上说，这并不是危言耸听。

**东兰律师：** 看来"剑"早已悬在头上，只是我们尚未感受到其中的"锋利"罢了。

## 私董会的启发，家族（企业）需要的到底是什么

**大军律师：** 事实上我讲的正是这个道理。作为专业服务机构，我们必须具备对中国家族（企业）的准确判断能力，家族（企业）同样也必须具备相应的独立判断能力，这一点尤为关键。

我记得大家都参与过私董会吧？

**逸凡律师：** 我们几个都参加过，而且不止一次。私董会确实是一个非常有意思的解决问题的模式，每次参加收获都很大，而且我还参加过一次与家族（企业）顶层结构设计有关的私董会，记得当时的会议主席正是大军律师。

**大军律师：** 私董会有很多不同的流派和玩法。我这里有一张图是外滩私董会的"七步法"，其实其他私董会的流程也是大同小异的。

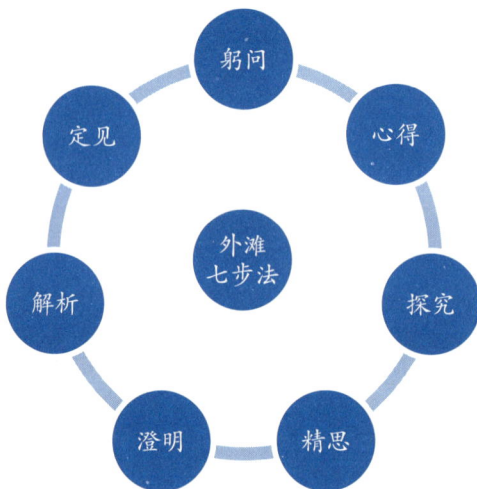

事实上，在私董会会议的推进过程中，通过多个环节对问题进行不断澄清，进而发现当事者真正的问题核心是最为重要的步骤，也是私董会成功的关键。

大家参加私董会时有没有这个感觉？

**东兰律师：**对这个问题的感触很大。几个回合下来，当事者往往会发现自己提出的问题并不是真正需要"解惑"的问题，为什么会出现这样的现象呢？

**大军律师：**原因当然是很复杂的。每一个人都有认识的局限性，我的理解是私董会实际上是一项通过助力与助缘提升当事者认识能力，并排除认识干扰的活动。我们通常会得出一个结论：你提出的问题往往不是你真正关注的问题！

**胡弯律师：**如果这样的话问题就严重了。很有可能家族（企业）关注并提出的需要解决的问题并不是真正的问题所在。

**大军律师：**正是如此。这就是为什么我们要求一定要对家族（企业）的诉求进行问题澄清的根本原因。就我的经验而言，家族（企业）就家族事务提出的诉求一般而言是不准确的，往往是大而化之或人云亦云的；当然更多的是分不清轻重缓急，发现不了最迫切的诉求，这是一个普遍现象！

**逸凡律师：**这个判断与我们家族（企业）财富管理的实务经验是一致的。绝大多数家族来找我们时都是说要做家族传承规划，实际经过多轮澄清后发现并不是这么回事，事实上要做的并不是传承规划的安排，而是有其他方面的诉求。

我记得有几个家族一上来就说要做家族宪法，而且很坚持。但最终发现他们根本缺乏对家族宪法的基本认识，而且就家族发展阶段和规模而言，不仅没有制定家族宪法的迫切诉求，更缺乏这样的家族共识。

**大军律师：**说得很对，那么中国家族（企业）的诉求到底是什么呢？如何才能发现真实的诉求呢？

**东兰律师：**不敢班门弄斧，还是请大军律师讲解一下吧！

**大军律师：**这个问题可以从两个层面进行梳理，第一个层面是家族（企业）的财富管理诉求到底是什么，第二个层面是中国家族（企业）最迫切的诉求是什么。

先谈一谈第一个层面。

我一直在强调家族（企业）财富管理的诉求应当是保护、管理与传承并重的，这是我们团队一直坚持倡导的，同时我们也认为应当对与财富安全对应的保护诉求予以更高的重视。没有安全何谈管理？没有安全传承什么？所以家族财富的安全问题是一个基础性问题，保护诉求是一个根本性的诉求，这是一定要予以明确的。

不可否认，"风雨过后才见彩虹"，但是如果在"风雨"中倒下了，"彩虹"实际上就与我们没有任何关系了，这不是再简单不过的道理吗？

我这里所讲的保护是多层次的，既涉及财富规模的安全与增长，也涉及财富质量的安全与提升，还涉及财富目标的安全与实现，更涉及现在及未来财富所有者的安全与发展。

安全才是中国家族（企业）最关心、最需要解决的问题，所以说当下中国家族（企业）的保护诉求更为清晰。相应的管理与传承诉求未必那么具象，对大多数家族（企业）而言也未必考虑成熟并达成必要的共识。

**胡弯律师：**第一个层面大军律师谈得很清楚了，也是我们一直关注的，在具体服务中也是我们始终坚持的路径。

第二个层面呢？

**大军律师：**我接着谈第二个层面，最迫切的诉求是什么？

风险隔离与保障支持是中国家族（企业）最迫切的诉求，对于这一点我们必须予以明确，家族必须要有足够清醒的认识。

安全的前提是风险的隔离，这是不言而喻的。当然，对于家族（企业）而言，这里的隔离应当从横向隔离和纵向隔离两个角度进行思考。

这里所讲的横向隔离包括家族（企业）内部，家族成员间、家族支系间、家族企业间及商业体系间的风险隔离。

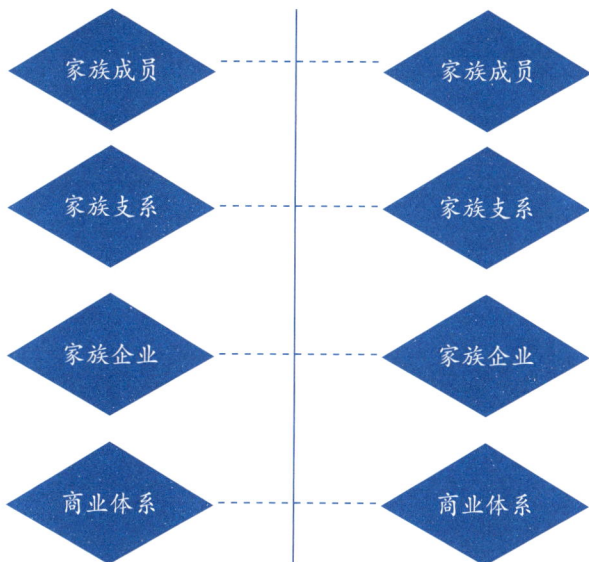

**逸凡律师：** 横向隔离已经谈得很清楚了，那纵向隔离呢？

**大军律师：** 纵向隔离实际上包括了家业与企业的隔离、家族成员与家族企业的隔离，以及家族代际的隔离。

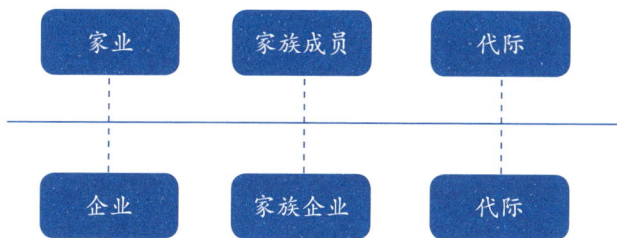

无论是横向的风险隔离，还是纵向的风险隔离，如果实现的话都需要在时间、空间、方向、路径及工具上给予系统性的规划与考量。在今天讨论之前出示的那张图实际上就是一个风险隔离的系统规划模型，大家可以去认真研究一下。

其实这个话题对于我们而言实在是老生常谈了，为什么今天还要再强调？不仅因为重要，而且因为实践中的认识误区确实太大了。

**逸凡律师：**我再问一个问题，资产隔离与风险隔离的区别在哪里？

**大军律师：**这个问题非常好，说明逸凡律师是有深度思考的。资产隔离是风险隔离的前提，但一定不是全部。其实从前面风险横向隔离与纵向隔离的内容我们可以看出，"人"与"人"之间的风险隔离也是非常重要的。

换句话说，只有资产的隔离，没有人的风险隔离，资产隔离的目标最终很有可能是无法实现的。说透彻一点，就是人的因素可能会打通资产风险。

所以说，我们要实现的风险隔离，既包括人的风险隔离，也包括资产的风险隔离，是二者的综合考量。

**东兰律师：**对于风险隔离的迫切性，我们在服务家族（企业）过程中感触颇深。保障支持为什么也是最迫切的诉求？

**大军律师：**对家族成员生存、生活、学习与发展的保障与支持，是财富家族最基本的诉求，这一点大家都是理解的，只是家族一般认为没有这么迫切而已。

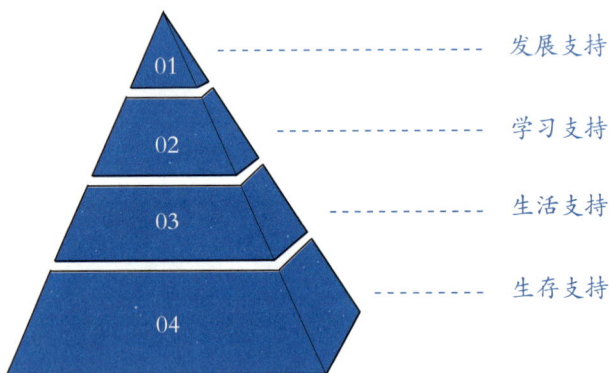

这实际上是一个认识问题，最基础、最基本的事情都解决不好，安排不了，大家觉得其他更为复杂的事情可以安排好吗？或者说其他事情的安排有实质意义吗？答案不言而喻！

所以说，在家族（企业）财富管理过程中基础性的诉求一定是最重要的，也是最迫切的，给自己、给家族一个保障支持的"底线"，不仅让你睡得更好，而且也是一种责任，更是一个起点。

**胡弯律师**：给自己、给家族一个保障支持的"底线"，这句话说得太对了。

**大军律师**：我们都希望自己、整个家族能够实现内心的安宁，同样也希望有尊严地存在与生活，更希望永远保持行为的从容，这可以说是家族（企业）财富管理的终极目标，这一切实际上都离不开一定的物质基础。

所以说，如果实现不了基本的保障支持，再美好的财富管理目标都是空中楼阁、天方夜谭。

### 为什么要讨论这个问题？

**东兰律师**：今天花了很长时间谈论什么才是中国家族（企业）最迫切的诉求这个问题，平时大军律师对这个问题特别重视，谈论这个问题的核心价值是什么？

**大军律师**：讨论就是一个强化的过程。我们必须始终坚持家族（企业）财富管理服务不是一种标准化的服务，服务的出发点是且应当是家族的诉求；而且家族也应当清楚地认识到每一个家族都是独一无二的，这是由"人"的独一无二所决定的，"一家一策"是必然的。

**胡弯律师**：是的，家族（企业）财富管理必须是定制化的，而非标准化的！

**大军律师**：说得好！这就快触及讨论这个问题的根本原因了。

我们必须找到一个基点，找到一个起点，找到一个家族（企业）财富管理服务的发动逻辑。家族财富管理必须以家族诉求作为基点，以家族立场下最迫切的诉求为起点；而不是以产品诉求为基点，也不是以服务机构立场下的服务能力与优势为起点，这才是家族（企业）财富管理服务的发动逻辑。

**逸凡律师：** 家族（企业）财富管理应当遵循的是家族诉求而非产品诉求，是家族立场而非机构立场。大军律师的根本目的不仅是要正视听，更重要的是希望能够改变这种当下未必正确的家族（企业）财富管理逻辑，进而发现正确的家族（企业）财富管理路径！

**大军律师：** 方法比知识管用，逻辑比方法重要，用对的逻辑去做对的事情，才可以发现真正正确的家族（企业）财富管理路径。

## 从最迫切的真实诉求出发才是正确的路径

**东兰律师：** 其实越来越清楚地认识到在家族（企业）财富管理领域坚持正确的逻辑是很不容易的，很多时候存在"劣币驱逐良币"的现象。很多家族（企业）在财富管理过程中出现了根本性的路径错误，投入很大的精力和成本，做了大量的"高端动作"和"复杂安排"，实际上效果却不尽如人意。

**大军律师：** 这是必然的结果，也是很让人忧心的现象。

简单才有力量，这是一个很重要的价值判断。也就是说，复杂的家族（企业）财富管理安排，未必是一个最适合的选择。简单是一种"美"，而复杂很难成就"美"。所以用简单的方法去实现家族的诉求应当是一种追求，这样才可以更好地实现家族价值。

**胡弯律师：** 这个道理我清楚，但事实上在很多场合，简单的安排实现不了家族的诉求怎么办呢？

**大军律师：** 我们一定不是为了简单而简单。很多时候一个诉求的真正实现是需要一系列的复杂安排的，是家族协议、意愿安排、金融性工具、结构性工具及身份配置的综合运用，一定是复杂的。

一个复杂的安排，如果逻辑是简单的，路径是清晰的，我们也不会觉得太复杂，这种体会一般人都是有的。

我的经验是，家族很难接受一套自己看不懂的复杂财富管理安排。所以，简单很重要！

我今天更多想探讨的是家族（企业）财富管理的正确发动路径。

**逸凡律师：** 那就请您言归正传。

**大军律师：** 我在这里讲几个关键词。

第一个关键词是"迫切"。只有最迫切的诉求才是家族必须尽快去实现的，才是家族有决心和动力去实现的，才是家族最容易达成共识的，从这里开始障碍最小，见效最快，这是千真万确的经验之谈。

家族财富管理推动的障碍，实际上包括机构与家族的沟通、家族内部的沟通两个层面的障碍。机构与家族的沟通实际上并不太困难，家族一定有一些认识力超前和接受力很强的成员，如果机构与他们沟通，实际上会很轻松。而家族内部的沟通反而是更困难的。如果认识力超前和接受力很强的成员是家族领导人，会相对轻松一些；如果不是的话，家族内部的沟通和说服往往效率是极低的。所以从"迫切"入手是一个捷径。

**胡弯律师：** 第二个关键词是什么？

**大军律师：** 第二个关键词是"真实"。不要被家族自我表达的诉求所干扰，一定要结合家族环境、家族结构、条件、愿景及经验等具体因素，由专业人士与家族共同对诉求进行反复澄清，这才能找到真实的诉求。

道理在前面已经讲过了，重点是对诉求的澄清一定要有耐心，尤其是在一些家族结构较为复杂的家族中，诉求的澄清比想象的要困难得多，出于各种原因，家族成员的表达往往会非常隐晦，没有一定的鉴别力和经验是很难做出准确判断的。

**东兰律师：** 还有没有其他的关键词呢？

**大军律师：** 还有一个关键词，也就是第三个关键词——"出发"。实现最迫切的诉求只是一个开始，但确实是一个重要的开始！这就意味着家族（企业）财富管理的正确启动，而家族最终一定是通过一体化的解决方案去实现家族（企业）财富管理的整体诉求的，所以说这只是一个出发！

开始比什么都重要！这同样也是家族（企业）财富管理的经验之谈。

结论是，从最迫切的真实诉求出发才是正确的路径。

对这一点大家认同吗？

**逸凡律师：**当然是认同的！从这个路径出发，不仅家族（企业）在财富管理上会少走弯路，而且服务机构也会少走弯路。这不仅是一个好的起点，也是一个对的方向！

**大军律师：**家族（企业）财富管理不可能一蹴而就，有开始，有过程，有调整，也有持续的优化。

"以慢成就快"，这种感觉和节奏是很重要的！

今天就是最好的时刻，找准起点，尽快出发，然后一步步按照规划去安排，如果能够实现"小步快跑"就已经非常理想了。不要好高骛远，要润物细无声，没有惊天动地，当回头看时却已妥妥当当！

这也许是家族（企业）财富管理的最高境界！

## 启示与建议

● 家族（企业）就家族事务提出的诉求一般而言是不准确的，往往是大而化之或人云亦云的；当然更多的是分不清轻重缓急，发现不了最迫切的诉求，这是一个普遍现象。

● 家族（企业）财富的保护是多层次的，既涉及财富规模的安全与增长，也涉及财富质量的安全与提升，还涉及财富目标的安全与实现，更涉及现在及未来财富所有者的安全与发展。

● 在家族（企业）财富管理过程中基础性的诉求一定是最重要的，也是最迫切的，给自己、给家族一个保障支持的"底线"，不仅让你睡得更好，而且也是一种责任，更是一个起点。

● 家族（企业）财富管理必须以家族诉求作为基点，以家族立场下最迫切的诉求为起点；而不是以产品诉求为基点，也不是以服务机构立场下的服务能力与优势为起点，这才是家族（企业）财富管理服务的发动逻辑。

● 简单是一种"美"，而复杂很难成就"美"。所以用简单的逻辑去实现家族的诉求应当是一种追求，这样才可以更好地实现家族价值。

# 必须把握的三个家族财富管理层次

## ——私人财富管理、顶层结构设计与家族力整体提升

**分享嘉宾：** 大军律师

**互动律师：** 逸凡律师、胡弯律师、东兰律师

**分享时间：** 2018年10月23日　星期一

## 课堂研讨

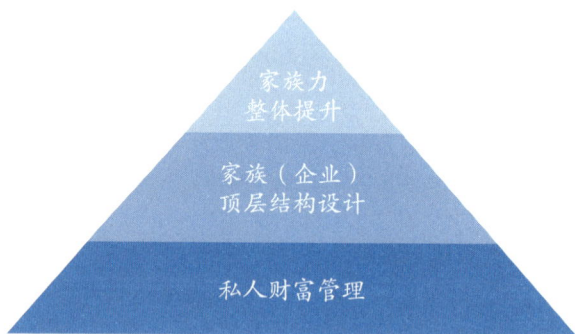

**大军律师：** 我们今天从财富管理的视角探讨家族（企业）顶层结构设计的背景与逻辑。

中国的财富管理市场已经进入市场培育的中后期，财富管理不仅引起了财富家族与财富人士的高度重视，越来越多的机构也凭借不同的基因、

不同的优势、不同的逻辑及不同的工具进入这个领域，满足不同家族的诉求，煞是热闹。

**胡弯律师：**我们也明显感觉到家族财富管理市场的热度了，如何理解财富管理市场已经进入到市场培育的中后期呢？

**大军律师：**我做出这个判断主要是基于以下几个市场趋势和动向：

1. **金融机构热度持续增高。**越来越多的金融机构进入财富管理领域，而且在这个领域的投入力度不断加大。不仅银行、信托、保险等早已经关注这一领域的金融机构纷纷重新定位，调整布局，加大投入力度，而且此前对这一领域关注度较低的证券公司也开始深入关注这一领域，目前已经有几家证券公司将经纪业务部门改组为财富管理部门，这必将成为一种趋势。

2. **中介机构热度持续扩散。**法律、税务中介机构对财富管理领域的关注度同样是空前的。就法律机构而言，不仅一些发力较早的律师事务所已纷纷将财富管理业务定位为战略性业务，着手全国甚至全球布局；不仅大型律师事务所关注这一领域，而且我们也注意到一些精品律师事务所也开始涉足这一业务领域；同时更涌现了一批专门从事财富管理业务的律师事务所。

3. **家族（企业）热度持续提升。**伴随着CRS的到来而引发的全球税务环境的深度变化，以及国内个税等税务政策调整的预期，境内财富家族对于财富管理的关注度已经到了一个新的高度，运用家族信托、保险、家族协议、意愿安排及身份配置等工具进行财富管理的筹划已经成为财富家族的一项基本常识。

**东兰律师：**金融机构热、中介机构热和家族（企业）热确实可以证明市场逐渐成熟了，通过和前几年的状况的比较，这种感受会更明显。

## 未来已来，市场在悄然发生着变化

**逸凡律师：** 大军律师刚才讲到的确实很有道理，相信大家都是普遍认同的，还有没有一些更细微的动向或趋势值得关注呢？

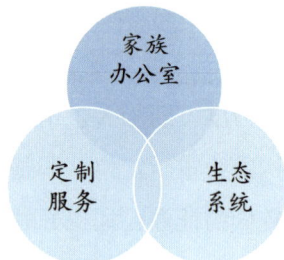

家族
办公室

定制
服务

生态
系统

**大军律师：** 看来逸凡律师知道我是有所保留的，上面讲到的是比较容易观察的大趋势，实际上还有一些标志性的动向非常值得关注和思考，我举三个例子：

1. 私人银行、信托公司及保险公司等机构都纷纷建立自己的家族办公室。昨天还有一个知名信托机构与我们正式确定战略合作关系，聘请我们协助构建该机构的家族办公室。

2. "定制"已经成为财富管理领域最热门的一个词语，不仅中小财富管理机构在强调对于财富管理方案的定制能力，而且一些大型财富管理机构也在产品体系中不断丰富和调整定制类产品的内容和配比。

3. 此前各个机构大多是"王婆卖瓜自卖自夸"，竭力渲染自己产品、工具或能力的过人之处，而今天越来越多的机构强调的是家族财富管理的服务生态系统，关注的是家族财富管理的整体解决方案。

大家有没有思考过为什么近期会出现这三种动向呢？

**逸凡律师：** 我认为这是市场成熟的标志，机构的转变，原因主要在于客户诉求的改变。大军律师近几年在各个场合一直强调财富家族单点接入式的整体定制解决方案诉求，家族（企业）财富管理去中心生态化时代已经到来了。

**东兰律师**：我同意逸凡律师的观点。我也注意到这个趋势愈来愈明显，财富家族以一个机构为切入点进入财富管理市场，但希望得到的是整体解决方案，而单一机构的能力是难以实现这样的诉求的，建立相互依存、相互背书、相互支撑的去中心化的财富管理生态是必然的。

**大军律师**：2018年4月初外经贸信托的朱总拜访大成广州办公室时，和我也深入交流了这三个动向，大家的结论是高度一致的：未来家族财富管理的竞争，已经不再是单一机构之间的竞争，而是财富管理服务生态系统之间的竞争。

**胡弯律师**：确实是这样的，机构的改变，一定是伴随客户诉求的改变的。

**大军律师**：其实还有一个动向也是非常有意思的，很多服务机构已经将私人财富管理的定位，悄然调整为家族（企业）与私人财富管理。就以法律服务机构为例，不仅我们在做这样的定位，而且很多服务机构都在做类似的定位调整。

这又是为什么呢？

**逸凡律师**：我的理解是，定位的变化是由家族财富管理的本质决定的，可能此前家族对于财富管理的理解和认识并不完整，更谈不上深刻，而今天已经对家族财富管理、家族企业财富管理及私人财富管理以及三者之间的关系有了更为完整的、更清晰的认识。

**大军律师**：是的。财富管理市场发展到今天，到了必须回答什么才是真正的家族财富管理的时候了。

**胡弯律师**：我觉得上述各种动向和趋势是相互关联的。我记得在2018年3月大成全球"美加新"信托财产与财富保值论坛上，大军律师也特别强调了前面的观点，当时还同时提出了打通财富管理三个层次的观点。

**大军律师**：通过前面的讨论我们可以发现，无论是机构还是家族，对于财富管理的理解越来越完整和清晰了，都在用自己的逻辑回答或探求什么才是真正的财富管理。

目前可以达成共识的是家族财富管理是多层次的，是一个整体解决方案，而不仅仅是针对家族成员展开的私人财富管理。这一点是明确的！

我们可以从家族财富管理服务的逻辑、对象、工具、内容及目标等方面进行区别，应当在实践中将家族财富管理划分为私人财富管理、家族（企业）顶层结构设计及家族力整体提升三个层次。

因为是整体解决方案，所以只有打通这三个层次，才能实现真正的家族财富管理。

**东兰律师**：愿闻其详！

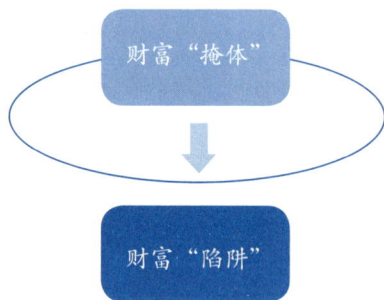

财富"掩体"

↓

财富"陷阱"

## 第一个层次：家族试水的主要路径——私人财富管理

**大军律师**：您是做什么行业的？当面对这个问题时，很多财富管理相关从业者会直接回答"私人财富管理"，这也是很多机构特别强调的。比如说私人银行往往把自己定位为私人财富管理机构，甚至法律服务领域近些年也演化出一个私人财富管理专业领域。

不可否认，私人财富管理是一个基础性的财富管理层次，也是大多数家族进入家族财富管理领域的主要路径。

**胡弯律师**：私人财富管理是一个人们耳熟能详、逐步深入人心的概念，我们的"对话"系列里就有一本《对话私人财富管理》。大军律师，您定位的私人财富管理层次具有什么特点？

**大军律师：**私人财富管理层次初步可以概括为以下6个特点，大家有不同意见可以补充。

1. 私人财富管理的对象以家族成员为主；

2. 财富管理工具中运用得较多的是遗嘱、遗赠及赠与等意愿安排工具，以保险为代表的金融工具，以及以婚内（婚前）协议及代持协议等为代表的家族协议工具；

3. 私人财富管理主要解决的是婚姻风险管理、继承风险管理、复杂家庭多发风险管理及赠与风险管理等家事问题；

4. 在私人财富管理层次中，也会涉及家族及家族企业，但此时家族、家族企业更多是被当作财富管理的考量背景，而不是财富管理的对象本身；

5. 在这个层次，家族只是对财富管理进行初步的接触，普遍属于"试水"期，家族内部并未形成有效共识，或者说也不需要形成广泛共识，同时也未对结构性工具的功能与价值予以充分的理解与重视；

6. 该层次的财富管理安排不仅对家族外部是严格保密的，对家族内部成员也是相对保密的，通常仅仅由家族中的核心家族成员参与并完成即可。

**逸凡律师：**大军律师说的信息量很大，得消化一下。确实目前市场上强调更多的视角是私人财富管理。我记得大军律师对此一直是颇有微词的。

**大军律师：**是的！但存在就是合理的。事实上我并不是否定私人财富管理层次的价值，相反我认为私人财富管理是一个非常重要的、不可或缺的财富管理层次。

重要的是，私人财富管理的基础和前提是什么？是否充分考虑到了私人财富背后家族及家族企业的因素？是否在家族（企业）整体财富管理规划下的私人财富管理？

答案如果是否定的，问题就严重了。就家族这个大概念而言，事实上包括了家族成员、家族及家族企业三个主体，或者说三个考量的维度，而三者无论是在"关系上"还是在"权益上"都是互相影响和关联，牵一发而动全身的。这个逻辑大家都懂！

单纯的私人财富管理，虽可能有一定效果，但毕竟是不完整的，往往会顾此失彼，甚至可能因缺乏整体规划，在实施中引发新的矛盾与风险。今天的财富"掩体"，很有可能就是明天的财富"陷阱"。

例如，股权代持虽有一定的财富隔离等功能，但又有"名不副实"的先天缺陷。此时既要考虑代持的风险，又要考虑代持风险一旦发生对家族企业所有权结构的影响，不从家族企业层面做相应的考量与安排显然是不行的。

**东兰律师**：非常赞同大军律师的观点。私人财富管理是应当要做的，但前提是必须置于家族（企业）财富保护、管理与传承整体筹划的大框架下。

**大军律师**：其实这个道理很简单，财富管理行业与家族也逐步意识到了这个问题。当然，我们也必须认可一点，实际上在整体筹划之下，家族成员私人财富管理的安排的的确确是重要的财富管理实现路径。

家族顶层结构　　家族企业顶层结构

## 第二个层次：必由之路——家族（企业）顶层结构设计

**胡弯律师**：下面还是请大军律师谈一谈第二个财富管理层次吧。

**大军律师**：我再重申一下，在私人财富管理过程中，无论是家族还是服务机构都不约而同地发现，私人财富管理与家族（企业）的财富管理根本无法进行确定性的分割，仅仅将家族（企业）作为财富管理的背景予以考量显然不够，甚至是不妥当的。

私人财富管理与家族（企业）财富管理本来就是相互融合、互为表里、浑为一体的。家族从本质上最终需要的是实现家族财富管理的整体解决方案，而这一整体解决方案是在而且只有在家族（企业）顶层结构设计系统下才有可能实现。

这就自然进入了家族财富管理的家族（企业）顶层结构设计层次。毫无疑问，家族（企业）顶层结构设计是所有家族进入家族财富管理领域必经的、核心的路径。

**胡弯律师：** 刚才大军律师从几个角度对私人财富管理的特点进行了介绍，可否从同样的角度对家族（企业）顶层结构设计这个财富管理层次进行一下解读呢？

**大军律师：** 接着胡弯律师的问题，这里我还是要重点讲一讲。

从逻辑上看，家族（企业）顶层结构设计的逻辑主线有两条：

其一是以家族成员规划、家族规划及家族企业规划为先导，家族与家族企业的平行治理展开的"三层规划、双重治理"的利益相关者关系维度。

其二是以所有权、控制权、经营权及收益权为核心的"家族所有权结构"的权益关系维度。

在家族（企业）顶层结构设计中既要关注"人"的关系维度，也要关注"权"的关系维度，相关的理论和模型今天就不具体展开讨论了，过几天会专题讨论。

**东兰律师：** 在对象、工具及内容上又有什么特点呢？

**大军律师：** 就对象而言，这个层次的财富管理对象涵盖家族成员、家族及家族企业三类。

财富管理中除应用传统的家族协议、意愿安排及金融工具外，更多关注家族信托、家族控股公司、家族有限合伙、家族投融资平台、家族特殊目的公司等结构性工具的运用，同时也强调结构性工具的运用与家族协议、意愿安排、金融工具及身份配置等工具的综合运用、互相补充。

这个层次主要解决的是家族财富管理的系统性问题，是以家族（企业）的整体保护、管理与传承为内容和目标的。

**逸凡律师：** 在顶层结构设计这个层次上，家族的内部共识、认识程度及参与程度又如何呢？

**大军律师：** 比较而言，在这个层次上，家族内部已经形成核心共识，对结构性工具等家族财富管理工具的功能与价值已经有了很深的理解与很强的把握能力。

在这个层次上，除个别特殊安排外，各种安排对家族内部成员不再是保密的，而是由全体家族成员共同参与完成的。甚至，有一些像李锦记这样的家族愿意向社会进行适度的分享。

在这里我还是再次向李氏家族表示敬意！财富家族的分享与示范效应对于中国家族财富管理的进步具有特别重大的价值。

**东兰律师：** 在这个财富管理层次上有什么是要提醒大家特别注意的吗？

**大军律师：** 有一点是必须强调一下的，我们始终强调的家族（企业）顶层结构设计实际上包括家族顶层结构设计、家族企业顶层结构设计两个层面，这两个层面是紧密关联的，但也在对象、工具、内容及目标等多个维度上存在差异性。

这个问题很复杂，我们会通过专门的课程进行讨论。

**胡弯律师：** 我回顾了一下，根据我们近两年的业务趋势，可以确定当下已经有很大比例的家族（企业）进入到家族（企业）顶层结构设计层次，而且家族在这方面的诉求是清晰的、迫切的。

## 第三个层次：根本路径——家族力的整体提升

**大军律师：** 站在"术"的层面思考会陷入徘徊之中，这个时候就需要在"道"的层面进行探寻了，跳出来看问题会让我们豁然开朗。

家族（企业）最重要的财富是什么，真正的驱动力是什么，是我近几年一直在反复思考的问题，这也是我们提出"家族力"概念的背景，也算是阶段性思考的成果吧。

在家族财富管理过程中，家族会逐步发现财富管理的逻辑与技术可以解决家族财富保护、管理及传承过程中的各类问题，同时也会逐步意识到财富管理不仅是对金融资本的管理，也是对家族文化资本、社会资本及人力资本的系统管理，只有这样才能真正解决家族的生命力问题。

当一个财富家族同时拥有家族（企业）的永续生存能力——生存力、家族（企业）的持续发展能力——发展力、家族（企业）的核心社会价值——价值力时，家族（企业）才会具有强大的生命力，家族（企业）的所有问题才会迎刃而解，不攻自破。

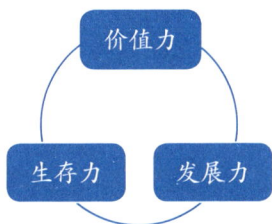

所以对家族力的整体提升这一家族财富管理层次保持足够的关注是必要的，而且家族关注得越早、重视度越高，效果就越好。

**逸凡律师：** "家族力"提出之后得到了广泛的认同。我记得大军律师有一天在与玲丽律师、"例外"及"方所"品牌的创始人毛继鸿先生聊天时，谈到了自己对"家族力"的理解。当时我与晓初律师也在场，大家都很振奋，一致认可"家族力"是对家族（企业）永续的高度概括。

**东兰律师：** 我们也认为家族力的提出不仅恰逢其时，而且紧紧抓住了家族（企业）财富管理的核心要点。

**大军律师：** 对于家族力我们同样也会专门进行深入探讨。可以肯定的是，家族力整体提升是家族财富管理的根本路径，是家族财富管理之"道"。这个层次具有以下特点：

1. 财富管理涵盖家族成员、家族及家族企业三类对象，而且更关注三者的整体性，或者说更关注"家族性"。

2. 财富管理中除应用传统的财富管理工具外，着重对家族意愿安排的更大扩展，进而更多关注家族宪法等家族共同意愿的达成，甚至着力培育家族信仰这一最高的家族共同意愿。

3. 这个层次主要解决的是家族财富管理的根本性问题，在增强家族（企业）生存力、发展力的同时，更多地关注家族的价值力。不仅关注家族价值与社会价值的契合，更关注家族价值对社会价值的引领。

4. 在家族力整体提升层次中，家族内部已经形成普遍共识，家族已经认识到"传承的财富、永远的精神"等家族财富管理的根本之道。

**胡弯律师：** 整体性与家族性、共同意愿与家族信仰、家族价值与社会价值、家族精神与普遍共识应当是这个财富管理层次的关键词。

**大军律师：** 胡弯律师说得非常好，非常准确地概括了家族力整体提升这个财富管理层次的特点。

可以这样理解：私人财富管理属于家族财富管理之"术"的层面，家族（企业）顶层结构设计属于家族财富管理之"逻辑"的层面，家族力整体提升属于家族财富管理之"道"的层面。

划分财富管理层次的目的，并不是去比较层次之间的高低，而是想以此更为客观地反映一个家族财富管理的事实，看清楚家族财富管理的全貌，更希望借此让家族深刻理解三个财富管理层次为什么要打通，为什么三个财富管理层次的有效打通才是真正的家族财富管理。

**东兰律师：** 家族财富管理的三个层次我们是比较清楚了，如何理解三个层次的有效打通呢？

**大军律师：** 再次重申，因为家族对整体解决方案的需要，所以必须打通三个财富管理层次，只有打通才有出路。

我这里所讲的三个财富管理层次的有效打通，主要从以下几个层面来理解：

1. 私人财富管理、家族（企业）顶层结构设计及家族力整体提升可以理解为家族财富管理客观涵盖的三个层次，必须从整体上进行规划，形成一个整体解决方案；

2. 私人财富管理、家族（企业）顶层结构设计及家族力整体提升可以理解为家族财富管理事实存在的三个节点，必须在整体规划与整体解决方案下同步推进，分步实施；

3. 无论是整体规划与整体解决方案，还是三个层次的具体安排，都应当根据家族（企业）具体情况与诉求，以及环境与可预测期限内的变化趋势进行定制，最终构建一个有序、平衡的家族生态系统。

说得通俗一点，一定要用"整体定制"的逻辑打通家族（企业）财富管理的三个层次。

**逸凡律师：**确实，这一切都要围绕"整体定制"的逻辑展开。如果不打通这三个层次，在家族财富管理市场是很难立足的。

**胡弯律师：**不言而喻，家族财富管理已经进入整体解决方案的时代，从某种意义上说，这是一种必然的回归，是财富管理真正"脱虚向实"，抓住了根本。把握财富管理层次及财富管理逻辑变得异乎寻常地重要。

## 启示与建议

● 家族（企业）财富管理划分为私人财富管理、家族（企业）顶层结构设计及家族力整体提升三个层次，一定要用"整体定制"的逻辑打通这三个层次。

● 顶层结构设计应以"三层规划、双重治理"为路径解决利益相关者关系，以"家族所有权结构"为路径配置权益关系，从这两个维度展开。

● 整体性与家族性、共同意愿与家族信仰、家族价值与社会价值、家族精神与普遍共识应当是家族力整体提升层次的关键词，也是这个财富管理层次的显著特点。

● 私人财富管理属于家族财富管理之"术"的层面，家族（企业）顶层结构设计属于家族财富管理之"逻辑"的层面，家族力整体提升属于家族财富管理之"道"的层面。

● 无论是家族财富管理的整体解决方案，还是三个层次的具体安排，都应当根据家族（企业）具体情况与诉求，以及环境与可预测期限内的变化趋势进行定制，最终构建一个有序、平衡的家族生态系统。

第10堂课

# 脱虚向实：有效打通财富管理的"技术"与"逻辑"
## ——整体解决方案才是家族财富管理的根本

**分享嘉宾：** 大军律师

**互动律师：** 逸凡律师、胡弯律师、东兰律师

**分享时间：** 2018年10月31日　星期三

## 课堂研讨

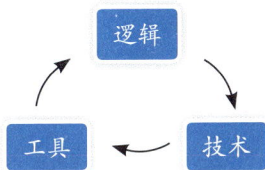

**大军律师：** 我们已经对私人财富管理、家族（企业）顶层结构设计、家族力整体提升这三个家族财富管理层次进行过交流，而且明确三个层次的系统筹划才是真正的家族财富管理整体解决方案。

站在脱虚向实的角度，我认为当下非常有必要对财富管理的技术与逻辑进行研究，这才是落地的关键。

**逸凡律师：** 您说的"脱虚向实"是什么意思？

**大军律师：** 我在香港举办的2018年中国家族办公室年会上做的主题演

讲，题目用了"脱虚向实"的提法，大家反应比较强烈，而且此后在多个场合也就这个话题进行过公开交流。

今天家族财富管理领域最大的问题是什么？一定是能否落地的问题，这也是家族最关注的问题。同时，我也认为在家族财富管理行业里可靠的落地实施能力确实存在较大的提升空间。

**胡弯律师：**您是觉得目前的家族财富管理有点儿"虚"，对家族而言不"解渴"吗？

**大军律师：**可以这么理解！

细究起来，家族财富管理包括家族财富管理、家族企业财富管理及家族成员（私人）财富管理三个维度；家族财富管理同样也应实现家族财富的保护、管理与传承三个方向性目标。从实践来看，家族诉求已经同时聚焦于上述三个维度的整体考量。与此同时，家族不仅关注保护目标、管理目标的实现，同时也高度关注传承目标的整体实现。

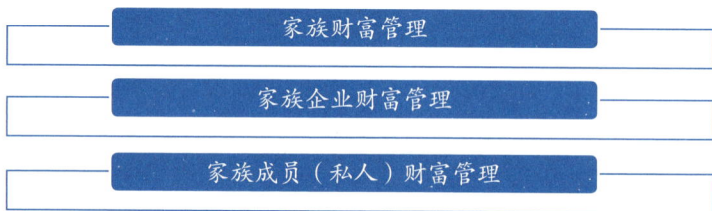

| |
|---|
| 家族财富管理 |
| 家族企业财富管理 |
| 家族成员（私人）财富管理 |

更为现实的是，家族的诉求已经"脱虚向实"，不再仅是空谈愿景、理念与方向，而是要实实在在的方案。那么，如何才能真正满足家族财富管理的诉求呢？如何才能为家族提供财富管理整体解决方案并取得实效呢？我认为，从认识上有效打通财富管理的技术与逻辑是一个核心环节。

## 技术既是为了"顺应"制度，也是为了与制度"博弈"

**东兰律师：**您讲的技术指的就是财富管理工具吗？

**大军律师：**不完全是。我这里讲到的技术实际上包括财富管理工具及运用财富管理工具的能力两个层面的意思，而且我认为后者更重要。

**胡弯律师：**财富管理工具很多，概括起来包括家族协议、意愿安排、金融性工具、结构性工具及身份配置五大类，这已经是我们非常熟悉的了。

**大军律师：**说得对！要特别强调的是，每一类工具都有其特定的功能与价值，都有其固有的、特定的"基因"，并基于其特定的"基因"形成对特定财富管理目标的适用优势。同时，每一类特定工具又有丰富的子类型工具，有更多的选择余地。

我们可以就家族协议举例，包括监护协议、赠与协议、婚前财产协议、婚内财产协议、财产管理协议、财产分割协议、财产代持协议等多种类型，每种子类型家族协议都有其特定的功用。

再就家族信托而言，更加丰富多彩。不仅有不可撤销的家族信托与可撤销的家族信托的区别，也有境内家族信托与离岸家族信托的选择，有现金、保险金、不动产、经营性资产等不同资产内容的信托，还有保障支持、风险隔离、传承规划、公益慈善等不同信托目的的选择。太多的划分标准，也有太多的子类型，同样每一种子类型的家族信托也都有其特定的功用。

**东兰律师：**毫不夸张地讲，这些工具完全可以用"琳琅满目""千姿百态"来形容了！

**大军律师：**东兰律师的形容一点都不夸张！

更为重要的是，通过运用工具的"技术"，这些工具都有不同程度的演绎空间与余地，这就使得工具变得更加灵活，甚至具有"灵性"。我们要的是"活的"工具。

工具一定不是为了存在而存在，一定是与特定的经济环境及制度环境相生或相克的，是通过"技术"与"制度"的顺应或博弈而形成的，这就是不同工具的功能与价值差异的根本原因。

**胡弯律师：**大军律师的这个观点太重要了。技术与环境是相生相克的，不同环境下有不同的解决方案，技术既是一个顺应环境的过程，同时也是一个与环境博弈的过程。

信托、家族信托的出现不就是最好的例子吗？

**大军律师：** 仅就工具而言，工具并无优劣之分，但就特定财富管理目标而言，毋庸讳言，不同工具的效果是有较大差异的。如果再考虑技术的变量因素，工具的效果差距往往是巨大的！

以保护、管理及传承为目标的财富管理整体解决方案，所应对的制度体系、社会环境是系统且复杂的，综合运用各类工具更利于发挥各类工具的优势，同时也可形成工具综合运用的整体优势，避免单一工具"能力"的"尴尬"，同时实现工具的"效用放大"与"风险对冲"，这已经是一种时下财富管理的必需，也是一个不言而喻的道理，更是一种确定的趋势。

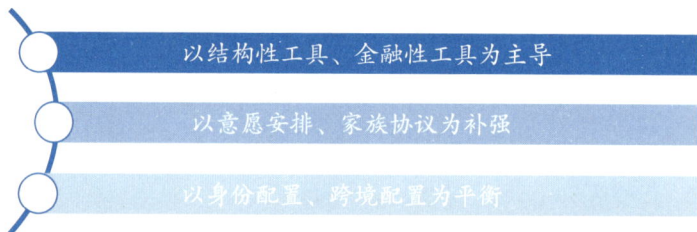

以结构性工具、金融性工具为主导

以意愿安排、家族协议为补强

以身份配置、跨境配置为平衡

**逸凡律师：** 五类财富管理工具的具体运用在我们之前的《对话私人财富管理——财富家族保护、管理与传承的21篇实战案例》一书中通过案例已经阐述得比较清楚了，可否总结一下这些工具应当用什么样的原则来把握呢？

**大军律师：** 以结构性工具、金融性工具为主导，以意愿安排与家族协议为补强，以身份配置、跨境配置为平衡将是五类工具综合运用的基本原则。换句话说，这也是五类财富管理工具有效打通的基本原则。

**东兰律师：** 再好的工具，也要有高超的运用能力相匹配。如同驾驶同样的战机进行空战一样，不同级别的飞行员所掌控的战机，其战斗力是不同的。

**大军律师：**确实是这样的。工具是"死的"，技术是"活的"，通过"活的"技术实现、提升与放大"死的"工具的价值与效用才是家族财富管理的"硬道理"。

## 当下家族财富管理必须澄清的4个基础逻辑

**逸凡律师：**除了技术以外，大军律师在前面也讲到了逻辑的问题，这对当下家族财富管理的现实意义何在呢？

**大军律师：**用对的逻辑去做对的事情，才会有对的结果，家族只有同时掌握了技术与逻辑才可以形成真正的财富管理能力。

但从家族财富管理的现状来看，存在一定的认识误区，无论是家族自身还是服务机构，都应当对一些基础逻辑予以进一步的澄清。

**东兰律师：**具体包括哪一些逻辑呢？

财富传承只是表象
⇐ = = = = = = = = = = = = = = = = = = = ⇒
安全保障才是根本

**大军律师：**这个逻辑事实上在前面已经探讨过了，之所以反复强调就是因为在现实中确实存在太大的误解，尤其是家族自身的误解更深。这是一个基础性、方向性的问题，如果把握不准很可能会出现"还没有出发，方向就错了"的局面。

不可否认，家族财富传承是家族一个非常重要的目标，而且有一定比例的家族也有比较清晰的传承意愿。但是从目前大量财富管理的实践来看，当进一步对家族诉求做准确澄清时会发现家族传承可能只是诉求的表象，事实上真正的家族财富管理根本诉求是安全与保障。

**逸凡律师：**没有看明白这个问题的家族确实是非常多的。

**大军律师：**恰恰因为没有看明白的人很多，所以才要不断强调。

这里讲到的安全更多指的是财富的安全，而财富安全的核心是风险管理系统的构建，而风险管理系统的构建基础是风险隔离。家族迫切希望在不同的财富形态、不同类型的利益相关者以及代际构建完整的家族财富风险管理系统，需要专业机构在方向、路径、时间、空间及工具等五个风险隔离要素之间进行整体筹划支持。

对家族而言，这里所讲到的保障也是多层次的，主要包括对家族成员的生存支持、生活支持、学习支持及发展支持四个层次的保障支持。

**胡弯律师：** 事实上，对于家族而言，安全与保障是首要问题，安全与保障的实现也是财富传承的前提与基础。

**大军律师：** 前提与基础的厘清与确认是件决定方向的大事。现在的认识误区就是在大事上糊涂了，把小事当成大事，把不急的事当成急的事，把不重要的事当成重要的事了。

**东兰律师：** 说得通俗一点，家族在财富管理中应当要始终保有"透过现象看本质"的能力！

生前安排为主　身后安排为辅

⇐ = = = = = = = = = = = = = = = = = = = = = = = = = = = = ⇒

选择生前看到　避免天堂听到

**大军律师：** "透过现象看本质"，东兰律师的总结是正确的。下面我讲第二个逻辑：

中国人的传统习惯是"有交代而无安排"，一般通过最后的口头交代来安排身后事，是否来得及交代只能听天由命，是否能够实现靠的是妻贤子孝，而不是有效的约束机制。

**胡弯律师：** 应当说通过"中华遗嘱库"等多个机构的推动，依据遗嘱进行身后安排的局面似乎有一些改善！

**大军律师：** 所以说每一个阶段都有每一个阶段的推动力量，通过特定机构的引领、同类机构的跟进，改变了中国人的一个观念，这是非常值得敬佩的事情！

　　总之，通过近些年的财富管理教育，已经有一定比例的财富家族转变观念，尝试通过遗嘱及遗赠等方式对财富传承做出安排，这是一个非常可喜的变化。但从我们的财富管理理念来看，通过遗嘱等进行传承安排毕竟还是一种身后安排。

　　无论是霍英东、张荣发家族这样的超级富豪家族，还是普通的财富家族，因遗嘱安排或遗嘱执行而引发的继承争议或内斗举不胜举，这对家族情感的损害往往是永久性的、无法修复的，更是家族衰败的开始。上一代即使在"天堂"听到，也只能唏嘘，而无能为力了。

　　我们可以跨越时间系统回顾一下李嘉诚家族初步完成的传承安排，通过"察而观之""分而授之""远而离之""传而顾之"及"非而调之"等一系列有序的规划、安排与调整，初步完成家族传承，这就是非常成功的生前安排。虽然李泽钜在保证家族事业的稳定与发展方面还要面对许多大考，但就家族的传承安排而言，李嘉诚比香港与其同时代的知名企业家要高明很多。最起码李嘉诚在生前看到了家族传承安排的实现。

　　**逸凡律师**：我的理解是大军律师强调这一个逻辑的目的在于，希望家族及专业机构能够在财富管理中区别不同工具的价值与功能，通过更多的金融性工具（如保险等）及结构性工具（如家族信托、家族控股公司、家族有限合伙等），实施以生前安排为主、身后安排为辅的家族财富传承规划，这才是解决家族财富传承的根本出路。

　　**大军律师**：首先要明确的是，生前安排与身后安排是一个"主"与"辅"的差异，并不是"对"与"错"的区别。

　　生前安排与身后安排的传承效果差异是巨大的，大家可以通过一些案例的对比充分地想象一下其中可能产生的差异。简言之，生前安排具有确定性与可调整性，既可以较为确定地实现传承的意愿，也可以根据实现过程中的具体状况进行必要的主动调整；而身后安排对传承者意愿的实现可能是不确定的，出现问题也往往是不可调整的，只能被动适应。

　　**东兰律师**："选择生前看到，避免天堂听到！"这句话是非常有力量的，实乃真知灼见。非常期待大军律师继续演绎其他逻辑。

从最迫切的诉求出发
◄ ═══════════════════ ►
从最简单的工具入手

**大军律师：**家族财富管理的诉求一旦引发，家族考虑问题的复杂程度是不可想象的，往往会提出非常宏大的诉求、构建非常宏大的财富管理目标，比如设立家族办公室、制定家族宪法、设立家族基金会及家业永续，等等。事实上这些宏大目标的实现是需要条件的，也是需要契机的，很多目标只有在因缘和合的情形下方可推动。

**逸凡律师：**其实家族有目标，有愿景是好事呀？

**大军律师：**有目标当然是好事，但从另外一个更务实的角度来看，在家族对于财富管理没有深刻理解，家族内部无法达成高度一致，甚至没有紧急事态发生的情形下，越宏大的诉求、越宏大的目标，越无法推动。很多家族就是在宏大诉求与宏大目标之间反复徘徊，耽误了最佳的财富管理启动时机，最终连最基本的财富管理诉求都无法实现。

家族财富管理从最迫切的诉求出发是至关重要的。最迫切的诉求实现后，不仅初步解决了家族的后顾之忧，而且事实上为后续进一步的目标实现奠定了基础。

同时，在家族财富管理的前期，家族对于财富管理工具的认识和理解是有限的，尤其是对于一些能够兼顾生前安排与身后安排的相对复杂的结构性工具的理解是不够深刻的，对于家族办公室、家族宪法等工具的价值的认识也需要过程。因此，在家族财富管理初期，从意愿安排、家族财产等最简单的工具入手反而是较为有效的。

**胡弯律师：**非常认同大军律师的逻辑。我有一个深刻的体会，在家族财富管理过程中家族切忌好高骛远，专业机构更不要试图一蹴而就！出发最重要，否则，欲速则不达！

既要关注财富管理
⟸ ══════════════════ ⟹
也要重视情感管理

**大军律师：**家族财富管理的关键是什么？什么才是家族最重要的财富？

家族财富包括人力资本、文化资本、社会资本及金融资本四个方面，近两年家族文化资本才是家族最重要财富的主张得到了广泛的认同。也就是说，家族文化资本的管理是家族财富管理的关键，文化资本是家族力的核心。

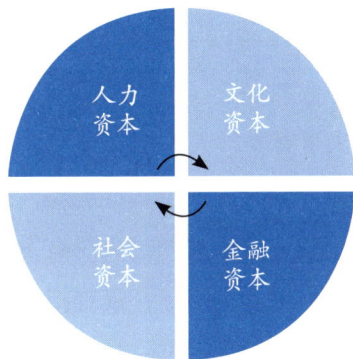

而家族和合既是家族文化的重要内容，同时也是承载家族文化资本的基础，家族和合的重要基础就是家族情感的凝聚，所以家族情感的管理对于家族而言是至关重要的。当然，从另一个角度也可以理解为家族的情感管理也是家族财富管理的重要内容。

**东兰律师：**情感管理这些根本性的问题往往被忽略了，那应当如何进行情感管理呢？

**大军律师：**办法很多，可以通过家族活动、家族会议、家族共同体验以及对家族成员的保障与支持等方式有效凝聚家族情感。

但是，凝聚家族情感最重要的、最长效的方式是寻找全体家族成员的"共同支点"，那就是家族通过开展"家族慈善"等承担社会责任的方式持久地凝聚家族"人心"，这才是情感管理的长效机制。

**逸凡律师：** 四个非常浅显和朴素的逻辑，但这恰恰是家族财富管理最需要打通的基础逻辑，是无价之宝！

## 对家族财富管理的三点忠告

**大军律师：** 为了避免进入家族财富管理的误区，我还有三个重要忠告。大家有没有兴趣听一下？

**逸凡律师：** 当然有兴趣，我们还是要彻底把逻辑打通！

当下
⇐ = = = = = = = = = = = = = = = = = ⇒
就是最好的时刻

**大军律师：** 殊不知人世无常、人无完人、人心难测！

在人寿与世事的无常面前，人显得如此脆弱，如同风中的蜡烛一般；无论是谁，个人不慎或迷失下的失误与过失时有发生，这也是一个不可回避的事实；观念冲突与人心躁动的当下，最难把握的就是"人心"，但与人共处、与人共事同样也是不可回避的活生生的现实。

每一个人又基于梦想与责任存在于天地之间，甚至有时即使个体离开这个世界，梦想和责任依然要延续。因此，我们不正面人世无常、人无完人、人心难测的现状与风险是不合逻辑的。

财富管理是一种责任！从这个角度来看，财富管理与年龄大小、财富多寡并无必然的关系。

**胡弯律师：** 这个"三无"概括得非常到位。无可争辩，财富管理，当下就是最好的时刻！

不要管得太宽
⇐ = = = = = = = = = = = = = = = = ⇒
不要管得太远

**大军律师**: 家族财富管理应当围绕家族主线展开,更应当围绕家族核心财富以及家族主要财富管理目标展开。整体财富解决方案并不意味着通过一个方案解决家族所有的财富管理问题,那是不切实际的。

在财富管理中抓大放小、分清主次是很关键的。对于家族支系的保障支持、非核心资产或非核心事务的管理以及附属财富管理目标的实现可以通过其他方案,运用其他财富管理工具另行做出适当安排。

换句话说,不加区分地将所有财富管理事务通过一个方案予以解决,从某种意义上来说是在集中矛盾,增加财富管理筹划和执行的难度。这就是所谓的"不要管得太宽",并不是让家族放弃应当承担的责任。

**东兰律师**: 不要管得太远又是什么意思?

**大军律师**: 财富传承是一个重要的财富管理目标,家业永续、基业长青当然是每一个家族都梦想实现的目标。从古至今,由中及外,大量的传承实践早已经证明"传承的财富、永远的精神"的道理,家族传承的根本是家族力的持续整体提升。

毕竟"一代人管一代事",正确的家族财富管理方案确实应当从长远出发,但方案要确保实现的应当是中期目标,要做"柔性"的安排。今天对数代以后的家族事务所做的非常具体的"刚性"安排未必具有太大的可执行性,也未必会产生很好的财富管理效果。世代交替,时代变迁,有太多的不确定性,不给予后代一定的选择与调整的权利,到头来捆住的实际上是自己的手脚。这就是所谓的"不要管得太远",并不是让家族放弃应有的财富管理远见!

在家族财富管理中,一般财富家族以"安排下一代,关怀再下一代"为基本目标,实际上已经可以基本完成任务了。

**胡弯律师**: 大军律师今天讲得非常接地气,也很到位,点赞!

不是一个点子
⟸ = = = = = = = = = = = = = = = = ⟹
而是一个系统

**大军律师：**爱听我就继续讲！长久以来我们似乎更加乐于用一个"好点子""好主意"去解决面临的各类问题，这样足够简单，也够实用。

但是令人遗憾的是，当我们遇到复杂的系统性问题时，用"一个点子"去解决问题是行不通的，而且也是危险的。而家族财富管理就是这样复杂的系统性问题。

听一听专家的点子，然后自己运用点子解决家族财富管理问题是不现实的。用点子构建的财富"掩体"，未来极有可能成为真正的财富"陷阱"。

家族财富管理的目标是构建一个健康有序的、平衡的生态系统，这个系统从逻辑、目标、主体、工具、技术等多个角度观察都是足够复杂的。既然如此，用系统的逻辑、系统的思维、系统的工具、系统的技术去系统实现家族财富管理就是一种应然。

**逸凡律师：**的确是这样的，"好点子"害死人的事确实并不鲜见！

**大军律师：**其实还有一个更重要的逻辑我要补充并重复强调一下，作为今天分享的总结！

家族需要的是系统化的财富管理整体解决方案，需要的是构建治理有序、要素平衡的家族生态系统。无论是整体解决方案，还是家族生态系统，一定是根据特定家族诉求与状况量身定制的，标准化、产品化、碎片化、非系统化的财富管理方案已经没有能力契合家族的财富管理核心诉求。

```
┌─────────────┐
│  家族财富管理   │  ──────►    定制
│  的核心逻辑   │
└─────────────┘
```

其实"定制"才是家族财富管理的核心逻辑。如果不打通这个逻辑，家族财富管理目标是很难实现的。

**胡弯律师：**现在我彻底明白"打通"的意思了，就是融会贯通！不言而喻, 家族财富管理已经进入整体解决方案的时代, 从某种意义上说, 这是一种必然的回归, 是财富管理的"脱虚向实", 抓住了财富管理的根本。

## 启示与建议

● 用对的逻辑去做对的事情, 才会有对的结果, 家族只有同时掌握了技术与逻辑才可以形成真正的家族财富管理能力。

● 财富管理工具一定是与特定的经济环境及制度环境相生或相克的, 是通过"技术"与"制度"的顺应或博弈而形成的, 这就是不同工具的功能与价值差异的根本原因。

● 很多家族就是在宏大诉求与宏大目标之间反复徘徊, 耽误了最佳的财富管理启动时机, 最终连最基本的财富管理诉求都无法实现。

● 每一个人的梦想与责任存在于天地之间, 甚至离开这个世界时依然要延续。我们不正面人世无常、人无完人、人心难测的现状与风险是不合逻辑的。

● 运用一个点子解决家族财富管理问题是不现实的。用点子构建的财富"掩体", 未来极有可能就是真正的财富"陷阱"。

# 资本的平衡与耐心资本
## ——控制权、流动性与增长资本的长期衡平

**分享嘉宾：** 和丰君

**互动律师：** 逸凡律师、胡弯律师、东兰律师

**分享时间：** 2018年11月5日　星期一

## 课堂研讨

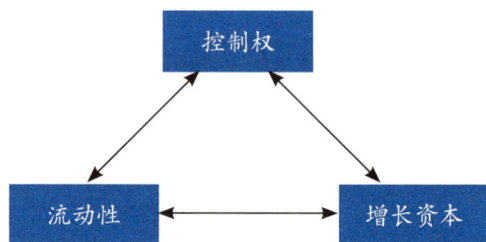

**和丰君：** 从所有权、控制权、经营权和收益权四个维度进行家族企业的权益配置是我们的一贯主张，同时我们也始终强调这个配置是动态的、柔性的。今天我再从资本的角度讲一下资本的平衡如何影响家族（企业）的权益配置。

**逸凡律师：** 《资本的平衡——资本与资金的流动性管理是家族企业传承的命脉》一书是和丰君翻译的关于家族企业治理的专著，资本平衡理论

是该书的核心内容。当时我参与了这本书的审校工作。基于此，我对资本平衡理论与实务运用一直非常关注，有很多收获。

**东兰律师：** 我记得这个问题大军律师曾和国内家族企业研究领域的权威学者储小平教授做过几次交流。储教授对资本平衡的理论与模型，以及由此展开的家族耐心资本是非常认同的。

**和丰君：** 是的。资本的平衡与耐心资本理论在家族企业治理实践中有很高的价值。

## 关注控制权、流动性与增长资本的长期平衡

**和丰君：** 家族对家族企业控制权是高度关注的，家族企业资本增长的需求和股东流动性需求通常是动态的，二者的变化态势将引起家族企业控制权的相应变化。

家族企业控制权、家族企业增长资本和股东流动性需求只有实现长期的动态平衡，才能保证家族所有权结构的稳定性，这是家族企业可持续发展的基础性保障。

**胡弯律师：** 这里说的流动性和增长资本指的是什么？

**和丰君：** 流动性指的是家族成员希望从家族企业中得到的分红或通过出售股权获得的资金。增长资本指的是家族企业用于发展而再投入到企业中的资金。

**东兰律师：** 控制权、流动性、增长资本三者的关系，还请和丰君展开来讲一下。

**和丰君：** 不管家族企业规模大小，在各种资金需求面前，家族企业的资本力量总是相对有限的，股东对于流动性的需求和企业的增长资本的需求往往是矛盾的。资金在流动性和增长资本之间的分配涉及家族、家族支系、家族成员及家族企业利益的权衡、长期利益和短期利益的平衡。

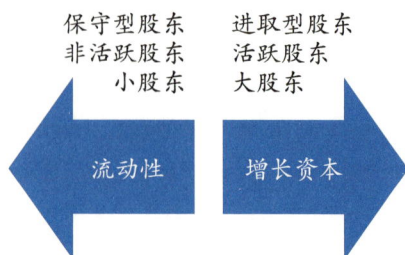

保守型股东　进取型股东
非活跃股东　活跃股东
　小股东　　大股东

流动性　　增长资本

　　家族企业中一定有保守型的股东，一定会有小股东，同样也会有非活跃股东。这类股东更倾向于关注和期待家族企业的分红，由此满足基本流动性需求。如果股东对流动性的需求得不到满足，将可能导致部分家族股东出售股权变现，这势必影响家族对家族企业控制权布局。

　　反之亦然，家族企业中也一定有进取型的股东，也一定有大股东，同样也会有活跃股东。这类股东更倾向于关注和期待家族企业的发展，所以希望将资金作为增长资本投入到家族企业。如果增长资本的需求得不到满足，企业可能无法实现持续发展。

　　**逸凡律师：**这确实是一个大难题！

　　**和丰君：**同时，在世代交替、所有权更迭、转型升级与全面合规"四期叠加"的巨大挑战与复杂背景之下，由于股东的角色、地位、理念、追求等的不同，股东的利益考量形成重大分歧的概率大幅度提高，导致股东流动性和增长资本的矛盾加剧成为一种必然。

　　**东兰律师：**完全可以想象，大部分家族企业同时满足股东的流动性和增长资本两个诉求是很难的。

　　**和丰君：**关键的难点还不在这里。

　　真正的难点在于家族通常倾向于维护家族企业控制权的稳定性。在家族企业发展诉求的驱动下，如果内部解决不了资金问题，向外寻求解决问题的办法是自然而然的。做出向外寻求股东流动性或增长资本的选择，必然会使家族企业的控制权受到不同程度的影响，这个时候三者的平衡是更难实现的。

　　实现三者的长期平衡是家族（企业）权益结构配置的核心逻辑之一，

无可回避，必须解决！

## 流动性管理：事先规划，合理安排

**胡弯律师：** 前一段时间讨论过家族成员的流动性管理，这应当是实现三者长期平衡的路径之一吧？

**和丰君：** 当然是！

家族成员、股东对流动性的需求是必然的。流动性管理不是完全避免流动或限制流动，而是通过事先制定的流动性政策，合理降低流动性需求，锁定流动的方向，确定流动的频次，实现流动性需求的有效管理。

**逸凡律师：** 家族成员的流动性需求主要有哪些？

**和丰君：** 有许多种划分的方法。为了方便理解，这里从频次上分为紧急的、经常的和持续的流动性需求。紧急的需求通常包括家族支系退出、支付遗产税、离婚分产、偿还债务等，一般是通过出售股权的方式来满足。经常的需求通常包括日常生活费用、子女教育费用和医疗费用等，一般通过获得股息来满足。持续的需求是指家族所有者对于家族企业股权资本价值的关注，如果股权可以在短期内变现，提供合理和稳定的股息和资本利得，持续的需求就得到了满足。

| 紧急的需求<br>（出售股权） | 经常的需求<br>（获得股息） | 持续的需求<br>（关注资本价值） |
| --- | --- | --- |
| ·家族支系退出<br>·遗产税<br>·离婚<br>·债务 | ·生活费用<br>·子女教育<br>·医疗<br>·其他需求 | ·未来的可变现性<br>·稳定、合理的股息<br>·稳定、合理的资本利得 |

**胡弯律师：** 看来家族成员的流动性需求众多，那应该如何进行安排呢？

**和丰君：** 不管是哪种流动性需求，家族企业对股东流动性的事先安排必不可少。

生活经验告诉我们，事先安排和突发应对有天壤之别。家族一定要引起重视，未雨绸缪才是"王道"。因股东突发的流动性需求而丧失家族企业控制权的案例比比皆是。

**东兰律师：**可不可以举一个例子说明一下？

**和丰君：**让我来举个真实的案例：在某一家由多个家族支系持有股权的非上市家族企业中，一个持有大量股权的家族支系突然提出要尽快退出家族企业。由于家族其他支系没有足够的现金收购股权，此时家族面对着两种局面：家族企业负债收购股权，导致家族企业负债过高，家族企业负重前行，发展前景堪忧；或者，这部分家族企业股权被迫转让给投资人，家族丧失大量股权，控制权岌岌可危。

由于家族其他支系无法就收购股权达成一致，导致一个非常有实力的战略投资人进入公司，后续引发了一系列的控制权争夺，在这个过程中家族几个支系逐渐"被分化"，最终家族在家族企业被并购后黯然离场。

**逸凡律师：**这样的例子很多！但是完全没有流动性管理的家族还是不多，许多家族或多或少有些内部安排。

**和丰君：**我把这样的安排称为非正式的流动性管理。例如将每年的家族企业利润分为两部分，六成用于再投资，四成用于分红；又如，在家族成员创业、留学、结婚、生子等人生关键时刻，给予资金上的支持等。

非正式的流动性管理在一定程度上解决了家族成员的流动性需求，但要真正实现资本的平衡，还需要采取正式的流动性管理方式。

家族企业可以通过家族企业政策来做好流动性管理，例如制定股利分配政策、临时流动性贷款政策、股权的赎回和转让政策等。

**胡弯律师：**设计流动性管理政策时需要注意什么呢？

**和丰君：**要特别考虑企业状况，如家族企业的盈利情况、未来的投资机会、金融市场的资金状况等，也需要对家族成员的流动性需求做出预判，如日常开支或重大事件的支出。

这里提到的重大事件，指的是可能产生重大流动性支出的偶发事件，例如离婚，离婚可能导致股权分割，家族为了保留股权不得不支付大量现金；又如某位股东离世，随着越来越多的中国家族移民海外，在海外股权继承时家族需要拿出大笔资金支付遗产税等税款。

**东兰律师：**中国家族或多或少都可能遭遇重大流动性支出的事件。我理解除了做好事前的流动性安排，家族还应通过所有权结构的设计从根本上降低离婚时股权被分割的风险以及减少税务负担。

**和丰君：**这确实是最为理想的安排。但我所见的很多家族在早年并没有这个意识，等到结婚或者移民后才想到要做所有权结构的安排。从实践上来说，我们经常建议家族在调整家族企业所有权结构的同时，做好流动性管理，将流动性需求对控制权的影响尽量降低。

**胡弯律师：**在我看来，除了一次性流动性需求的安排，可预见的定期的流动性安排也同样重要。

**和丰君：**只有这样，股东才能预见自己的未来可以得到持续的保障，才能安心地支持家族企业发展。正所谓，家族企业提供的流动性越多，股东所需要的流动性就越少。因此，一个稳定的、可以预期的、相对公允的股利分配政策显得尤为重要。

## 股权赎回和转让政策：家族保留控制权的防线

**逸凡律师：**如果家族企业股东真想退出企业以换得流动性，那此时家族（企业）应该如何应对？

**和丰君：**此时，所有权结构的柔性安排就显得尤为重要，应有股权的赎回和转让政策保护家族企业控制权。

赎回政策　　转让政策

所有权结构

说到股权的赎回和转让政策，穆里耶兹家族是个范例。家族至今仍控制家族企业八成以上的股权，这很大程度上得益于他们的股权退出政策：家族股东想要出售股权时，应该提前告知家族委员会，然后由家族委员会事先评估好股权价值，再用流动资金购买股权。

**胡弯律师：** 穆里耶兹家族低调平稳传承了一个多世纪，虽然不是传承时间最长的家族，但绝对称得上传承最平稳的家族之一。在流动性方面，穆里耶兹家族做了哪些安排呢？

**和丰君：** 穆里耶兹家族做了以下几个重要的安排，可以参考：

1. 如果有股东想要退出，家族将会购买其股权，这说明家族对所有者将股权出售给外人是有限制的。

2. 设立了专门的流动资金来满足股东的流动性需求，可以推测，这个资金不仅可以用来赎回股权，还可以用来满足股东的其他流动性需求。

3. 家族委员会负责对想退出的股东进行安排，这说明家族需要有专门的决策机构或个人来负责对股东的流动性进行管理。

4. 股东退出必须事先通知，这种流动性安排是需要事先沟通和安排的。

**东兰律师：** 在实践中，许多家族企业除了用家族信托、家族控股公司来持有家族企业股权外，还会特意留出一小部分家族企业股权由家族成员个人持有，这也是出于所有权结构的柔性安排，为家族成员出售少量股权换取流动性做好准备。水星家纺的李氏家族和鹰君集团的罗氏家族便是如此。

**和丰君：** 这样的安排确实是充满智慧的，事实上可能也有税务筹划方面的考量。家族保持股权集中的同时，也保留了家族股东获得流动性的可能。如果有家族企业股东真的迫不得已要出售家族企业股权，家族企业的控制权也不会因此受到影响。

我要特别强调基于家族财富多元化而产生的流动性需求。在家族企业发展的初期，家族的财富绝大部分集中在企业股权，而传到第二代、第三代时，部分家族成员为了分散风险，有将部分企业股权转为其他类型资产

<u>的需求，此时股权的赎回和转让政策就会发挥作用。</u>

如果家族企业到了第二代，家族就应该考虑将企业价值的30%分散到其他资产当中；到了第三代，家族就应该再将10%～25%的企业价值分散到其他资产上。需要注意的是，家族对家族企业控制权的保留仍然是家族财富多元化的根本前提。

## 耐心资本：家族企业的独特优势

**逸凡律师：**事实上，和丰君刚才讲到的流动性管理的政策与安排都是有效的，这是不可否认的。但更多的是通过政策确定与制度安排降低流动性的影响，是否也应当从降低流动性本身出发进行思考呢？

**和丰君：**这是一个好问题，这就涉及我下面要讲到的家族企业产生的耐心资本。

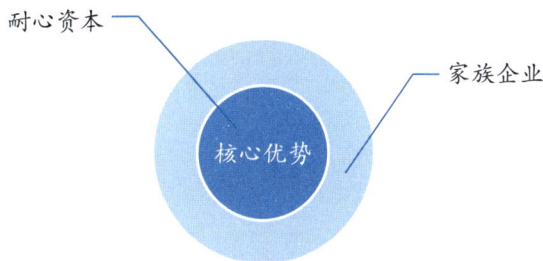

**东兰律师：**耐心资本从字面上理解，是能够有耐心长期投入到家族企业的资本，不知道这样理解是否正确？

**和丰君：**基本上可以这样概括。需要注意的是，前面讲到的流动性安排并不是对家族企业在财务上的一种拖累。相反，适时、适当的流动性安排可以让家族成员感到安心，这有利于耐心资本的产生。但又需要注意几个要点。

首先，<u>耐心资本并不局限于金融资本，它同时也包括文化资本、人力资本和社会资本，即包含投入到家族企业中的家族理念、价值观、家族成</u>

**143**

员的任职以及人脉资源，等等。

其次，对于"耐心"可以把它理解为一种短期与长期的取舍，家族成员由于对家族企业的感情、认可、投入和信心，愿意牺牲当前的流动性，以换取稳健的长期收益。

此外，从财务上来说，耐心资本的成本更低，投资期限更长。

**胡弯律师：** 在众多企业中，为什么唯独家族企业会产生耐心资本呢？

**和丰君：** 家族成员之间的深厚感情、共同认可的家族文化和价值观，加上共同为家族企业打拼和实践价值观的宝贵经历，让家族企业在团结和投入度方面达到其他企业一般无法企及的高度。由此所产生的耐心资本成为家族企业最为关键的竞争优势之一。

可以说家族企业天然具有产生耐心资本的条件，但是耐心资本并不会自然产生，需要家族对培养耐心资本进行长期持久的投入。

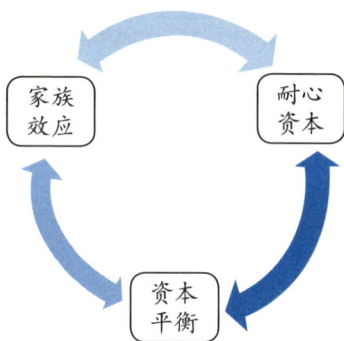

**东兰律师：** 看来耐心资本对于家族（企业）来说十分重要。那么应该如何培养耐心资本呢？

**和丰君：** 那我们还需要理解"家族效应"。家族效应是形成耐心资本的重要因素，家族效应是指家族成员对家族企业的满意度与信心，以及投入度与风险度。家族效应越高，耐心资本的成本越低，反之亦然。

**胡弯律师：** 这样看来，财富家族都应该在提升家族效应上下足功夫！

**和丰君：** 通过良好的沟通、打造共同的利益和价值观、进行股东教育是培育家族效应的基本原则，而唯有家族治理才是提升家族效应的有效方法。

如果家族企业拥有足够的耐心资本，这些股东对流动性的需求就会降低，更愿意将资金转为增长资本，家族企业会因此发展壮大，其盈利能力也会增强，从而更能满足股东的流动性需求，并为企业提供更多的增长资本，家族效应也因此提升，耐心资本将会进一步增强，由此形成良性循环。

所以我始终认为提升家族的耐心资本不仅是手段，更是结果。

**逸凡律师：** 我尝试着总结一下，提升家族效应可以弥补股东流动性的不足，形成耐心资本，股东愿意将资金长期投入到家族企业中，以获取更高的长期回报。家族企业从外部进行融资的需求减少，股权掌握在家族手中，控制权就得到了保障。这样就实现了股东流动性、企业增长资本和控制权的长期平衡。

**和丰君：** 总结得不错。耐心资本是家族企业的核心优势，要关注，要培育，更要发挥。

## 外部融资：控制权保留是不可突破的底线

**胡弯律师：** 对于家族企业而言，在不同的发展阶段，都有外部融资的可能，对此应当如何把握呢？

**和丰君：** 在家族企业的各个发展阶段，资金来源都是个重要的问题。在家族企业发展初期，许多家族都依靠自有资金发展，但家族企业不断发展，当家族企业的战略或股东流动性需求需要更多的资金来支持，而仅仅依靠内部资金难以满足时，家族往往会考虑引入外部资本。

**逸凡律师：** "民营企业、家族企业死于融资"，这已经成为一个"魔咒"。家族企业在决定是否引入外部资本时要慎之又慎！

**和丰君：** 对！家族企业进行外部融资的关键不在于是否能拿到资本，而在于是否能拿到合适的资本。家族需要梳理自己的战略规划和股东流动性需求，寻找与之相匹配的外部资本来源，这是一个根本原则。

根据时间长短和所起的作用，可以将资本划分为运营资本、过桥资本、过渡性资本与战略资本，每一种资本需求都需要找到匹配的资金来源，如银行信用额度、银行融资、机构债务、私募股权基金、夹层基金、战略合作伙伴、家族企业投资人等。

**胡弯律师：** 不同的机构、不同的资本有不同的"基因"，这是一定要把握的。

**和丰君：** 在这里我们要特别提到私募股权基金，一直以来，私募股权基金都是推动企业发展的重要资本力量。近年来，随着中国金融市场的发展，2008年金融危机后各国央行实行宽松的货币政策，带来充裕的流动性，推动以互联网为代表的新经济的发展，私募股权正在成为逐步壮大的资本来源。

**东兰律师：** 值得家族思考的问题是，什么时候应该利用私募股权基金？用什么类型的私募股权基金？

**和丰君：** 在准备利用私募股权基金之前，家族企业应该思考清楚这笔资金的用途，同时要衡量私募股权基金与其他外来资金的优势与劣势、每个私募股权基金的擅长领域，再决定应该在什么时间选择什么样的私募股权基金。

家族引入外部资金可能是为了满足家族成员的流动性需求，例如用以收购某个想要退出的家族支系持有的股权，或者支付遗产税，也可能是为了将它作为增长资本，以抓住战略性的发展机遇。一般来说，私募股权基金更愿意被用作增长资本，因为它们一般都要求在3～5年的时间内获得数倍的回报。

私募股权基金有很多优势，可以优化家族企业的财务状况，保留举债的空间，也可以在战略、管理、合作等多方面给予家族企业支持，甚至可以提供其他多种金融资源。

大多数的私募股权基金都有主攻的领域，有些擅长或偏好互联网，而有些专注于医疗保健等。它们对于投资企业所处的发展阶段、规模、地域等也都有自己的偏好。家族企业可以根据自身情况，选择合适的私募股权基金类型。

**逸凡律师：**那么是否有一种特别偏好和适合投资家族企业的私募股权基金呢？

**和丰君：**确实有！近年来，家族办公室和财富家族也已经成为活跃在私募股权界的重要力量。与其他的私募股权基金相比，他们更了解家族企业的特点，投资期限会更长，家族之间的合力可以撬动更多的资源，产生更大的能量。这充分反映了目前中国财富家族之间合作发展的趋势。

**东兰律师：**听起来私募股权基金有很多优势，那对于家族企业而言，我更关心私募股权基金的劣势，引入私募股权投资时应该注意防范什么风险呢？

**和丰君：**你问到了关键！私募股权基金为了保护自身的利益，在投资企业之前都会让企业签署一系列制约企业原股东而保障基金自身利益的协议。如果家族企业无法做到让私募股权基金在投资期限内以合理的回报退出，可能触发一系列的问题，让家族承担高额的财务损失，甚至导致家族丧失对企业的控制权。张兰家族引入私募股权基金后丧失对俏江南的控制权，就是个惨痛的教训。

所以，不管引入何种外部资金，家族企业都需要通过所有权结构的安排来保持家族对家族企业的控制权。例如阿里巴巴，实际控制人并没有持有太多股权，但是依然可以控制公司。

**胡弯律师：**最后还是请和丰君总结一下家族控制权与资本平衡的逻辑。

**和丰君：**通过事先的、合理安排的流动性管理来满足股东的流动性需求，同时培养耐心资本来让股东自愿为家族企业提供增长资本，为的是实现家族企业持续发展，更为重要的是达到了稳定家族控制权的目的。

随着家族所有权的世代交替，家族企业所有权结构面临持续重构，当所有权传到第三代时，可能导致家族企业控制权在各个支脉或各个家族成员之间的分散。所有权越分散，家族企业越难管理。通过股权赎回和转让政策实现股权在家族内部的流转，让家族企业股权仍然相对集中，或者通过合理的治理结构来保障家族对企业的控制权，是至关重要的。

资本平衡的核心问题，不是仅对控制权的关注，而是实现流动性、增长资本和控制权三者的动态平衡。资本的平衡为家族（企业）权益的配置提供了动态和柔性安排，是实现家族（企业）权益合理配置的核心逻辑之一。

## 启示与建议

● 家族企业控制权、家族企业的增长资本和股东的流动性需求只有实现长期的动态平衡，才能保证家族所有权结构的稳定性。

● 家族企业可以通过家族企业政策来做好流动性管理，例如制定股利分配政策、临时的流动性贷款政策、股权的赎回和转让政策等。

● 所有权结构的柔性安排十分重要，股权的赎回和转让政策可以保护家族企业控制权。

● 耐心资本是能够有耐心长期投入到家族企业的资本，是家族企业最为关键的竞争优势之一，家族可以通过提升家族效应来培养耐心资本。

● 家族企业在决定引入外部资本时要十分谨慎，需要将家族企业需求与外部资金来源进行匹配，需要通过所有权结构的安排来确保家族的控制权。

# 影响和确定合伙人关系的六大要素
## ——理念、价值、感情、行为、控制与利益

**分享嘉宾**：大军律师

**互动律师**：东兰律师、逸凡律师、胡弯律师

**分享时间**：2018年11月15日　星期四

## 课堂研讨

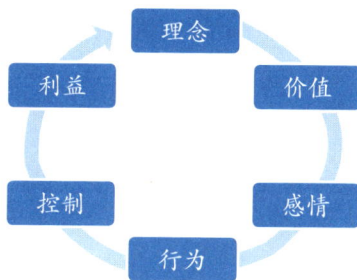

确定和影响合伙人关系六要素

**大军律师**：时下，"合伙人"已经变得非常时髦，这个原本在专业投资及中介机构中经常被使用的字眼已经成为商界的高频词。除普通合伙人（GP）、有限合伙人（LP）这样的"原始"的合伙人概念以外，创始合

伙人、战略合伙人、财务合伙人、事业合伙人、行业合伙人及区域合伙人等各种提法不胜枚举。

**胡弯律师：**合伙人确实是一个很热门的词语，好像一个组织或机构不用"合伙人"这个词就显得跟不上潮流。

**大军律师：**这在很大程度上有赖于电影《中国合伙人》对合伙人概念的普及，虽然电影以"新东方三剑客"为原型的故事远不如现实中俞敏洪、徐小平与王强"三剑客"的"合"与"分"之间的合伙人关系来得真实与精彩，却阴差阳错地以娱乐化的符号形式宣示着一个时代——中国合伙人时代的到来。

**逸凡律师：**这是一个很有趣的现象。很多专业术语，包括财富管理中的逻辑与技术，不少都是通过娱乐化的方式普及的。电影、电视剧俨然已经成为重要的教育途径了。

**大军律师：**确实很有意思，寓教于乐的方式确实是较好的传播路径，对我们专业人士也是一个很好的启发。

事实上，除了上面谈到的"新东方三剑客"，大众耳熟能详的案例还有很多，"万通六君子""阿里巴巴十八罗汉""百度七剑客"等现实版"中国式合伙人"的离合春秋都是很值得关注的。这些故事让人们开始对合伙人关系进行真正的反思、定义与诠释。

特别值得一提的是，"阿里湖畔合伙人制度"这个当下的经典案例已经成为企业治理领域研究的热点，显然人们真正开始从制度的层面深度探究合伙人关系问题。

## 家族成员、家族企业股东之间本质上也是一种合伙关系

**东兰律师：**大军律师，可不可以这样理解，从某种意义上讲，家族企业也涉及合伙人以及合伙人关系的问题？

| 两代创业发展型 | 同代共同创业型 | 夫妻共同创业型 |
|---|---|---|

家族企业创业模式

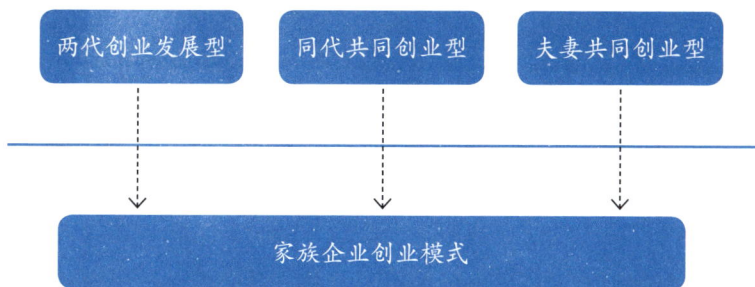

**大军律师：**当然！今天我想分享的就是这方面的一些思考。中国的家族企业，无论是两代创业发展型、夫妻共同创业型还是同代共同创业型，其创业者不都是我们所说的合伙人吗？他们在企业中的关系不都属于合伙人关系吗？

**胡弯律师：**这三种共同创业的家族企业类型当然存在合伙关系，这个我非常认同，但是对于单一创业型的家族企业如何理解合伙关系呢？

**大军律师：**单一创业型家族企业的合伙关系可以从两个层面来分析：

其一，即使家族企业由单一创始人创立，如果从家族企业传承的角度来看，家族企业未来必然会进入兄弟姐妹合伙经营或共同所有的阶段；如果能够传承到第三代，家族企业将会进入堂（表）兄弟姐妹合伙经营或共同所有的阶段，这是家族企业必然遵循的发展规律。

其二，已经创业的家族企业同样会与职业经理人、战略投资人及财务投资人发生关系，形成事实上的合伙关系。

即使不考虑第二种情形，仅从第一种情形来看，合伙人问题也是一个家族企业必须面对的问题，传承的安排也可以理解为对未来家族企业合伙人及合伙人关系的安排，是家族企业顶层结构设计中一个至关重要的考量因素。

**东兰律师：**看来对于家族企业而言，合伙人及合伙人关系的安排也是非常重要的。

**大军律师：**其实不仅在家族企业的层面合伙人及合伙人关系的安排是非常重要的，家族成员之间、家族委员会成员之间、家族理事会成员之间不也是一种合伙关系吗？

家族成员之间与家族治理机构的成员之间的关系，其实也都可以理解为一种合伙关系，他们本质上就是合伙人，只是平时我们更关注家族成员间的血缘关系，没有从社会属性上给予更多观察而已。

**胡弯律师：**可不可以理解为，合伙关系的一些逻辑、原则及影响因素不仅对于家族企业股东是适用的，对于家族成员及家族治理机构成员也是同样适用的？

**大军律师：**原则上可以这样理解。只是与一般的合伙关系相比，家族成员之间、家族企业股东之间、家族成员与家族治理机构成员之间的这类"特殊的"合伙人关系的逻辑、原则及影响因素有一定的特殊性而已。

所以说，对于家族及家族企业而言，对于合伙人关系的认识、理解与把握也是非常有必要的。

**逸凡律师：**合伙人关系的制度设计层面可能需要通过类似"阿里湖畔合伙人制度"这种具体案例展开讨论。今天我们更想从有哪些因素会影响合伙人关系这个角度，听听大军律师的分享，这样更利于我们在家族及家族企业顶层结构设计中对合伙人关系及相关工具的把握和运用。

**大军律师：**好的！为了便于讨论，这个问题将从企业层面而不仅仅局限于从家族企业的层面展开探讨。

就如同刚才讨论的，合伙人关系问题对包括家族企业在内的各类企业而言都是一个基础性问题。大部分企业事实上都是由合伙人共同拥有、经营或管理的，民营企业如此，家族企业如此，混合所有制企业同样也是如此。它们之间的区别无非是合伙人的来源不同，或者说合伙基础不同而已。

根据多年的观察与研究，影响和确定合伙人关系的要素可以概括为六个：理念、价值、感情、行为、控制和利益。最值得关注的是，这六要素不是静态的，而是不断变动的，这种变动也为合伙人关系的处理带来了难度。

## 重视理念基础　洞见价值变动

**胡弯律师：** 大军律师将理念放在了合伙人关系影响要素的第一位，这里所讲的理念具体内涵是什么呢？

| 理念基础 | | 价值变动 |
|---|---|---|

**大军律师：** "志同道合"最为重要，理念是合伙的基础。

前几年关注度比较高的香港上市公司龙湖地产吴女士与蔡先生夫妇分手，蔡先生退出经营；A股上市公司一心堂阮先生与刘女士婚变，同样也是一方退出经营。这些夫妻共同合伙创业最终却"劳燕分飞"的案例，究其根本，还是理念的不同所致。

如果从创业层面来看，合伙人在共同创业之初，虽然出发点各有不同，但其初始理念往往是接近的，即使存在差异，通常也会被短期目标或其他影响要素所掩盖或被忽视，否则无法走到一起共同创业。

**逸凡律师：** 理念的差异从长期来看是很难被掩盖或忽视的呀？

**大军律师：** 理念虽然是内在的东西，但是外在的行为是一定有所反映的，所以随着合伙人之间的进一步了解，原来被有意无意掩盖或忽视的理念差异日益被发现，甚至被放大，这是必然的。

同时，即使理念接近，基于合伙人相互之间的文化、心理、经历和环境差异，合伙人在企业发展过程中各自理念的差异也会逐渐变大，合伙人之间基于理念变化而产生矛盾，这同样也是必然的。

**东兰律师：** 理念变化对合伙人关系的影响一定是很大的吧？

**大军律师：** 是的。合伙人的理念不仅会变化，而且这种理念的变化是持续的，不仅受到企业发展阶段、发展状况等内部因素的影响与制约，同时也会受到外部环境的影响。一旦理念出现方向性的差异，合伙人关系的根本往往会动摇。

　　无论是家族企业，还是其他类型的民营企业，致使合伙人之间分道扬镳最根本的因素，通常就是理念不同导致的对发展方向的差异性认识。

　　**胡弯律师：**如果从家族企业传承角度来看，理念又是如何影响合伙人关系的呢？

　　**大军律师：**我们可以先从兄弟姐妹合伙经营的角度来分析。兄弟姐妹虽出自同一个家庭，但并不因血缘的亲近而必然减少个性的差异，其中包含年龄、经历、受教育程度甚至是受教育环境的差异。这些都可能导致兄弟姐妹之间的理念存在巨大的差别。

　　**逸凡律师：**赞同！我们在日常生活中对这种差别都有很深刻的体验，所谓的"龙生九子，各不相同"。在接触家族及家族企业的过程中，这种体验会更加深刻，有时候甚至怀疑他们是不是一家人。至于堂兄弟姐妹或表兄弟姐妹之间的理念差异，就更是大得不可想象了。

　　**大军律师：**确实是这样的。对非家族企业而言，解决这种差异的路径很多，主要是选择以"分"来处理合伙人关系；但对于家族及家族企业而言，很多时候合伙人之间是戴了"手铐"的，往往基于各种原因"欲分不得"，最终很有可能导致持续的"内耗"，甚至"内斗"。

　　从这个意义上来说，如果家族企业处理不好合伙人关系，后果可能更严重。

　　**东兰律师：**对于家族企业而言，理念一定是根植于家族文化之中的。通过家族传统、家族教育、家族慈善与家族信仰的传承、坚守、关注与培育等方式，逐渐形成家族文化，实现家族成员理念方向上的趋同，是解决"理念"问题的核心。

　　**大军律师：**东兰律师的观点很有见地。家族文化或者说家族文化资本的羸弱实际上是家族企业最大的风险。

　　**胡弯律师：**在六要素中所提到的"价值"二字是不是也有特殊的含义呢？

　　**大军律师：**这个语境下的"价值"指的是合伙人基于其特定的资源与

能力，对于企业或合伙事业所发挥的影响、作用和贡献。简而言之，是家族成员之于家族企业的价值。

我们依然可以从企业的创业阶段与传承阶段两个维度进行讨论。

我举一例：黄氏兄弟共同创业，哥哥有资源，弟弟有能力，各占公司50%的股权，公司得到初步发展后，哥哥裹足不前，甚至成为"绊脚石"，企业在弟弟的控制与经营下飞跃发展，请问兄弟二人对于企业的价值如何？价值变化曲线如何？二人的合伙人关系可能出现什么风险？

在企业设立之初的创业阶段，全体合伙人通常是根据每个合伙人对于企业的价值来确定其在企业中所持有的股权、职责与身份。然而这个判断只能是一种预判，也可以理解为是一种良好的期待。

但是，往往预测会失误，预期会落空！事实上，我们不仅无法完全准确地判断每个合伙人对于企业的价值，也无法完全预估合伙人对于企业资源和能力投入程度的不断变化、调整；更为重要的是，部分合伙人对于企业的价值（如某些关键资源能力）随着企业的运营与发展，将会逐步脱离原合伙人而转变为企业自身的能力与资源。

基于上述原因，合伙人对于企业的价值是不断变动的，有的合伙人的价值不断增加，有的合伙人的价值却处于持续递减之中，这种变化必然导致特定合伙人与其在企业中所持有的股权、职责与身份出现不契合。长期持续，如果没有相应的解决方案，势必会影响到合伙人关系的稳定。

黄氏兄弟对于企业的价值变化就是这个逻辑！兄弟之间的价值差异已经不只是"历史"与"现在"的差异，更是"天"与"地"的差异，形成了巨大的价值冲突，只是为了兄弟面子和家族声誉勉强维持而已。

**东兰律师**：按照这个逻辑分析开来，传承后的家族企业合伙人因为价值而产生的冲突可能会更大。

**大军律师**：这个判断同样也是准确的！

我们就接触过一个家族企业，他们对于股权的分配是根据下一代子女的多少来分配的，因此，价值冲突在这种情形下是先天的。

子女"共享共治"是大多数家族企业创业者的梦想，在传承安排中，对于家族企业的权益在各子女之间往往也是平均分配的，最起码在同性别子女之间是以平均分配为主的。即使依据子女对于企业的价值设定一定的调节系数，通常落实到权重上的比例也不是很高。

毋庸讳言，子女能力、进入时间、参与程度、贡献等对家族企业而言往往存在着天壤之别，虽然二代拥有上一代的英武神勇的情形不在少数，但很多家族企业中还会出现纯粹的"食利者"，甚至出现地地道道的"败家子"。可以想见，家族企业中下一代合伙人的价值不平衡现象会更加突出。

**胡弯律师**：针对这种情况，有什么对策可以降低"理念"及"价值"要素对于家族企业的负面影响呢？

**大军律师**：这个问题是非常复杂的，简言之，有以下几个方向性的对策：

1. 就如同东兰律师刚才总结的，理念一定是根植于家族文化之中的，通过家族传统、家族教育、家族慈善与家族信仰的传承、坚守、关注与培育等方式，逐渐形成家族文化，是解决"理念"问题的核心；

2. 从根子上入手，培养家族成员树立每一代人只是家族财富"管理者"的观念，即权益是一种责任而非享受，价值投入是一种责任而非选择的价值观，这也是非常关键的；

3. 做好传承规划，合理配置家族企业所有权、控制权、经营权及收益权，保证权益结构与价值的基础匹配，避免"先天不足"，这是解决问题的基础；

4. 建立所有权结构的调整、退出及重构机制，使家族及家族企业具备主动调整、重构合伙人关系的能力，同时也给予家族成员合理的退出路径，这是非常重要的必要选择；

5. 避免权益冲突带来的价值冲突，分而传之，分而授之，不见得一定要将家族成员捆绑在一个家族企业中；李嘉诚家族对于李泽钜、李泽楷兄弟的传承安排就是这种安排的代表。这是一种智慧。

感情管理        行为约束

## 感情无可回避　行为自我约束

**逸凡律师：**合伙人关系中的理念和价值要素显然是长期发生作用的，确实非常重要，那么这里所说的"感情"要素具体如何理解呢？

**大军律师：**大部分企业属于封闭性公司，具有较强的人合性。即使是公众公司，通常也是从封闭性公司发展起来的。概莫能外，合伙人通常会存在直接或间接的血亲、姻亲、同学、朋友等关系，而这些关系的稳定性往往与感情相关。

而感情恰恰是最不稳定的，在目前"集体焦虑""信仰危机""文化冲突"及"迭代变革"的社会大环境下，在企业耐心资本缺失的背景下，感情的变化从某种意义上讲更显无常，日趋复杂，如果与其他要素叠加那就更复杂了。

感情的变动是合伙人关系变动的直接因素，同时也是合伙人关系变动最重要的表征。家族企业合伙人虽有血缘或姻亲的纽带，但所面临的感情因素同样突出。

**胡弯律师：**大军律师介绍的理念、价值及感情三个要素，非常有启发性。我倒是一直没有从行为要素的角度思考过合伙人的关系问题，大军律师能详细说说吗？

**大军律师：**每个人都有自己的行为方式和行为习惯，进而形成不同的行为风格，即我们通常所说的行事风格。有些行为风格是互补的，相互可以接受共存的，这种例子很多；有些行为风格可能是冲突的，无法长期共存与共融的，也是相互无法概括性接受的。

**逸凡律师**：其实行为方式的差异是很容易发现的呀？

**大军律师**：那倒不一定！在合伙人关系建立以前，合伙人之间有一定的距离，行为风格相互被包容的可能性较大；合伙人关系建立以后，合伙人之间的距离更近了，相互被包容的可能性反而降低了。就如同从恋人关系转为婚姻家庭关系一样，"距离没有了，美也没有了"，这就是所谓的"距离产生美"。

观察合伙人关系的过程中，我越来越发现行为方式的影响一定不能忽视，当然，行为因素的影响与其他因素也是密切相关的。感情好的时候，"情人眼里出西施"，合伙人的行为缺点是被忽视的；感情不好时，却恰恰相反，"鸡蛋里挑骨头"；理念相同时，行为风格属于可一笑置之的"小节"问题，而理念存在差异或冲突时，同样的行为风格也许已经被认为缺乏最基本的"尊重"。

同样的行为在此时、此地与彼时、彼地引出的可能是完全不同的判断，给予合伙人完全不同的心理感受，进而必然会作用于其他因素。

**胡弯律师**：如何解决"感情"与"行为"问题呢？

**大军律师**：坚持密切的交流与沟通，保有彼此的开放与包容，维护相互的热情与关爱，恪守行为边界与底线，保持基本的教养与尊重，关注他人的内心与感受，善待他人的积极与真诚，这些是合伙人感情保有与行为自我约束的基本要求。

控制诉求　　　　利益格局

## 关注控制诉求本质　尊重利益商业属性

**东兰律师**：大军律师关于"行为"要素的观察我很认同，观察得很细微。这里的第五个"控制"要素指的是控制权吗？

**大军律师**：是的，指的就是控制权！

近些年的控制权争夺大战频发，万科、国美、雷士照明等公司控制权的争夺，简单地把原因归结为利益是否合理？早年香港铺记烧鹅甘氏兄弟的血拼，尚未落下帷幕的鹰君集团罗氏六兄弟的"恩怨"，难道只是为了利益吗？

对于企业而言，"真理"往往是掌握在少数人手上的，一个成功的企业往往是在一个或两个卓越领导人的带领下前行与发展的，这一点最起码在传统行业里得到了证明。

**逸凡律师**：这一点我也是非常认同的！

**大军律师**：每一个人都认为自己掌握了"真理"，希望去实现它。而某一个合伙人掌握的"真理"是否可以实现，与其是否拥有企业的控制权有直接关系。无法掌握控制权的合伙人，从某种意义上讲，即使企业可以实现他的利益，也无法实现他的"企业家"梦想，他永远无法"被证明"，参与的永远是别人的游戏。

因此，控制权的争夺在企业发展到一定程度时是必然会出现的。当然，这里我并不否认控制权收益对于合伙人带来的诱惑，控制权的争夺不排除与利益有关，但实际上与企业家的梦想关系更大。

**胡弯律师**：利益指的是什么，我们相对而言是比较清楚的。

**大军律师**：利益是企业合伙人关系的出发点，也是归结点。各种因素的变化会导致合伙人利益在一定范围内的失衡，利益的失衡反过来又会影响理念、价值、感情、行为及控制等要素。

除了社会化企业，合伙人创办、经营企业的目的一定与利益有关，这是永恒的商业主题。合伙人关系中利益与价值两个要素的平衡是关键，而理念、感情、行为与控制等因素又必然会影响利益与价值要素的平衡能力。

**逸凡律师**：听了大军律师的分享受益匪浅，我尝试着总结一下：理念、价值、感情、行为、控制及利益六个确定和影响合伙人关系的要素是不断变动、互为影响的，这导致了六要素变动的复杂性。因此，对影响和确定合伙人关系的六要素进行有效管理是家族及家族企业的基本功课，同时，这六要素是进行家族及家族企业顶层结构设计时必须关注和考量的内容。

**大军律师**：逸凡律师总结得很好！我们近期的讨论是围绕顶层结构设计展开的，大家应当更多地从六要素对家族及家族企业顶层结构设计的影响角度深入思考。

## 启示与建议

● 确定和影响合伙人关系的六要素为理念、价值、感情、行为、控制与利益，重要的是这些要素是不断变动、互为影响的。

● 理念一定是根植于家族文化之中的，通过家族传统、家族教育、家族慈善与家族信仰的传承、坚守、关注与培育等方式，逐渐形成家族文化，是解决"理念"问题的核心。

● 坚持密切的交流与沟通，保有彼此的开放与包容，维护相互的热情与关爱，恪守行为边界与底线，保持基本的教养与尊重，关注他人的内心与感受，善待他人的积极与真诚，这些是合伙人感情保有与行为自我约束的基本要求。

● 合伙人关系中利益与价值两个要素的平衡是关键，而理念、感情、行为与控制等因素又必然会影响利益与价值要素的平衡能力。

● 家族（企业）顶层结构设计一定要充分考虑确定和影响合伙人关系的六要素，确保顶层结构能够应对合伙人关系变动带来的挑战；切忌给合伙人戴上"手铐"，一定要保留合伙人关系调整与重构的可能与能力，预留变动与流动的空间。

第13堂课

# 从"满汉全席"出发的投资逻辑
## ——家族投资政策声明书

**分享嘉宾：**和丰君

**互动律师：**东兰律师、胡弯律师、逸凡律师

**分享时间：**2018年11月23日　星期五

## 课堂研讨

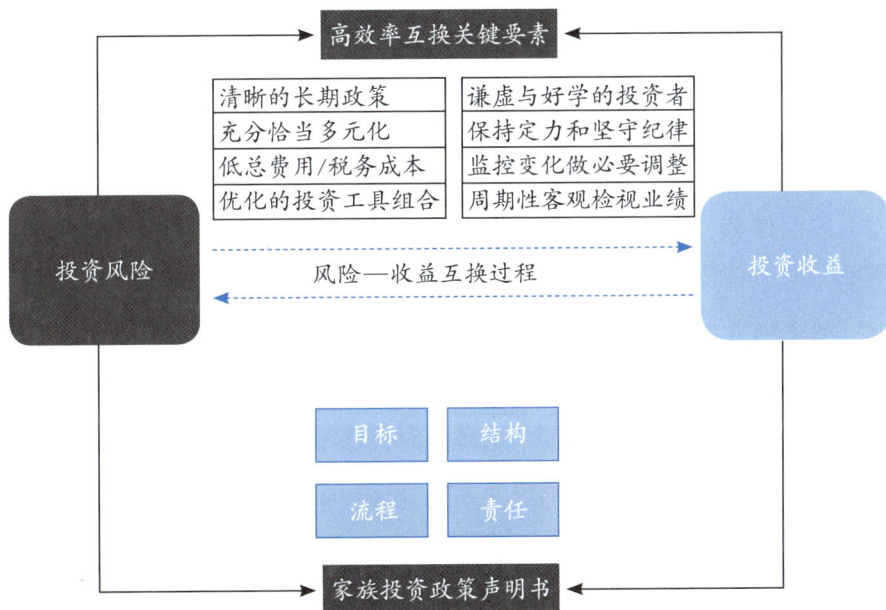

**和丰君**：今天我希望用尽量通俗的方式和大家交流关于家族投资管理的问题，我一直认为这也是家族顶层结构设计中要考虑的重要内容之一，当然重点是让大家认识"家族投资政策声明书"（IPS）。

**逸凡律师**：这个主题很棒，就目前中国的财富管理大环境而言，IPS对大多数家族而言可能还很陌生，甚至一些财富管理专业人士也未必熟悉。

**和丰君**：从家族财富管理整体解决方案的视角看，要解决的一定不仅仅是"钱"的问题，但不可避免的是，如何管理好"钱"是家族财富管理中的核心议题之一。如何管理好"钱"，不仅仅是风险和收益的平衡问题，更是风险和收益相互交换的效率问题。

特别是随着近期金融监管的不断趋紧，投资者对投资越来越困惑，过往的经验不再适用，市场提供的金融产品也不那么"完美"，而且，投资过程中的利益冲突、佣金和业绩激励问题，都迫使投资者调整自己的投资结构。

**胡弯律师**：我总觉得中国家族在财富管理中更多靠的是敏锐的嗅觉，而不是依托于确定的逻辑，不知道我的观察对不对？

**和丰君**：胡弯律师的判断是很准确的！

## 家族投资者的角色——投资者到底应该关心什么？

**东兰律师**：我觉得许多家族在财富管理中好像根本找不到真正的方向。

**和丰君**：大家的观察都是当下实际存在的情况！

当家族投资者在谈到投资话题时，众多信息扑面而来，宏观经济指数、金融市场表现、成功投资者典范、时代潮流热点、明星投资产品，等等，他们虽然懂得很多投资的道理，但一上场动真格时就"犯糊涂"。

**胡弯律师**：到底哪些是投资者需要聚焦关注的呢？如何化繁为简把握

问题的核心呢?

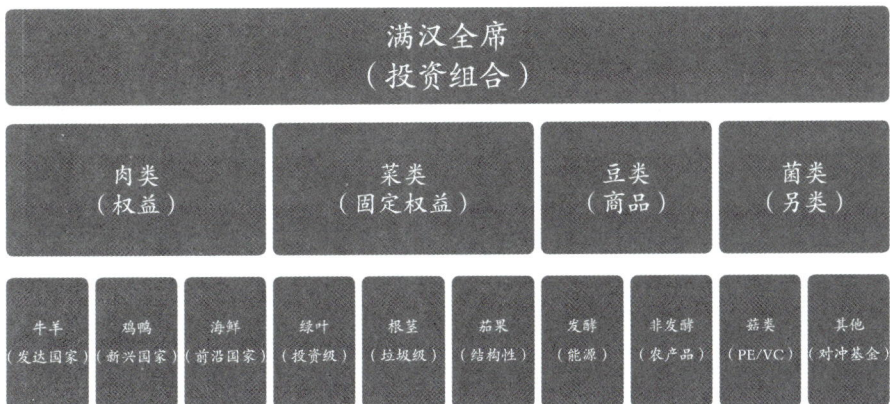

**和丰君**:打个比方,大厨要做一桌满汉全席,要先确定整体菜肴如何搭配,之后才是每个菜怎么做,最后才是具体选哪种食材进行加工。

在投资方面实际上是非常类似的,首先是投资者自己确定整个组合怎么搭配,然后是每大类资产内部如何调配,最后才是买什么投资产品来实现这种配置。投资者不应只见树木,而不见森林,这是投资的大忌。

也就是说,投资者关注问题的出发点,应当是自身整体投资组合的内部协调,这种高屋建瓴从上至下的全局视角是实现成功投资的重要前提。

**逸凡律师**:找到出发点确实是最重要的!

再结合中国当前的发展阶段,投资者还需要把握一个关键原则,即是以产品为中心,还是以投资者为中心。

以标准化产品为中心，这往往是金融产品销售人员的视角，也是许多家族初步接触财富管理领域的切入视角。对于金融产品销售人员来说，其主要工作是将合适的投资者与标准化金融产品匹配起来，相当于将一条鱼卖给想要做鱼的人；而以投资者为中心的视角，则是站在投资者立场进行思考，除了买一条鱼，还需要一些青菜、一些豆制品和一些菌类，才能搭配好，实现营养均衡。

**东兰律师**：可不可以这样理解：家族投资者的角色，是站在厨师长的视角，为了给家族成员乃至子孙后代打造一桌饕餮盛宴（整体投资组合），从而构思与制备不同的菜式搭配（大类资产组合），进而挑选市面上林林总总的食材（投资产品）进行制备。

**和丰君**：没错，厨师长做什么不能问卖鱼的，因为他可能建议你做一桌全鱼宴，也不能问卖菜或者卖调味料的。厨师长只有将自己定位为一个统筹者，采购市面上能买到的最好的食材，恰当搭配与烹饪，才能打造出美味佳肴。

**胡弯律师**：可是这些菜该怎么做呢？理论上应该有类似于菜谱一样的东西吧？

**和丰君**：万变不离其宗，世间的道理大抵如此，先不要着急了解怎么做，先了解下失败的教训，从失败中找到正确的经验与方式，才是一种更容易理解和掌握的方法。下面先给大家介绍常见的一些失败教训，或者说家族投资面临的威胁。

## 一个亿，如何保护其在十年后的购买力？

**逸凡律师**：请问威胁主要来自哪些方面呢？

**和丰君**：我概括了九方面的威胁，下面逐一给大家做一下概括性的介绍。

第一个威胁是通货膨胀。相信大家对中国过去20年的通货膨胀记忆深刻，20年前"万元户"还是成功的代名词，而今千万甚至都达不到一线城市中产家庭的门槛。除了经济高速增长带来的财富增值外，其中有关货币计数的数学游戏也在背后发挥了重要作用，通货膨胀是最不容忽视的财富威胁之一。通货膨胀的一个直接影响就是物价的持续上涨。

因此，战胜通货膨胀、保护财富的实际购买力，比实现一个回报率数字更具有现实意义。

第二个威胁是汇率风险。随着家族资产和生活方式的全球化，收入货币、资产货币和支出货币存在较大错配已经成为财富家族的常态，汇率风险将是影响财富的一个关键要素。

特别是当主要币种是新兴市场货币时，在双向波动的背景下，有效管理汇率风险敞口是确保一个投资组合稳定性更强、质量更高的前提。

**东兰律师：** 对于这两个威胁相信每一个财富家族都有切肤之痛！甚至每一个人都有深刻感受！

**和丰君：** 第三个威胁是总费用。在进行投资时，家族都会自然地留意到费用问题，并且了解费用损耗会长期消耗大量财富。因此，家族应当以一种"穿透"的视角去关注总费用水平，而非表层的费用情况。

一个总的投资组合的构建，需要涉及多个层次的结构，多个利益实体，多种类型的费用、交易成本及税务成本。如果能更进一步，会发现除了体现在费用层面的成本，还有体现在价格层面的成本，比如更昂贵的汇率、期权或交割价格。费用长期对财富侵蚀效应的一个直观例子是，3%的总费用差异会导致4%和7%的回报差异，在50年的投资期后，会导致总回报有本金的7倍和本金的30倍的差异。

100元初始投资50年总回报

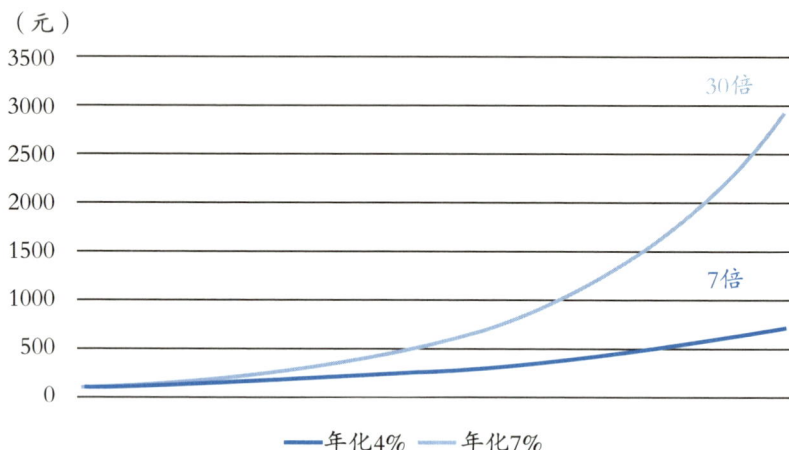

胡弯律师：说实话，各类费用相加之后的总费用有如此之大的影响确实是超出了想象！

和丰君：在财富管理中这些"超出想象"的或者"看不到"的影响因素是非常多的。

第四个威胁是不良投资标的。投资标的的不良体现在很多方面，例如业绩表现持续差于基准/可比同行，标的违约或无法退出，风险与流动性补偿低或透明度低，投资策略宽泛/漂移或策略失灵，主动管理能力不足，被动跟踪效果不佳，多层费用结构等。

为了应对这一问题，家族需要在投资前进行充分的尽职调查，投资中持续密切监督，并在出问题后尽早退出或补救，不仅要做到未雨绸缪，而且必要时还要亡羊补牢。

第五个威胁是错误择时。一方面普通投资者容易被市场情绪左右，容易跟风，追涨杀跌；另一方面投资机构的销售导向也容易在市场好、价格贵的时候卖，而在市场低迷、价格合理时反而裹足不前，一定程度上为错误择时推波助澜。即便是专业投资者，在择时上也不具有普遍优势。

因此，投资者不应该过于依赖择时，对投资组合的整体配置的关注远远重要于择时。

**逸凡律师：** 实践中投资不当，选择了不良的投资标的，继而造成重大损失的事例非常多，没有确定的投资逻辑、家族错误择时也并非偶发事件。

**和丰君：** 确实是这样，实际上大家的体会都很深，只是没有对这些体会进行归纳和更深入的思考而已。

第六个威胁是市场环境、风险、收益、投资期限和流动性的错配。本质上是由于"门不当户不对"导致投资组合内部"不和睦"。乍看起来，对一个单一组合确定合理配置并不难，但是对于投资者而言，需要考虑的不仅仅是个别账户的情况，还要考虑所有账户汇总后表现出来的特征。一个良好的投资组合应该是在不同市场条件下取得以上因素的最佳平衡的组合。

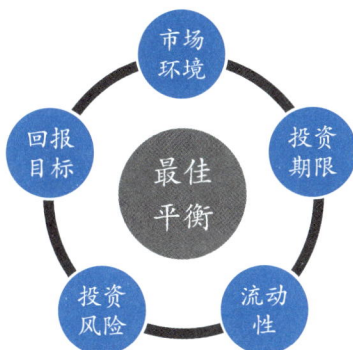

**东兰律师：** 错配有没有不同的类型化区别？

**和丰君：** 当然有。一般而言，存在两类错配，一种是过于激进，一种是过于保守。过于激进可能会在市场波动时期突破能接受的风险程度，这不仅会使投资者心理痛苦，而且可能影响既定的规划；过于保守则是一种对财富的浪费，因为其投资的潜力没有被充分发掘出来，也是一种损失。

| | | 投资目标 | | |
|---|---|---|---|---|
| | | 财富保值 | 均衡增长 | 强劲增长 |
| 风险承受度 愿意承担vs能够承担 | 低风险 | √ | ← | ← |
| | 中风险 | | √ | ← |
| | 高风险 | | | √ |

普通投资者容易忽略的另外两个维度是投资期限和流动性，例如储蓄，提前取出会有收益损失，而全部持有现金，又会有闲置的损失；此外，期限与流动性也可以带来收益，除了风险外，期限与流动性也要求补偿，例如对于私募股权投资基金，动辄有 5～10 年期限并且不允许提前赎回，就应该要求更高的收益给予对价。

**胡弯律师：**剩下的三个威胁是什么？

**和丰君：**<u>第七个威胁是未充分多元化。</u>普通投资者可能不会注意到，但是它却是深刻影响了当前世界金融界投资哲学的一种思想。未充分多元化和过于保守一样，是一种对投资潜力的浪费。多元化的内涵我用下面的简单例子来表述。

假设在下雨和晴天的概率都是 50% 的情况下，我们单独卖雨衣，晴天可以收入 2 元，雨天可以收入 10 元，平均而言每天收入 6 元。同样地，单独卖太阳镜，晴天可以收入 10 元，雨天可以收入 2 元，平均而言每天收入 6 元。卖雨衣和太阳镜的收入，呈现了此消彼长的特征，我们把它们的关系称为"负相关"。现在我们决定一半卖雨衣，一半卖太阳镜，会发现，无论是晴天还是雨天，我们每天都有 6 元的收入。在混合销售的情形下，虽然每天的收入没有变化，但是收入的"稳定性"提高了，实质是"风险"被降低了。这就是负相关情形组合在一起呈现出来的优化特征。

| | 晴天 | 雨天 | 预期回报 |
|---|---|---|---|
| 单独卖雨衣 | +2 | +10 | 平均每天 +6 |
| 单独卖太阳镜 | +10 | +2 | 平均每天 +6 |
| 一半雨衣一半太阳镜 | +6 | +6 | 平均每天 +6 |

将上面的例子引申到投资环境中，我们假设欧美股市上涨和中国股市上涨的概率都是 50%，将资金平均分配到这两个市场中，会发现虽然和押注单一市场的预期回报率是一样的，但是回报率的稳定性提高了，即风险

降低了。

| | 东方亮 | 西方亮 | 预期回报 |
|---|---|---|---|
| 欧美股市 | +2% | +10% | 平均每天+6% |
| 中国股市 | +10% | +2% | 平均每天+6% |
| 一半欧美一半中国 | +6% | +6% | 平均每天+6% |

在更复杂的金融市场中，通过发掘不同资产类型之间的正/负相关性关系，并通过数学优化的方式确定其投资比例，就是资产配置优化的过程，这一过程被称为"投资界唯一的免费午餐"。其最直接的效果就是在回报不变的情况下，风险更低，或者在风险不变的情况下，回报更高。如果家族没有充分利用这种多元化的优化效果，显然是一种财富的损失。

**东兰律师：** 这个威胁有点复杂，也极易产生认识误区。

**和丰君：** 是的，这个应对威胁的方法目前在中国专业机构层面都还没有得到广泛应用。主要还是因为制度的限制导致可选择的低相关性资产太少。但对于需要保护长期价值的家族投资者而言，必须要予以重视。

第八个威胁是所有权风险。如果说投资效率是在关心怎么管钱的问题，那么所有权则是关心这个钱是谁的，以及怎么管谁说了算的问题。质押、担保、罚没、欺诈、社会运动、税务责任、婚姻风险、子女挥霍、家人争产等已经超越投资效率层面，主要是法律和税务的问题，而这恰恰是更根本的问题。没有所有权，谈不上管理和传承，也谈不上财富的长期增长。

**胡弯律师：** 所有权的风险当然是最重要的，财富"姓"什么很关键！

**和丰君：** 最后还有一个家族投资者不可忽视的隐性威胁——时间成本。处理前面提到的众多问题，需要消耗个人的时间和精力；学习如何驾驭投资，和学习开车一样是一个过程。从个人整体财富组合上看，时间恰恰是最宝贵的资源，投入到某一方面，才能在那一方面开花结果。对于家族企业而言，如果全部投入到投资，而荒废了实业，从投资组合层面看也是一种财富损失。

**逸凡律师：** 投资里需要注意的风险还真是多，刚才那个50年总回报有本金7倍和30倍差异的图让我印象深刻。其实刚才提到的很多问题，可能单一的短期影响都是不算大的，但是累计起来，可能业绩表现上就会有几个百分点的差别，对于家族这种长期投资者来说，一代人的时间所形成的，就是几倍几十倍甚至几百倍的差别了。

**和丰君：** 是的。复利的效应被爱因斯坦称为宇宙间最强大的力量，一些微小的差别经过时间放大，就是难以跨越的差距，魔鬼都在细节里。但是投资并非千人千面，经过这么长时间的摸索，在投资方面还是能找到一些经过时间考验的成功经验的。我们完全可以借助这些经验来处理好每个细节，最大限度地挖掘长期投资的潜力。

## 家族财富管理路线图——建立家族有纪律的投资体系

**东兰律师：** 请和丰君接下来系统讲一下应对这些财富威胁的逻辑。

**和丰君：** 为了应对前面提到的众多财富威胁，家族需要打造一个可靠的投资体系，该体系有几个关键原则：家族应当以自身为核心，协同既有外部资源，整合目前已经形成的全球金融网络和业态，构建一个可控、高效（费用，管理层级）、有效（理论有效性，市场分析准确，多元化得当）、透明（业绩的评估、底层资产的风险状况，最终投向，业绩归因）、灵活（应对市场变化，应对投资者变化，流动性支持等）、可持续（整个体系以及所依赖的各方资源稳定，支出控制在合理范围，相关参与者持续教育，沟通顺畅，互信稳固，架构安全）的投资体系。

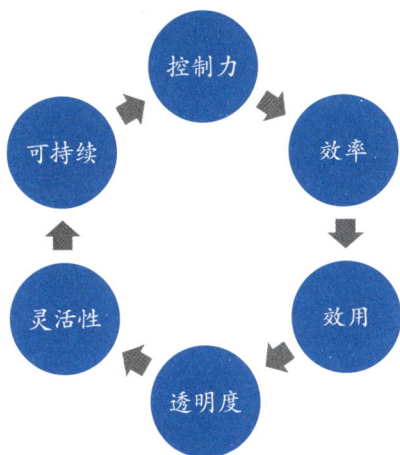

　　**而这个体系的最终落脚点，则是建立一个量身定制的"进可攻，退可守"的多元化资产组合金字塔。**这个金字塔覆盖了全球主要的资产类型，作为家族投资的最顶层结构，分工明确，以固定收益作为财富稳定基石，以权益类资产作为增长引擎，以大宗商品作为财富价值储备，以另类投资作为财富多样化配置，它们在家族投资体系的管理下各司其职发挥作用，共同维护家族投资的可持续稳定增长。

**胡弯律师：** 家族财富管理落脚点为什么是一个量身定制的多元化投资组合呢？有没有什么标准化的方案可以一站式解决问题？

**和丰君：** 标准化的方案也可以有，但对于拥有大规模可投资资产的家族投资者来说，量身定制的多元化投资组合设计更具有显著的经济意义。

从量身定制的意义来看，投资者在不同层面存在差异，比如其目标、风险、投资期限、流动性、投资货币、规模、平台、可投资标的池、投资经验、投资能力、交易成本、与其他财富的匹配，更宏大的背景还包括投资者的人生目标、资本流动限制、金融基础设施、金融市场完善程度、监管与法规、本土文化偏好等，一个量身定制的投资组合更符合投资者本身的特征和需要。从多元化的意义来看，没有谁能准确预测未来，多元化分散的投资组合可以在某一个板块出问题时，保护整体的财富购买力，这里面包括了"鸡蛋不要放在同一个篮子里"的古典智慧。多元化包括地域的多元化、货币的多元化、资产类型的多元化、投资产品的多元化、资产管理人的多元化等多个维度。

**东兰律师：** 我大概理解了家族投资的大框架。概括地说，就是考虑各种情况后，做一个独一无二的投资组合，对吧？听起来并不十分复杂。

**和丰君：** 前面的这些工作，很重要，但很遗憾这只是一个出发点，对这个组合的持续动态管理才是主要工作。

因为家族情况是不断变化的，经济和金融市场是不断变化的，投资产品也是不断变化的，如何管理这个动态过程，使我们制定的方案在各时期都保持最佳状态，是一项持久挑战。这个时候家族投资政策声明书及其内部所制定的流程与程序便十分重要了。

## 家族投资政策声明书——一份家族投资战略指导手册

**逸凡律师：** IPS才是今天和丰君要分享的重点，前面看来只是铺垫。

**和丰君：** 可以这么理解。在充分了解家族在投资中的角色、家族财富的主要威胁以及家族财富管理路线图后，家族投资政策声明书，这份家族投资战略指导手册才能充分发挥其作用。

投资政策声明书（IPS）是一个战略性的指导，用于规划和实施家族的投资计划。它提供了用于管理所投资资产的框架，并规定了管理投资组合的结构、内容和执行方式，以实现家族投资者的长远目标。

制定投资政策并把它写下来的主要原因是，使家族可以通过一个健全的长期政策保护投资组合。如果没有投资政策，在市场动荡时期，投资者往往倾向于即兴做出投资决定，与审慎投资管理的原则不一致。家族投资政策旨在提供一个经过深思熟虑的框架，以便做出稳健的投资决定。

**东兰律师：** 投资政策声明书的实质性作用是什么？

**和丰君：** 家族投资政策声明书的功能是很多元的，例如可以提供有关政策、实践和程序的书面材料，用于进行投资决策；可以设定一种清楚的基准和框架来确保相关参与者更替时的连续性；可以提供一种清晰的标准用于衡量和追踪计划中的投资是否实现了IPS目标，让参与者可以确信有一个合乎逻辑和有纪律的方法来管理投资计划；以及可以作为防御潜在纠纷的第一道防线。

**胡弯律师：** 这个政策声明书听起来很有用，能否给我们介绍下家族应该如何制定这样一份声明书，以及里面应包括哪些内容呢？

**和丰君：** 好的，制定家族投资政策声明书有三大步骤：

首先，应该建立家族对投资目标和目的的明确认识，进而协助家族确定在风险合适的水平上可接受的长期回报目标，以及对风险状况进行恰当的描述；

其次，应当为管理可投资资产设定结构和流程，包括资产配置，资产类型与投资组合的构成，进而描述投资标的和基金经理的筛选标准及必须要遵守的各种限制，陈述该投资计划实施和管理的过程，确定该资金被管理和评估的时间跨度，制定评估投资组合资产表现的标准；

最后，定义决策过程及所有参与资产管理各方的责任，确保投资和参与投资管理过程中各方之间的有效沟通，确保控制和管理资金遵守所有适用的质量标准和法规要求。

**逸凡律师：**听起来步骤程序简短，其实三大步骤都不容易，看来这是一个必须有专业人士协助才能完成的工作。

**和丰君：**确实比较复杂。一份典型的适合家族投资者的政策声明书包括投资者情况的介绍（如获得授权的投资者，资产账户信息，投资者情况、目标、投资期限、风险承受度和流动性需求），战略资产配置框架（如资产类型与基本假设、战略资产配置模型、投资组合回报预测、基于回报基础的其他假设、战略资产配置的更新与调整、再平衡的程序），投资哲学与执行程序（如资产管理人的投资哲学、多元化政策与投资组合限制、允许投资的资产类型、质量准则、基金经理筛选程序、投资监督和控制程序），参与方权利、义务、责任与沟通（如家族投资委员会、资产管理人、基金经理、托管人等参与方的权利、义务与责任，投资政策声明书的审查与更新，参与方之间的沟通、会面与报告）等内容。

最终实现的目标是，家族投资者明确自己的立场，在投资政策声明书的指导下，通过家族自己的投资体系，建立一个全球多地域多币种多资产类型的多元化投资组合，在持续的悉心经营管理下，冷静应对全球经济和金融市场的狂热与低谷，穿越时代起伏，惠及子孙后代，支持家族长远价值观的践行。

**胡弯律师：**今天这一堂课的信息量很大，对于法律背景的我们而言要好好消化下，听起来还是很复杂。我相信今天的讨论是很重要的，事实上谈到的也是家族财富管理的顶层结构设计，家族投资者要掌握这些也是非常有挑战性的。

**和丰君：**专业的事应当由专业的人干！一些外部服务商可以在家族具有完全控制力和高度透明性的前提下，提供从零开始建立家族自有投资体系的服务。成功的投资是一个持续的过程，需要家族自身和外部服务商的共同努力。

## 启示与建议

● 投资者关注问题的出发点，应当是自身整体投资组合的内部协调。高屋建瓴从上至下的全局视角是实现成功投资的重要前提。

● 家族财富的重大威胁包括通货膨胀、汇率风险、总费用、不良投资标的、错误择时、特征错配、未充分多元化、所有权风险、时间成本等。

● 家族应当建立属于自己家族的有纪律的投资体系，其落脚点是量身定制的多元化投资组合，指导工具是家族投资政策声明书。

● 复利的效应被爱因斯坦称为宇宙间最强大的力量，一些微小的差别经过时间放大，就是难以跨越的差距，魔鬼都在细节里。

● 家族投资政策声明书提供了用于管理所投资资产的框架，并规定了管理投资组合的结构、内容和执行方式，以实现家族投资者的长远目标。

# 家族立场与独立视角
## ——中国家族办公室的前世今生

**分享嘉宾：**和丰君

**互动律师：**逸凡律师、胡弯律师、东兰律师、

**分享时间：**2018年11月28日　星期三

## 课堂研讨

　　**和丰君：**在研究家族、家族企业的顶层结构设计，寻找家族财富管理的整体解决方案的过程中，我们必须对家族办公室的定位、价值进行充分讨论。从某种意义上讲，家族办公室本身就承载着家族财富管理的整体解

决方案制定者及执行者的双重使命。

**胡弯律师：**在短短几年时间内，"家族办公室"从一个陌生的词语，以匪夷所思的速度演变成了中国财富家族的热门词语；从不为中国人所知，到今天俨然已经成为一个颇具生命力的行业，发展速度之快是超乎想象的。

**和丰君：**和丰家族办公室通过专著《中国家族办公室——家族（企业）保护、管理与传承》和《家族办公室与财富管理——家族财富保护、管理与传承》第一次将"家族办公室"的概念和行业引入中国，也是国内最早践行真正意义上的家族办公室的拓荒者，应当说见证了中国家族办公室行业从无到有的历程。和丰家族办公室服务不同的家族，也在为家族和不同金融机构建立其家族办公室及服务体系，应当说也是行业的推动者和守护者。

国内家族办公室行业从无到有的快速发展，是由中国财富家族的迫切诉求推动的，或者说也是伴随着中国财富家族所面临的挑战而成长起来的。

**东兰律师：**和丰家族办公室作为中国家族办公室行业发展的见证者和领导者，是最有发言权的，那就请您谈谈您眼中的中国家族办公室。

**和丰君：**我们不仅在为中国家族提供家族办公室的服务，也在协助一些家族和机构构建家族办公室，若干年下来感悟颇多！

今天探讨这个问题有两个初衷：第一是从我们理解和坚守的视角为家族办公室正本清源，让中国财富家族真正认识家族办公室；第二是从我们的视角观察中国家族办公室行业的发展趋势，实现与中国财富家族的共同成长。

我既不想厚此薄彼，也不想展开辩论，只想坚守我们的"立场"！

## 家族办公室的本质：家族立场与独立视角

**逸凡律师：**首先还是请和丰君为我们谈谈您理解的家族办公室。

**和丰君：** 中国的家族办公室有三类大的背景，演变为三种主要模式。

在中国，大约在2012年前后，最早由一些独立第三方捕捉到了市场需求和长期前景，第一时间以家族办公室的定位进入家族财富管理市场。这批先行者以律师、税务师及银行家等专业人士为主，这恰恰和国际家族办公室创立者的主流背景相一致。

具有类似背景的家族办公室有更高的灵活性，也往往在某些细分领域具备突出优势，成为家族办公室行业中最具生命力的一类机构。这一类机构以联合家族办公室（MFO）为主流。

**胡弯律师：** 第二类家族办公室呢？

**和丰君：** 近两年我也观察到，众多金融机构纷纷布局家族办公室领域。在强监管的环境下，金融机构积极布局新业态，依托既有的客户资源和品牌，进军高端私人财富管理领域，成为一个顺理成章的选择。

但大型金融机构背景的家族办公室往往难以摆脱路径依赖，在金融服务和非金融服务之间存在较大的失衡，现阶段还较难从家族需求出发提供整体解决方案，目前仍处于整合外部专业能力的发展阶段。这一类家族办公室我们可以称之为虚拟家族办公室（VFO）。

**东兰律师：** 第三类应该是单一家族办公室吧？

**和丰君：** 是的。随着家族客户对家族办公室了解的深入，一些大型家族根据自身需求构建自己的单一家族办公室（SFO）逐渐成为一种被认真讨论的选项。

基于对自身需求的深刻理解和同其他家族的紧密关系，参照海外的单一家族办公室实践经验，其中一部分单一家族办公室对外开放成长为联合家族办公室为其他家族提供服务，也是一条可以预见且已经存在的发展路径。

**逸凡律师：** 还是请您围绕联合家族办公室、单一家族办公室及虚拟家族办公室，对它们的功能与标准进一步介绍一下。

**和丰君：** 三种不同类型的家族办公室依赖各自的资源优势，注定会有不同的发展模式与演进趋势，三类家族办公室将是长期并存的，相信都将是未来家族财富管理市场的重要参与者。

从表象与实质两个方面进行区别，家族办公室应当有两个最基本的要求。如果无法满足这两个基本要求，则不能算是真正意义上的家族办公室，只是"挂羊头卖狗肉"而已。

首先，但凡能以家族办公室为标签的家族财富管理机构，都应当以一个或多个家族事务为核心服务，给出以人力资本、文化资本、社会资本及金融资本为对象的家族财富管理整体解决方案，而非满足单一诉求。

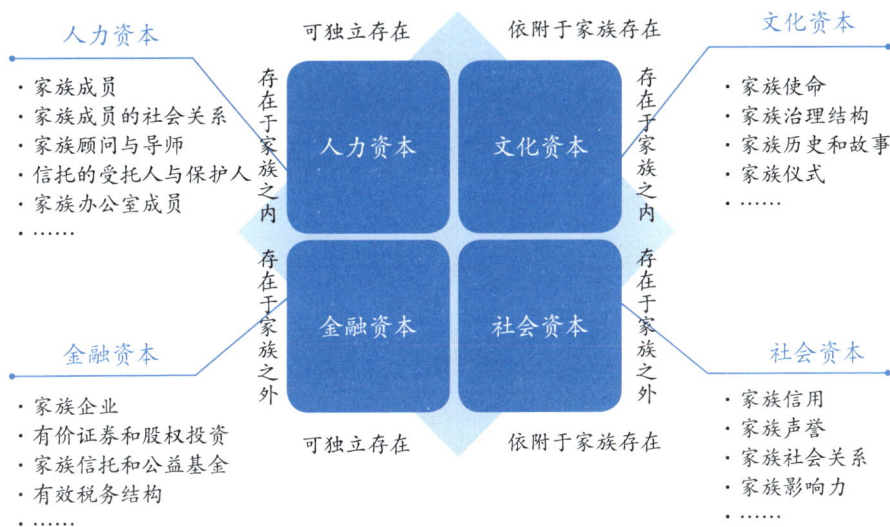

人力资本 | 可独立存在 | 依附于家族存在 | 文化资本

存在于家族之内

- 家族成员
- 家族成员的社会关系
- 家族顾问与导师
- 信托的受托人与保护人
- 家族办公室成员
- ……

人力资本 ｜ 文化资本

- 家族使命
- 家族治理结构
- 家族历史和故事
- 家族仪式
- ……

存在于家族之内

金融资本

存在于家族之外

- 家族企业
- 有价证券和股权投资
- 家族信托和公益基金
- 有效税务结构
- ……

金融资本 ｜ 社会资本

社会资本

- 家族信用
- 家族声誉
- 家族社会关系
- 家族影响力
- ……

存在于家族之外

可独立存在 | 依附于家族存在

但实质上，家族办公室作为家族治理和财富管理的中枢，必须优先考虑家族利益，必须坚持家族立场，而非机构立场或其他立场；同时作为专业机构，应当从独立的专业视角做出合理的判断与专业的选择。

毫无疑问，家族立场与独立视角是家族办公室的行业本质！

**胡弯律师：**当家族在选择家族办公室时，该如何通过家族立场、独立视角这一本质原则来进行辨别呢？

**和丰君：**无疑，由家族全权掌控的单一家族办公室拥有最高的利益一致性，其核心人员由家族选聘，甚至直接就是家族成员，其运营计划由家族批准，其运营资金由家族全部承担，理论上最易于体现和坚守家族立场，但独立视角往往有所欠缺。

通常，一些与家族有着长期与密切合作关系的联合家族办公室也能实现对家族立场的良好坚守。当然这不仅有赖于联合家族办公室从董事会层面自上而下对"家族立场"这一原则与理念的认识与坚守，也有赖于业务流程、人员结构、保密机制、激励机制等内部制度与机制的保障。

而一些大型的金融机构，既需要平衡股东、管理层、雇员、合作伙伴和客户的多方利益，也受到内部考核及激励机制的先天制约，不可避免地在家族立场上会有所妥协，甚至独立性也容易受到其他相关方的影响。

目前，一些领先的金融机构已经在内部结构与机制层面着手调整，其家族办公室板块也初步具备了实现和坚守家族立场与独立视角的可能性与能力，这对家族财富管理而言非常具有积极意义。

**东兰律师：**其实无论是哪一类家族办公室，实际上都意识到了家族立场与独立视角的本质属性与重要性，可以做出这个判断吗？

**和丰君：**因为家族立场与独立视角是一个知易行难的事，坚守实属不易，所以对于财富家族而言应当具有相应的甄别能力。

对家族立场的甄别，要着重关注家族办公室本身的服务理念、价值取向、所有权结构、治理模式、决策流程、收费模式以及人员结构与客户关系等，这些可以帮助家族辨别潜在的价值冲突与利益冲突；对独立视角的甄别，则着重考察团队的专业能力、合作伙伴关系、过往服务经验以及对于家族情况的理解深度，这将有助于辨别家族办公室提供的意见的专业性、独立性与有效性。

**胡弯律师：**我认为家族立场、独立视角的内涵一定不只是利益的一致性，更根本的内涵应当包括如何设身处地地为家族长期发展和整体利益最大化献策筹谋，不仅应当在利益冲突上有所不为，更应当在有利于家族的安排上有所作为；不仅在解决问题上药到病除，更要在预防问题上未雨绸缪。

**和丰君：**这个总结很好！同心同行，不忘初心，这也是家族办公室赢得家族长期信任与认可的关键，也是家族办公室的魅力所在。

## 喜忧参半的中国家族办公室

**逸凡律师：**据统计，中国已经有上千家家族办公室，作为中国家族办公室创始人，和丰君认为目前中国家族办公室行业发展状况如何？面临哪些挑战？

**和丰君：**中国家族办公室这几年高速的发展，有喜有忧，整体而言还处于发展初期的野蛮生长、灰色生长及夹缝中生长的状态，就如同中国家族企业的早期发展状态。

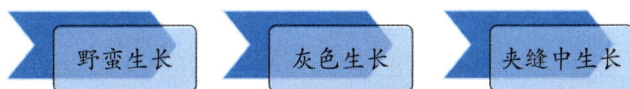

野蛮生长 ➤ 灰色生长 ➤ 夹缝中生长

由于发展得太快，总体上中国家族办公室行业在各方面似乎都缺乏必要的积累和沉淀，这些落下的"课"早晚是要补的，而且补得越迟行业付出的代价就会越大！

**东兰律师：**还是希望听一下和丰君的详细解读！

**和丰君：**在理论方面，家族办公室在中国的理论探索还处于早期阶段，有一些海外译著和个别从业人士的著作，为展开家族办公室的全景图奠定了必要的基础，这一点是毋庸置疑的。

但是，这方面的基础研究还不充分，对于海外成熟经验的吸收，以及结合中国本土特点的理论提炼有待加强，特别是用于指导家族自身与家族办公室从业者的理论框架体系还未建立。

在实践方面，可以看到不同专业领域的从业者都开展了积极的探索。从最开始的境外大额人寿保险，到境内外多类型的家族信托如现金类信托、保险金信托、股权信托等，工具种类得到了极大的丰富；从以CRS为切入点的身份筹划和税务筹划，到以金融资产全球配置为目标的全球资产管理服务，事业得到了充分的打开；从家族教育、家族治理、家族所有权结构，到家族力整体提升，服务内容得到了较大的充实，这也是不争的事实。

但是，就家族办公室行业总体而言，行业服务的体系化与服务质量的标准化依然尚未起步。

**胡弯律师：**家族办公室行业在理论上和实践上都具备了一定的基础，但也存在着较大的不足。对这一点我们必须要有清醒的认识，也要着力推动这两个方面的发展。

**和丰君：**实际上还有很多对家族办公室进行观察的维度，我简要讲一下：

1．行业发展很快，大量的人才和资金涌进来，已经初步具备一定的服务经验与能力，家族的需求也很强，处于供需两旺的状态，趋势看好。

2．缺乏政府监管，市场中存在着大量挂羊头卖狗肉的所谓家族办公室，极大地透支着家族办公室的行业公信力，杀伤力很强。

3．并未形成有效的、较有影响力的行业自律组织。已有的一些协会与联盟无法起到行业自律的作用，很难对行业的规范与发展起到核心的推动作用。

4．大部分联合家族办公室能力不足，现有的单一家族办公室定位普遍不清，而虚拟家族办公室又存在着立场模糊甚至立场冲突的尴尬，各类家族办公室的价值均未充分发挥。

5．更重要的是，行业从业者对家族立场、独立视角这一行业本质的迷失，正在使行业的长期发展方向逐步偏离应有之意，这是最让人担心的。

**逸凡律师：** 家族办公室从无到有，必然需要一个成长的过程。我想，过去的几年时间里，中国家族办公室行业已经走完西方几十年的发展历程。您忧虑的一些现象的改善，恰恰也意味着未来行业的机遇所在。

**和丰君：** 是的，正如当年中国家族企业的发展，从夹缝中努力向上，最终成长成一棵棵参天大树，家族办公室的发展也需要一个乱而后治的过程。

行业中不乏坚守者，坚守着家族立场和独立视角的行业本真，维护着行业的标准和信誉；行业中也不乏进取者，不断顺应发展，优化能力，为行业突破一个个发展症结，为后来者提供了良好借鉴；当然，行业中亦不乏引领者与推动者。所以对家族办公室在中国发展的前景我是非常乐观的。

最为重要的是，家族办公室的社会价值已经被全社会与财富家族所发现并得到认同，这是最重要的行业发展动力，也是不可能改变的趋势。

## 从家族生态系统到家族办公室生态系统

**东兰律师：** 还记得六年前，和丰君首次提出"家族生态系统"的概念及模型，并在专著《家族办公室与财富管理——家族财富保护、管理与传承》中作了完整的诠释，从一个系统性的视角分析了家族这个复杂的体系，可以说抓住了家族（企业）需求的核心和行业服务的本质，如今已成为家族行动指南和行业服务标准。您最近又提出了"家族办公室生态系统"的概念，不知道这与家族生态系统有什么关联？这一提法背后的初衷又是什么呢？

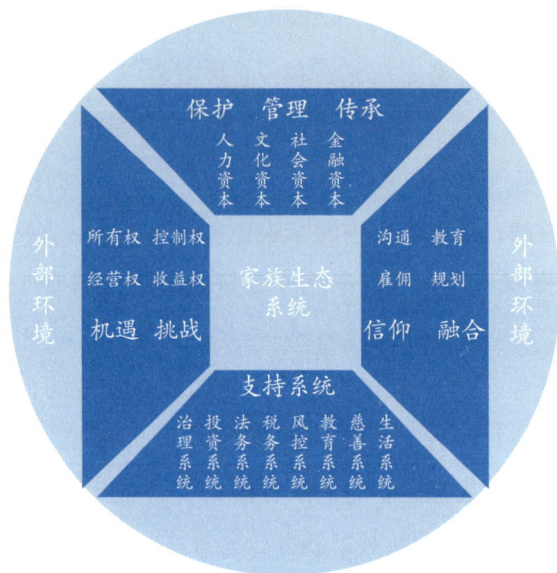

**和丰君：**有关家族生态系统的概念，本身就是在全球普适的家族要素的基础上建立的，它们不仅是家族财富管理的目标，也是家族财富管理评价的工具，还是家族财富管理实现的路径，相信是不会过时的。

**胡弯律师：**家族办公室的核心工作内容就是对家族事务进行法律筹划、税务筹划、财富管理和生活定制，实现家族财富的保护、管理与传承的目标，协助家族构建健康有序的家族生态系统，根本目标是家族力的整体提升。

我始终认为家族生态系统模型具备更大的行业价值及家族价值，有必要在此基础上进行更深入的研究。

**和丰君：** 家族生态系统模型今天就不展开讨论了，我最近提出的家族办公室生态系统是一个服务模型。这个模型提出的背景实际上就是我对中国家族办公室服务趋势的观察与判断。首先我想问一个问题，家族办公室的服务内容都包括哪些?

**逸凡律师：** 典型家族办公室提供的服务范畴广泛，首先包括企业层面的管理权传承、企业内部治理、顶层所有权结构、投融资安排、跨境架构安排、重组过程中的财税优化等方面。

其次包括家族层面的共同愿景和价值观、设立家族结构（常务、投资、教育、慈善等委员会等）、设立家族组织（基金、信托、基金会等）、管理全球投资、制定家族政策（雇佣、退休、福利、所有权等）、草拟家族宪法、签署相关协议（股东协议、婚姻协议、代持协议、赠与协议、特殊公司治理协议）等方面。

还有个人层面的家族成员跨境身份配置、家族成员保险筹划、个人税务筹划、危机化解与争议解决等，与家族重大利益和长期发展密切相关的领域，都是完整的家族办公室可以覆盖的服务范畴。

**和丰君：**逸凡律师讲得很全面。这意味着家族办公室提供的是家族财富管理的整体解决方案。一个家族办公室能不能独立完成所有事物的筹划和执行？

**东兰律师：**显然是不行的！

**和丰君：**所以我始终认为，财富家族需要的是家族财富管理的整体解决方案，需要的是单点接入式的服务模式，这恰恰是家族办公室行业发展的重要基础。同时，家族办公室的服务能力是有限的，专业能力是不全面的，这与整体解决方案和单点接入的诉求实际上是矛盾的。这就是家族办公室服务生态构建的驱动力量，事实上目前的行业现状已经初露端倪了。

**胡弯律师：**和丰君说的这个现象确实已经成为一个趋势了！

**和丰君：**专业机构分工各有不同，在家族财富管理目标的实现过程中，家族办公室有自身价值，信托机构也有自身价值，保险机构有保险机构的价值，银行的价值也是无可替代的，各类机构都有其自身的价值。家族不仅需要最契合的家族办公室提供服务，同时也需要最契合的各类机构参与到家族财富管理的服务中来。

所以，未来的家族财富管理服务的竞争，一定不是单一家族办公室之间的竞争，而是各类服务机构构建的服务生态之间的竞争。

**东兰律师：**这个道理大家都清楚了，那么这个家族办公室服务生态有什么特点呢？

**和丰君：**这个生态的最大特点就是多中心化，甚至是去中心化，总之是没有固定的、单一的中心的，也正是基于这个原因，我们才将这个系统称为生态系统。

我们今天探讨的是家族办公室，所以我们讲到的是家族办公室的服务生态系统；如果我们今天讨论的是私人银行，这就是一个私人银行的服务生态系统；对其他机构而言也是如此。

但事实上这是同类机构形成的相同的服务生态系统，区别在哪里？

在这里没有确定的中心，而是以客户"入口"为中心的，谁是入口谁就是中心！

**逸凡律师：** 家族办公室的服务目标是与家族共同构建有序的、平衡的家族生态系统，而要实现这个目标就必须构建一个多中心甚至是去中心的家族办公室服务生态新系统。

**和丰君：** 所以说这是一个从生态到生态的过程！

## 未来已来，家族办公室的发展趋势

**东兰律师：** 看来中国家族办公室的发展，充满着机遇与挑战，任重道远，那您觉得中国家族办公室应该怎么发展，应该选择什么样的道路呢？

**和丰君：** 我觉得，中国家族办公室只有一条路可以走，走本土化和全球化相结合的发展道路。中国式的家族办公室能且仅能在本土的家族办公室中孕育而生。

本土化 全球化

**胡弯律师：** 这个观点我认同。您觉得中国家族办公室应该如何平衡本土化与全球化？

**和丰君：** 中国家族办公室必须坚守本土化。

首先是对客户需求的深刻理解，客户的需求不仅包括显性的明示需求，也包括隐性的，甚至客户自身还没有意识到的潜在需求。这种需求根植于本土化的历史、文化和社会环境中，比如对于传统文化的推崇，对于家庭成员角色的定位，对于时代变迁的历史记忆与世代传承的终极理想，都作为客户需求的大背景持续存在着。只有把客户的明示需求放在本土化背景下，才能更好地发掘与理解客户的潜在需求，也才能识别切中要害的问题与挑战。

进而，是对当地环境与实践的深刻理解，中国客户的需求还是要放在中国的社会环境中来解决，而中国的社会环境，有其独特的历史发展轨迹，例如本土政经周期、舆论与社群关系、产业结构与政策、法律与税务实践等外在变量，只有深刻理解这些当地环境背景，才能为家族刻画出兼具可行性与有效性的问题解决路线图。

**逸凡律师：**如何理解中国家族办公室的全球化呢？

**和丰君：**中国家族办公室也需要且必须走向全球与国际接轨。

中国家族办公室全球化的表层动力，是客户的显性需求。家族的身份、产业、架构与财富的国际化发展，包括家族二代更多元的国际教育背景与生活方式，都对家族办公室为家族提供国际解决方案提出了更高的要求。跨境财富、跨籍身份带来了不同社会制度、法税环境、商业规则、专业工具下的调和需求，国际方案解决能力也正在成为家族办公室切入客户的重要突破口。

中国家族办公室全球化的深层原因，是客户的隐性需求，一个家族若想保持产业竞争力、财富购买力、文化竞争力和社会影响力，整合与统筹全球资源已经是一种必需。发挥国际成熟法律制度安排、金融基础设施、自然与人力资源、品牌与技术协同等优势，增强家族的人力资本、文化资本、金融资本和社会资本，提升整体家族力，是欧美众多基业长青家族的共同特征。

**东兰律师：**具体而言，您对中国家族办公室的全球化发展有何建议？

**和丰君：**我认为首先要发挥买方优势。相较于传统金融机构，家族办公室作为优质买方不仅无须自行建立庞大的基础设施，更兼具规模优势与议价能力。

其次，建立战略据点与协同网络，国际成熟的金融中心和离岸地/在岸地都是理想的战略据点，通过自建或合作的方式在地理维度和专业维度上构建全球协同网络。

进而整合客户需求与国际化工具，通过协同网络对众多国际工具进行深入研究，并与中国客户的需求进行有效整合。

最后，通过优质的合作伙伴，在保留高度自主性的同时，将具体的业务执行环节外包落地，最终实现客户目标。

**胡弯律师：** 确实需要不断提高自身的全球化水平，来满足未来家族办公室发展的需要。

**逸凡律师：** 家族办公室的确是一个复杂而又精细的系统，能很好驾驭这个工具的家族，相信也会在时代起伏中无往而不利。

和丰君您认为中国家族办公室还有哪些热点与趋势值得我们关注呢？

**和丰君：** 我还是系统总结一下吧，有一些趋势实际上在前面已经讲过了。

1. 本土化与全球化的平衡刚才已经讲过了，这个趋势是确定的；

2. 去中心生态化的服务生态系统前面也做了介绍，这也是一个非常主要的、确定的发展趋势；

3. 逐步规范化不仅是一个趋势，也是势在必行的，否则这个行业走不远，目前已经感受到监管机构的逐步关注，这个大家可以进一步观察；

4. 另外，在行业服务模式上的趋势是差异化服务、SFO和MFO的转换，以及家族办公室本质的回归。

**东兰律师：** 第四个趋势请您再详细介绍一下。

**和丰君：** 行业服务深度层层递进，从私人财富管理，到家族（企业）顶层结构设计，最终到家族力的整体提升，为处于不同发展阶段的家族客户提供了由浅入深的业务发展轨迹，为行业差异化的服务模式提供了一个业务模型。

MFO和SFO的相互转化也为行业带来新的服务模式，一些MFO逐渐聚焦为单一家族提供全案服务，而一些成熟的SFO正在尝试扩张为MFO，为多个家族提供服务，这也和国际家族办公室发展轨迹高度相似。

最重要的，对行业本质的回归，家族立场的回归与坚守，独立视角的巩固与发扬，实质上是对家族办公室应有的品质、信誉与行业公信力的维护。

只有坚持住这一标准，家族办公室作为一个业态才能保留自己独有的魅力，赢得家族客户的信任和支持，实现自身、客户以及其他利益相关方的共赢，这是我们必须坚守的，也看到了行业对这一本质的反省与回归。

**胡弯律师：** 我觉得在探索了多年后，中国家族办公室行业走出了一条属于自己的路，有了自己对家族办公室本质的理解，这是一种从术到道的升华。的确，技术再精巧，如果无法坚守本心，为家族立场所用，都将是家族的灾难。在混乱的行业中坚守本心和立场实属不易，相信时间和市场会给出答案。

**和丰君：** 同行者越来越多，走在正确的道路上就不会一直孤独。

还有一个趋势是需要补充的，在家族财富增长与投资方面，全球多元化、资本化、联合投资与社会责任投资也在成为关注的核心。

这个趋势可以作为一个独立的话题，有机会再讨论。

**东兰律师：** 治理中枢、家族立场，财富中枢、独立视角，做家族世代信任的同行者，我想这几个高度浓缩的概括，能够回答家族办公室是谁、做什么、要到哪里去的问题了。谢谢和丰君今天的分享，让我们对上面这些概括的意义多了更深层次的理解。

## 启示与建议

● 以家族利益为最优先考虑，即坚守家族立场、独立视角，既是家族办公室的行业本质，也是检验真正家族办公室的试金石，根本的内涵应是设身处地地为家族长期发展和整体利益最大化献策筹谋，不仅在利益冲突上有所不为，更要在有利于家族的安排上有所作为。

● 家族财富管理服务的竞争，一定不是单一家族办公室之间的竞争，而是各类服务机构构建的服务生态之间的竞争。家族办公室生态系统的模型为各类型专业机构优势互补、互通有无提供了一个行业合作框架。

- 家族办公室的服务目标是与家族共同构建有序的、平衡的家族生态系统，而要实现这个目标必须构建一个多中心甚至是去中心的家族办公室服务生态新系统，从生态到生态。

- 中国家族办公室的发展，要走本土化和国际化相结合的道路，发挥买方优势，建立战略据点与协同网络，整合客户需求与国际化工具，通过优质合作伙伴在全球进行业务落地。

- 家族办公室未来发展热点关键词：生态化、去中心、规范化、差异化服务、SFO和MFO的转换、家族办公室本质的回归。

传家两字，曰读与耕。
兴家两字，曰俭与勤。
安家两字，曰让与忍。
——《孝睦房训辞》

# 家和

对话家族顶层结构

# 家族（企业）发展的关键路径
## ——所有权结构重构与集团治理

**分享嘉宾：**东兰律师

**互动律师：**胡弯律师、逸凡律师、晓初律师

**分享时间：**2018年12月7日　星期五

## 课堂研讨

```
                    家族所有权结构


     事业主体所有权结构  ←------------→  组织内部所有权结构
```

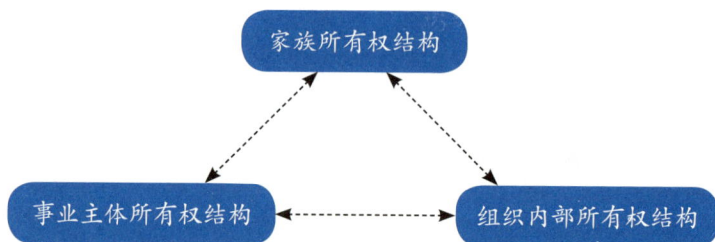

**晓初律师：**基业长青的前提是存活！世代交替、所有权更迭、转型升级及全面合规的四期叠加格局以及不确定的外部环境，让中国家族（企业）进入更艰难的发展期。

**东兰律师：**野蛮生长难以为继！转型发展茫无头绪！可以说，中国家族（企业）已经进入优化与重构其生存力和发展力的关键期，必须培养

迎接变化和可持续发展的能力。所有权结构重构与集团治理则是中国家族（企业）发展的关键路径！

**逸凡律师：**确实如此！万科在其2018年的一次大会上，会场挂满三个字："活下去！"

究其根本，万科的股权分散、市值管理水平低——这吸引了门口"野蛮人"的注意，在宝能"扣开"没上锁的万科大门时，创始人王石及其管理团队惊恐不已，而最终的结局也并不如他所愿。

曾经，国有股东与管理层是友好合作的，相比之下，新格局下的民营企业、国有企业及其管理层以及地产同行的多方博弈，将使万科的发展前景更加扑朔迷离。

**晓初律师：**不得不说，万科控制权之争给中国企业家们上了一堂深刻的现代公司治理课堂，只解决股权问题显然远远不能满足企业的实际诉求，也无法从根本上解决企业所面临的相关问题与挑战。由此，企业家们开始关注所有权结构配置的问题及价值。

**东兰律师：**"人"的关系和"权益"关系的博弈与平衡，股权的集中或分散，管理层的强权或弱势，各有利弊得失，但所有权结构配置要有理由、有逻辑、有章法！所有权、控制权、经营权与收益权的配置以及相应的集团治理是重大课题。

尊重资本、尊重管理层智慧、尊重利益相关者的基于价值创造的"和谐共赢"的软治理，与创始人特别权力设计、企业章程自治、政府严格监管等的"正式制度设计"的硬治理的有效嵌入，是确保企业可持续发展的关键。

**胡弯律师：**闯过了第一道生死线，积累大量财富的中国家族（企业）必须回过头来审视其所有权结构与集团治理，要深入了解背后的逻辑以避免不安事件在自己身上重演。

## 正确打开家族（企业）所有权结构与集团治理的三个层次

**逸凡律师：** 大军律师在第5堂课将所有权结构的逻辑讲得比较透彻了，今天我们进一步展开讨论一些关键配置问题。

**东兰律师：** 所有权结构配置以权益关系视角展开，集团治理或者说集团化则以人的关系视角展开，两者是一体两面的。

我们所说的所有权结构与集团治理，应当是三个层面的整体考量：家族所有权结构、事业主体所有权结构和组织内部所有权结构。家族、事业主体及组织内部三个层面的有效打通，既是中国家族（企业）的核心诉求，也是我们服务家族（企业）的核心逻辑。

**逸凡律师：** 家族企业有其非常复杂的一面，从落地角度上看，家族（企业）所有权结构应当从保护结构、控制权结构及传承结构三个维度进行系统规划和落地。

虽然保护结构、控制权结构及传承结构这三个维度是可以分别观察的，但规划与落地时必须要一并考量。

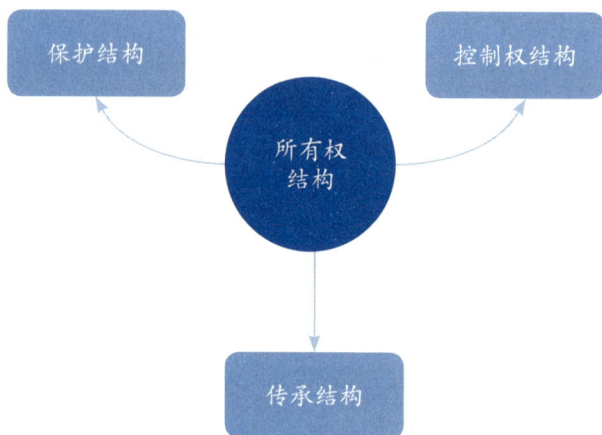

**东兰律师：** 逸凡律师提示的点非常重要！重构的目的是持久地存活！保护是前提，控制是核心，传承是重点。换句话说，保护结构、控制权结构与传承结构是相辅相成的。

脱离保护的管理是一个伪命题，脱离管理的传承将毫无价值，三者是三位一体的，以保护、管理与传承三重目标对家族（企业）所有权重构与集团治理（集团化）进行考量，方能体现中国家族的长远利益。

**胡弯律师：** 有了基本的界定之后，我们就开始按三个层次展开吧！

## 家族所有权结构重构——从大到强的转变

**晓初律师：** 中国的民营企业不管是跨境合作、与资本市场对碰还是引入职业经理人管理都经历了多次的阵痛，究其原因，我们不得不去审视中国家族（企业）的所有权结构。逸凡律师曾根据公开数据对新三板公司、上市公司进行了大量的分析，可以请他做个总结分享。

**逸凡律师：** 审视过去中国民企业的所有权结构，我们用六个词来概括：

1. 简单——90%以上的民营企业，哪怕是上市公司，都是直接的个人持股结构；

2. 盲目——既缺乏法律筹划又缺乏税务筹划；

3. 单纯——只注重管理而忽视保护和传承；

4. 短视——只考虑持有的问题，不考虑退出的问题；

5. 无效——只知道股权的概念，不知道相配合的机制与控制的问题；

6. 无知——对所有权结构这个概念没有基本的识别和把握能力。

**胡弯律师：** 这六个词太精彩了！这也就不难理解为什么我们总是要强调系统的重构和优化。

**东兰律师：** 家族所有权结构的设计、重构与优化，以及伴随的集团化与集团治理，是一项系统工程、极其复杂。

家族所有权结构的考量与重构更多着眼于以下六个方面：

1. 家族整体、家族主要支系及核心家族成员的所有权、控制权、经营权及收益权的配置问题，既要考虑家族整体的布局，也要考虑家族支系、家族成员的安排。

2. 保护结构解决家族（企业）世代交替与安全问题，控制权结构解决家族（企业）转型升级与发展问题，传承结构解决家族（企业）所有权更迭与"权杖"交接问题，三者应平衡与匹配。

3. 家族（企业）股东流动性、家族（企业）增长资本以及家族控制权，三者必然互为实质性影响，应确保实现三者动态的、长期的资本平衡。

4. 家族所有权结构与事业主体及组织内部所有权结构的衔接与转化是家族使家族（企业）实现有效、安全的发展与延续的关键。

5. 家族（企业）所有权结构与家族（企业）治理是一体两面的，家族（企业）所有权结构的重构过程，也是优化和完善家族（企业）治理的过程。

6. 家族所有权结构重构应当有效配置所有权、控制权、经营权及收益权等四项权利，同时有效配置保护结构、管控结构、功能结构、交易结构及赋能结构等五个基本结构，同步实现法律筹划、税务筹划、财务规划与财富管理。

**晓初律师：**东兰律师的总结非常精辟！看似讲得"虚"，观点却非常"实"。

举一个例子。某家族企业由传统制造业起家后转型成为专业的物业运营商。家族企业的大小事务由家长决策，管控与授权不明确，产权关系不清晰，股权代持普遍，家族成员持股分散等，各家族支系的代表以自然人直接持有运营公司，运营公司持有大量不动产或未分配利润。

**逸凡律师：**这个案例非常典型。家族一代想要在交班给能力强的孩子的同时给予其他孩子保障支持，在全面规范化的同时完成转型升级，首先面临的挑战就是产权不清、股权分散、家业混同、风险混同、资产高溢价下的高额税费成本，这是家族所不愿意面对甚至是无法承受的。

**晓初律师：**家族企业股东"流动性"问题也是捉襟见肘！资产高溢价下的高额税费成本使得家族成员不敢轻易分红，随之而来的是家族企业较难合规地为家族成员的投资、发展和生活等需求提供支持。

最终，大部分的家族成员就不得不选择向家族企业大量借款，家族企业内部简单以打白条结算。这种方式存在极大的合规风险，并且可能导致各家族支系争相比赛花钱、用钱，争夺公共资源。

**胡弯律师：**"资本增长"的问题就更为严峻，家族企业因内生式发展、外延性扩张或者转型升级均需要大量资金，此时需要"现金奶牛板块"支持新板块发展。

因为没能设计好板块之间的资金通路，演变成又要通过财务非规范化处理，大量的通过资金公转私、虚增企业成本或者关联公司借款等方式进行处理。最终，核心公司只剩下好看的报表、虚增的净资产以及纷繁复杂的财务历史遗留问题。

**晓初律师：**也不难理解，内部混乱不堪的家族企业较难吸引和留住优秀人才开展职业化管理。

**东兰律师：**显然，家族对于家族的"合"与"分"、家族企业"权杖"交接、商业板块的隔离与协同、家族经营与职业化经营等问题是缺乏系统思考的。换句话说，家族对于家族、事业主体及组织内部三个层次的所有权结构都是缺乏远见和系统性安排的。

**晓初律师：**通过耐心的教育与沟通，家族达成了强烈共识。家族企业所有权结构正在重构，几个支系分别安排了家族信托、家族控股公司、家庭控股公司，同时配合集团化与集团治理进行调整，为核心事业主体引入职业经理人，搭建激励系统。

**东兰律师：**我想另外强调一点，既运用家族信托和家族控股公司解决家族所有权结构的权利配置问题，又通过治理工具解决家族治理问题，既重构家族所有权结构，又优化家族治理，二者必须是同步的。

**胡弯律师：**我们会专门讨论家族信托等结构性工具的价值和运用，家族宪法与家族规章、家族委员会等家族治理工具我们也同样会专门讨论，今天不再展开。

## 事业主体所有权结构重构——集团化是必然趋势

**晓初律师：**我们所说的事业主体是指核心家族企业。家族企业发展到一定规模，集团化及集团治理是必然趋势。

集团化及集团治理可以实现家族企业及其利益相关者的多重需求与目标。

| | |
|---|---|
| 战略发展 | 合伙人关系调整 |
| 价值放大 | 融资与投资调整 |
| 转型升级 | 风险隔离与稳定性 |
| 组织再造 | 历史风险切割 |
| 激励赋能 | 控制权安排 |
| 资本运作 | 传承需要 |
| 全面合规 | 财务合规与财务规划 |
| 业务独立 | 关联交易管理 |
| …… | …… |

| 法律筹划 | 税务筹划 | 财务规划 | 财富管理 |
|---|---|---|---|

**逸凡律师：**集团化及集团治理的动因各有不同，普遍的动因是风险隔离、资本运作、全面合规、或转型升级，以及偶发事件或重大变故。

非正常政商关系、重大安全生产责任事故、产品质量危机、股东反目、债务纠纷都有可能给家族企业带来致命的打击。通过企业的集团化，在企业和企业之间、企业和股东之间采用法律筹划的手段设置横向与纵向的风险隔离机制尤为重要。

**晓初律师：**家族企业在成长的过程中，业务重心、产业链处在不断的变化中。如对于某些业务，企业发展已经较为成熟，进入了平稳增长期。而另外某些业务才刚起步，需要在注意力、资源方面进行倾斜。这就需要对不同的业务采用不同的政策。在集团化的过程中，通过对集团化具体方案的设计，由不同的企业采用不同的管控模式和组织架构来处理不同的业务，这样可以使企业更富有柔性和张力，特别能够适应家族企业从单一型产业向多元化发展的战略。

**东兰律师：** 事业主体所有权结构重构、集团治理及集团化的过程，本质就是核心家族企业的所有权、控制权、经营权及收益权四项权利和管控结构、功能结构、交易结构、保护结构及赋能结构五项结构的重新配置过程。

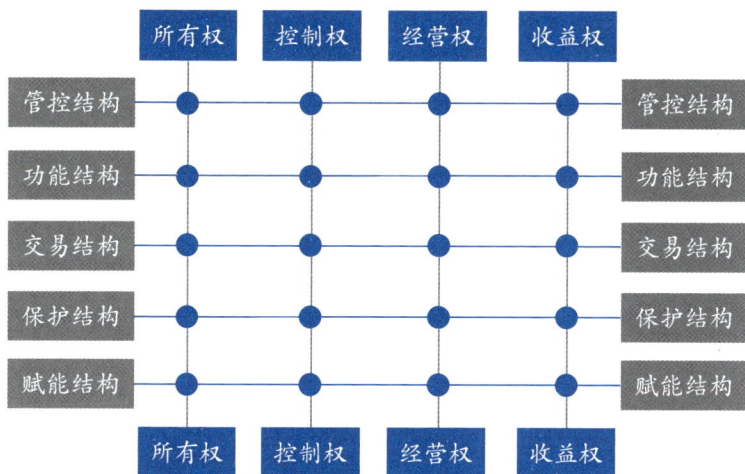

**胡弯律师：** 所有权、控制权、经营权和收益权这几个概念我们已经多次探讨过，我们讨论一下五项结构配置的问题。

**东兰律师：** 我们所说的"管控结构"，是指配置商业体系内母公司与核心子公司的管控关系。从集团集权到分权，我们通常把管控模式分为运营管控、战略管控和财务管控，不同的家族意愿、发展状况、行业特点、战略规划和商业模式，决定了不同的管控模式。不同的事业板块可以选择不同的管控模式，混合型管控模式逐渐成为一种趋势性选择。

财务管控型 → 战略管控型 → 运营管控型

分权 ------------------------------> 集权

**胡弯律师**：财务管控型是子公司自由度最大的一种管控模式，在这种模式下母公司并不谋求直接控制子公司，或者说其虽然控制了子公司，但实际上并不打算直接干预子公司的运营。通常说来，家族企业中的与主营业务无关的业务板块是采用财务管控型，如生产型企业中的投资业务板块等。

**逸凡律师**：相对于财务管控型，战略管控型模式是在母公司与子公司的职权上比较均衡的一种管控模式。母公司是企业集团的战略中心、决策中心，制定整个企业集团统一的战略，并在财务、人事等方面享有审批权。子公司是企业集团的工作中心，在母公司的统一规划下自主安排企业的生产运营活动。

**晓初律师**：运营管控型是指由母公司全面负责企业集团的决策和实施工作，子公司没有经营自主权，只负责执行母公司的决策。运营管控型贯彻"集中决策、集中经营"的基本原则，是最为集权的管控模式。

**逸凡律师**："功能结构"，指配置商业体系内部功能关系。比如，某家族企业集团的制造业板块已经有比较完整的设计功能、生产功能、销售功能，而金融投资板块和物业运营板块的功能则较为简单，但所有的这些主业或非主业所涉及的功能都集中在一个公司当中。这个时候应当考虑功能切割，这样不仅有利于风险隔离，同时也便于交易安排。

**东兰律师**：逸凡的例子很有代表性。在此我想特别强调一点，"功能公司化"是家族企业所有权结构重构、集团治理及集团化的基础路径，更是趋势性选择。功能公司化，主要是指将企业中相对独立的业务功能或产品单元通过单一或多个公司法人的形式承载和实现。功能公司化可以发现、放大和提升功能价值：

1. 预留子板块裂变增长的空间；

2. 便于投融资；

3. 利于集团内外部重组；

4. 便于实现营业转让；

5. 便于在子板块实现股权激励；

6. 便于在子板块引入不同的合伙人；

7. 重构与集团治理更具柔性；

8. 具有一定的税务筹划空间。

功能公司化是基础，进一步延伸的便是业务板块平台化、集团生态化，这应该不难理解。

**胡弯律师：**"交易结构"指配置商业体系内部之间、内部与外部之间的交易关系。典型的如集团内的生产公司与销售公司之间的货物销售交易，母公司与生产公司及销售公司之间的服务性交易。又如通常我们会通过子公司持有不动产为未来不动产投融资或者不动产出售预留法律筹划空间和税务筹划空间。

**东兰律师：**从整体上规划，管控结构是保障，功能结构与交易结构密切相关、相辅相成，而保护结构的设计更具有前瞻性和灵活性。

"保护结构"指配置商业体系内外部的风险隔离关系，包括股东与企业之间的风险隔离、各事业板块之间的风险隔离、境内与境外之间的风险隔离，等等。家族企业的保护结构通常会根据家族、企业的不同情况选择家族信托、家族控股公司或者家族基金会等核心工具来实现。

所以我们可以看到，不同的集团、不同的事业板块，会有不同的管控结构、功能结构、交易结构，甚至不同的保护结构。

**逸凡律师：**对于前面四个结构我们已经理解，那么"赋能结构"如何理解呢？

**东兰律师：** "赋能结构"是相对于"管控结构"来说的，管控结构是母公司对子公司自上而下的控制，"赋能结构"则是从个体到组织自下而上的激发，两者是"收"与"放"之间的平衡。我们接下来要讨论的组织内部所有权结构核心就是解决赋能结构的问题。

**胡弯律师：** 收放自如，听起来非常有趣，期待东兰律师接下来对组织内部所有权结构的分享。

## 组织内部所有权结构重构——家族（企业）发展动力源泉

**东兰律师：** 企业发展、战略转型离不开组织能力的支持，组织能力是企业发展的动力源泉。我们所说的组织内部所有权结构，包括合伙人体系、激励系统及组织建设。

**晓初律师：** 中国家族企业也正在逐步走向平台化，合伙人体系构建是平台化的核心。

激励系统的构建，主要解决不同层级主体的激励机制与约束机制。现在大部分企业的股权激励是没有真正发挥作用的，甚至是失败的。

小组织的发展与裂变，也就是如何激活个人能力和组织能力，家族（企业）普遍对组织转型既困惑又迫切。

**东兰律师：** 晓初律师的观点我是认同的，这也体现了家族（企业）对组织内部所有权结构重构的迫切诉求。

**胡弯律师：** 通过阿里合伙人制度、小米合伙人体系、百度七剑客、华为轮值制度等耳熟能详的经典案例，大家对合伙人及其价值已有充分的了解。

合伙人根据分类标准的不同有不同的类型和级别，包括家族（企业）的战略合伙人、区域合伙人、渠道合伙人、资源合伙人等，也包括家族合伙人、员工合伙人、供应商合伙人、经销商合伙人，还包括家族企业的永久合伙人、非永久合伙人等。

合伙人体系是复杂的，构建合伙人体系时应当重点关注什么问题？

**东兰律师：**合伙人体系既可以是业务板块平台化及集团生态化的需要，也可以是就单一企业引入不同合伙人的系统安排。合伙人基于理念、价值、感情、行为、控制及利益六要素而建立，也随着六要素的变化而动态调整，因此合伙人体系的静态治理结构与动态治理机制是设计的核心内容。

**晓初律师：**我展开来说，在进行合伙人体系构建时需要关注如下几个核心问题：

1. 总体规划、商业模式、战略实施及区域突破；
2. 特定板块在家族（企业）整体商业体系所有权结构中的位置；
3. 特定板块的所有权结构配置；
4. 特定板块的管控模式的选择与构建；
5. 管理团队定位与利益相关者的关系；
6. 动态调整与退出的关键考量；
7. 成本、效率与安全的协同性。

**逸凡律师：**激励系统非常重要，但家族企业激励系统的激励效果往往不尽如人意！我会在另一堂课上与大家作个分享。

我想特别强调一点，激励系统的构建不仅仅包括股权激励，还包括非股权激励。股权激励是一把双刃剑，很多企业进行股权激励的效果并不明显，不仅没有充分理解和设计股权激励，更缺乏构建激励系统的认识和能力。

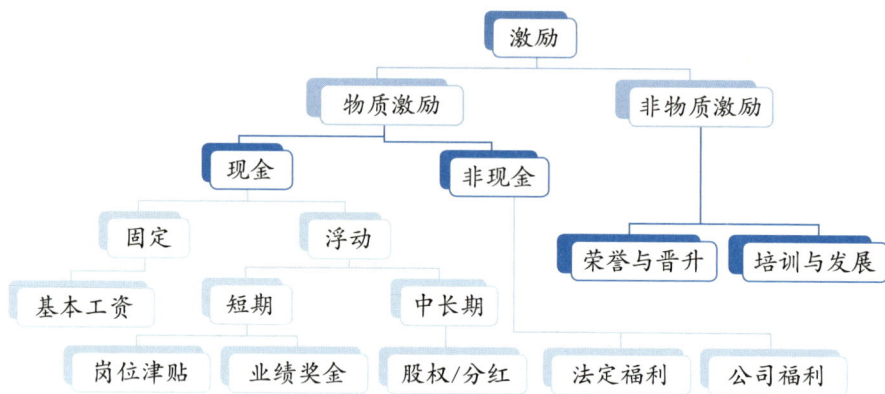

**东兰律师**：为什么企业股权激励的效果不明显？很多时候公司已经给了员工足够的让利和激励，打通了员工的发展通道，但是对于怎么把企业战略和任务分解到个人、业绩怎么考核、如何与商业模式匹配，也就是如何将压力系统打通传递给员工这个问题没能解决好，激励效果就比较难显现。

也就是说，激励系统的核心价值在于打通两个通道，对公司而言通过压力系统打通责任通道，对员工而言通过动力系统打通发展通道。

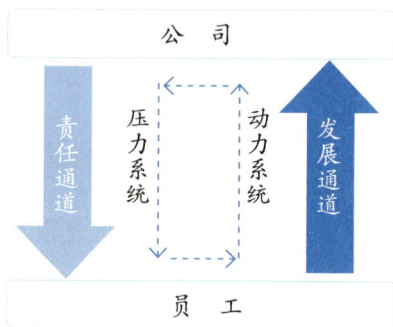

**逸凡律师**：完全同意！而且，股权激励要具备激励性，也就是我们所说的激励机制，同时要有灵活的调整和退出机制，也就是约束机制。

激励系统构建除了要同时打通发展通道和责任通道，还需要做到与企业商业模式相匹配，有效分解企业战略目标，与整体薪酬合理平衡，科学对应岗位价值。

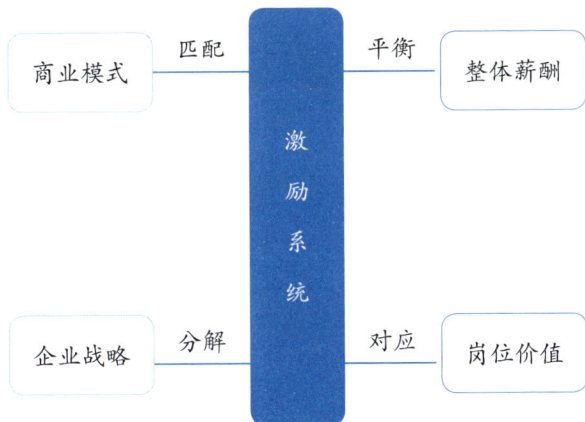

```
商业模式 ──匹配──  激  ──平衡── 整体薪酬
                   励
                   系
                   统
企业战略 ──分解──       ──对应── 岗位价值
```

**晓初律师：**今天对企业的高层、中层及核心骨干的激励已不能应对不确定的商业环境和人才诉求，很多家族企业往往希望通过组织建设激发全体员工的能力。应如何开展组织建设呢？

**东兰律师：**组织去中心化、扁平化或"小而美"是一种选择趋势，组织由此越来越灵活，例如新希望六和的组织变革，海尔的人单合一模式，韩都衣舍的小组织，华为"让听得见炮声的人来决策"等等。

新希望六和从2013年决定单独设立养猪事业平台，由原来一个小的事业部发展为子平台集团，引入行业领军人物加盟；2014年底推出四大创新平台之一的"新道路"（养猪产业运营合作平台），2015年收购本香农业，养殖端全面发力；2016年，新好科技成立，组建养猪事业部。

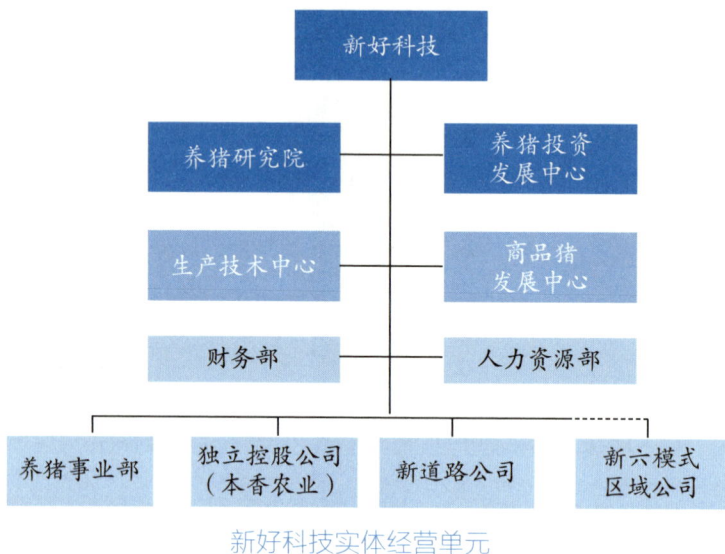

新好科技实体经营单元

**逸凡律师**：互联网时代比拼的不再是企业规模，而是客户价值和企业效率。中小企业的效率高，获取客户价值的能力强，在有些细分领域和板块有裂变成长的可能性。下一个"独角兽"在哪里谁都不知道，所以家族企业同样需要建设去中心化和扁平化的平台或组织来赋能，按照这个逻辑去思考。

**东兰律师**：的确如此。家族的耐心资本使家族企业根基稳固，是坚固堡垒（自上而下），这是家族企业的独特优势。而组织建设则可以保障家族（企业）的灵活发展、是动力源泉（自下而上）。家族（企业）持续发展需要实现两者的动态平衡。

**胡弯律师**：我做一个总结。家族企业在进行合伙人体系的搭建、激励系统的构建、或组织建设的过程中，都首先应与商业模式相匹配，第二是应与企业战略目标、整体薪酬、岗位价值评估平衡；同时，功能公司化同样是组织内部所有权结构的基础；此外，组织建设可以通过小组织、小单元、"虚拟组织"等模式实现。

# 启示与建议

● 中国家族及家族企业已经进入优化与重构其生存力和发展力的关键期，所有权结构重构与集团治理则是中国家族及家族企业发展的关键路径。

● 所有权结构重构与集团治理应当是三个层面的整体考量：家族所有权结构、事业主体所有权结构和组织内部所有权结构。

● 家族（企业）所有权结构重构、集团治理及集团化过程，本质就是核心家族（企业）的所有权、控制权、经营权及收益权四项权利和管控结构、功能结构、交易结构、保护结构及赋能结构五项结构的重新配置过程。

● "功能公司化"是家族（企业）所有权结构重组、集团治理及集团化的基础路径，更是选择趋势。

● 组织内部所有权结构包括合伙人体系、激励系统及组织建设三个维度。

# "血脉"与"骨骼"同样重要

## ——六项公司治理机制的再认识

**分享嘉宾：**逸凡律师

**互动律师：**晓初律师、东兰律师、胡弯律师

**分享时间：**2018年12月18日　星期二

## 课堂研讨

| 权利机制 | 约束机制 |
|---|---|
| 激励机制 | 责任机制 |
| 调整机制 | 退出机制 |

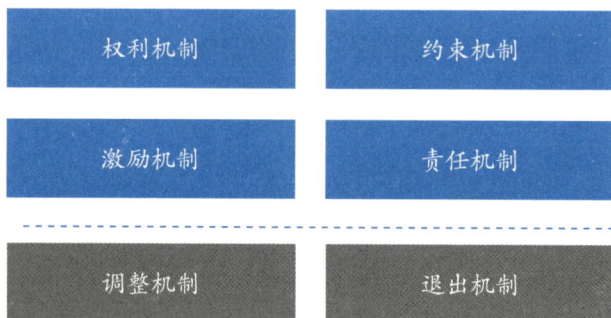

　　**逸凡律师：**家族企业治理一直是家族企业保护、管理与传承的核心要素及重要环节。

　　从本质上看，家族企业治理是对企业的资产、财富、资源的所有权、控制权、经营权、收益权四项权利的再配置与安排。所以今天借这个机

会，和几位律师一同探讨一下家族企业治理的话题。

**晓初律师：**确实，家族企业治理是一个非常值得探讨的领域，我们几个人2013年都参与了L-EX的家族企业集团化治理，这个项目前后做了四年多，也仅仅完成了阶段性的工作。不仅整个家族企业集团、集团公司、核心公司的治理结构构建，还有相关治理机制的制定与落地，都耗费了大量的时间与精力。

回想第一次与该家族接触时，客户都还认为家族企业治理就是成立一个股东会、董事会这么简单，后续的一系列说明、教育、培训才使得这个企业的家族成员认识到，家族企业治理的学问很深，并且还与家族治理有着千丝万缕的关系。真正推进下来，各类介入要素都会使治理的实施变得复杂。

**胡弯律师：**家族企业治理一直是许多境外家族（企业）传承过程中不可或缺的核心手段，不少经典案例也是当下许多境内家族（企业）争相效仿的对象，但目前境内家族企业治理领域的研究与实践还有所欠缺，能够实现有效治理的成功者实属少数。让我们先从家族企业治理的基本逻辑开始探讨吧。

## 首先应当明确的家族企业治理的五个基本逻辑

**逸凡律师：**以下是我总结的五个家族企业治理基本逻辑：

1. 每个家族企业的治理都是独一无二的，需要定制；

2. 现代企业的竞争是商业模式与企业家精神之间的竞争，公司治理是商业模式的核心要素；

3. 家族企业治理是家族企业价值的稳定器，在稳定之下才有企业的安全、发展与盈利；

4. 家族企业治理与家族所有权结构是一体两面的关系，最终落地实现的是所有权、控制权、经营权、收益权的配置与安排；

5. 唯一不变的就是改变，家族企业的内外部环境不断变化，家族企业治理也需要不断地调整与优化。

**晓初律师：**其中第一项和第五项逻辑很好理解，大家展开说一下其他几项逻辑吧。

**东兰律师：**好，我们先探讨家族企业治理与商业模式的关系。家族企业要实现基业长青，在商业环境中保持其企业竞争力是关键。

正如前面所提到的，现代企业的竞争，本质上属于商业模式、企业精神的竞争。而一个完整的商业模式，应当包括七个要素：公司治理、定位、业务系统、盈利模式、关键资源能力、现金流结构、企业价值。

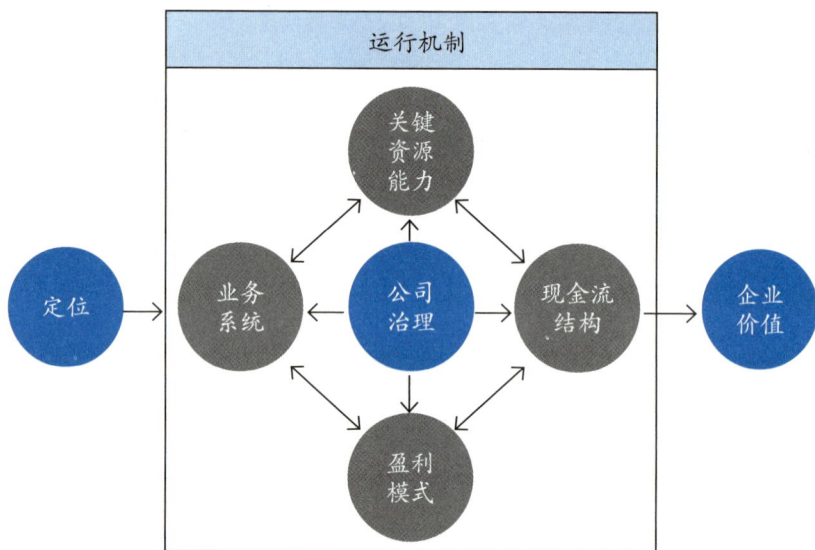

商业模式本质上是利益相关者的交易结构，商业模式的设计、构建与完善实则属于公司利益相关者交易结构及关系的设计、构建与完善，而公司治理恰恰是解决内外部利益相关者关系的核心工具。

从我们的这个结构模型可以很清楚地看到，公司治理属于商业模式的核心要素。我们举一个新业态的例子："滴滴出行"以共享为出发点改变了人们的出行习惯，为什么它有能力彻底改变人们的出行习惯呢？实际上

"滴滴出行"是以共享为入口、以系统为纽带做出改变，重构了司机与公司、乘客与公司，司机与乘客之间的传统关系，其实这一切都是"人"的关系的改变，是公司治理的改变。

**胡弯律师**：这个模型非常深刻地揭示了商业模式的本质，那么对于公司治理是企业价值稳定器又该如何理解呢？

**逸凡律师**：企业竞争力的最终体现是企业价值。在企业发展的动态过程中，事实上是由安全、稳定、盈利和发展四个方面因素决定企业价值的。

战略管理解决的是企业发展问题，风险管理解决的是企业安全问题，运营管理解决的是企业盈利问题，而公司治理解决的则是企业稳定问题。

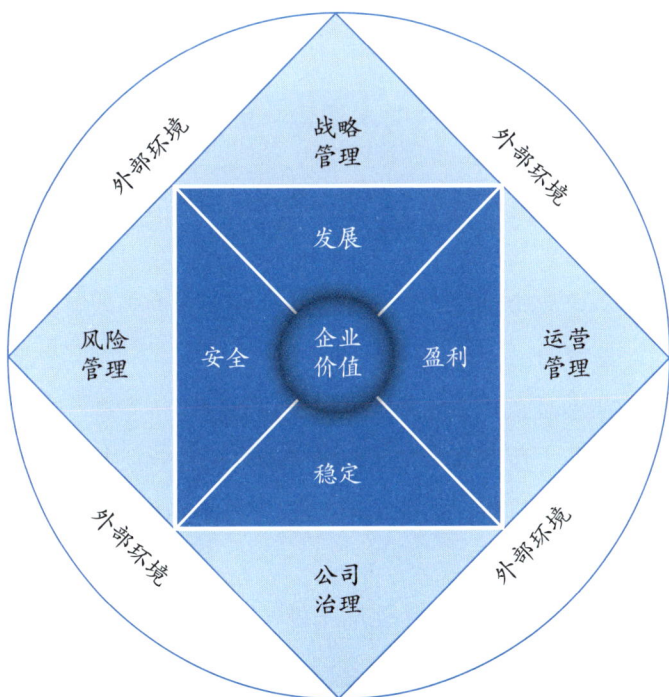

稳定是企业价值的基础，一个不稳定的公司何谈企业价值呢？我们也看到了太多企业因为丧失稳定而轰然倒塌或错失发展机遇。所以说，公司治理对于企业价值的意义是不言而喻的，但它往往被我们所忽略了，这是一个非常大的误区。

**东兰律师：** 第四个逻辑很好理解，从本质上讲，家族企业治理虽然表面上调整的是"人"的关系，而事实上同时也必然对企业本身、资产、资源等的所有权、控制权、经营权、收益权四项权利的进行了配置与安排。

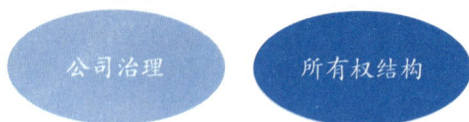

公司治理　　所有权结构

**晓初律师：** 这样一来，整个家族企业治理的逻辑就比较清晰了，家族企业治理的重要性也跃然纸上了。那么在理清逻辑之后，就可以开始讨论家族企业治理的设计、调整与优化问题了。

### 治理结构与治理机制的基本要素

**胡弯律师：** 是的，家族企业治理实际也是公司治理，而公司治理需要从治理结构及治理机制入手。

**逸凡律师：** 家族企业是一种组织，其存在及行为必须解决权利归属、决策、执行、监督的问题。

治理结构实际是在一个静态维度对上述问题进行安排，在股权结构、设立股东（大）会、董事（会）、监事（会）、经营层及其权利设置方面应对该问题。而治理机制，则是在动态维度上，明确及规范治理结构中的各机构如何运作、活动。

以大军律师最喜欢用的一个比喻来说，若是将治理对象如企业、家族看作一个人，治理结构更像是一副骨骼，支撑其整个躯干；而依托于多层次制度体系而构建的各项决策、管理与运行等治理机制则构成其肌肉与血脉，用于支持整个躯干的活动。换句话说，治理结构与治理机制二者的融合才是实现有效的家族（企业）治理的关键所在。

**胡弯律师：**把治理结构与治理机制比喻为骨骼与血脉这个提法很有创意，那么如何理解骨骼与血脉的内涵呢？

**晓初律师：**以一个家族企业为例，其治理结构应当是所有者（股东）、董事会（执行董事）、监事会（监事）和高级管理人员组成的一个组织结构，以及联系并规范前述主体的权责配置的制度框架，这是公司治理的骨架。

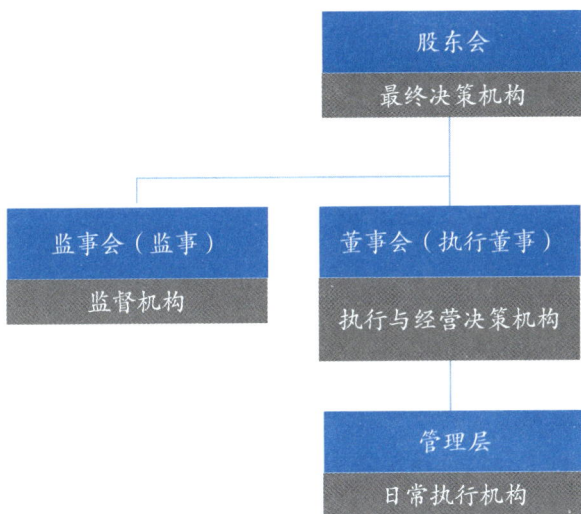

**东兰律师：**治理结构中的各个机构，以及机构中具体的人实际是我们前面所提及的所有权、控制权、经营权、收益权的权利载体或者权利实现主体，所以治理机构的设计及其权责框架的重要性是不言而喻的。但是在不少的家族企业中我们可以看到，许多家族对于治理的认识存在一定的偏差，往往更加重视股权结构、董事会结构等治理结构的基本问题，而忽视了治理机制的重要性。

**逸凡律师：**是的。治理结构是公司的股东（大）会、董事（会）、监事（会）及经营管理层的设置，而治理机制则是这三会一层的职权、议事规则以及运作方式的配套规则，缺乏了治理机制，再好的治理结构也是无法顺畅运作的，就像一个人虽有强壮的骨骼，但是气血不通、肌肉无力，也是无法很好地进行活动的。

**胡弯律师：**正如许多企业的治理结构都大同小异一般，可否请逸凡律师简单分享治理机制设计的基本模式，是否有比较好的范例供我们参考呢？

**逸凡律师：**从某种意义上来讲，其实不存在绝对标准和正确的治理机制设计模式。我们基于自身研究与实务经验相结合，简单总结了一个设计治理机制的模型工具，这个模型由六项治理机制构成，其中包括四项核心机制——权利机制、约束机制、激励机制、责任机制，以及两项补充机制——调整机制与退出机制。

| | |
|---|---|
| 权利机制 | 约束机制 |
| 激励机制 | 责任机制 |

**东兰律师：**权利（力）是家族企业运作的根本，有权利（力）才能推动运作的发生。权利机制是家族企业治理文件对各治理客体（机构、人）作出的法律、物质、精神等层面的权利（力）的授予以及对相关行使方式的明确。

有权利（力）则需要相应的约束，故而约束机制属于家族企业治理文件中对各治理客体（机构、人）进行权利行使、行为的规范、监督，甚至是限制的规则。

激励则是家族企业运作的加速器，有激励则有动力。故激励机制是家族企业治理文件对各治理客体（机构、人）之行为从物质和精神方面进行激发和鼓励，从而发挥其潜能的机制。

基于上述内容，企业人员对于企业而言，是肩负一定义务的。有义务则需有责任。责任机制属于家族企业治理体系中对各治理客体（机构）之行为后果从法律、物质和精神方面进行规范、限制的规则。

| 调整机制 | 退出机制 |
|---|---|

**逸凡律师**：我对调整机制和退出机制进行补充。社会中一个必然的规律是，变化是无处不在的，而调整机制，则是随着法律法规、客观环境、利益相关者等因素的变化，对既有家族企业治理予以重新调整的预设机制，保持家族企业治理机制的柔性与效率，避免僵局与冲突的形成。

此外，流动性是价值的重要体现，退出机制则是依据法律法规、规章制度、契约安排等，由治理客体主动或被动退出家族企业治理规制范围的规则，为利益相关者的进入与退出留有余地及空间，为企业流动性构建基础。

**晓初律师**：若是希望完善家族企业治理，权利机制、约束机制、激励机制、责任机制、调整机制、退出机制等治理机制的设置与规划是必不可少的。我们在为家族和家族企业进行治理服务的过程中对此是深有体会的。

## 以"平衡"理念应对当下治理的挑战

**东兰律师**：关于治理问题，我印象比较深刻的是，此前我们在广州市律师协会家族企业法律业务专业委员会的论坛活动中邀请的一位公司法领域权威级教授讲过，经过这么多年的努力，中国公司的治理水平基本没有提高，只是形式上的完善，但并未产生实质上的效果。

**晓初律师**：当时我也在现场，这位教授所说虽然刺耳，但确是现实。

**胡弯律师**：为什么会出现这个局面呢？

**逸凡律师**：我觉得还是因为没有认识清楚一些基础性问题，从而也就无法解决这些问题。治理，尤其是长期的治理，需要解决三个重大的挑战：

第一，如何实现控制与效率的平衡；

第二，如何实现激发与约束的平衡；

第三，如何实现稳定与流动的平衡。

**胡弯律师**：是否可以拿一个案例展开讲述一下？

**逸凡律师**：先讲一下控制与效率的平衡、激发与约束的平衡这两个问题。我把我们跟进的案例X公司简单展开一下。X公司是一个上市家族企业，也是我们国内某个工业细分领域的行业龙头企业，X公司由XL家族的三个兄弟创立，一直保持高速的发展。在2007年以前，X公司其实没有真正意义上的公司治理，直到引入了外部的投资机构和进行上市筹备，X公司才开始进行公司治理的优化。

X公司在上市前进行了规范化的公司治理整改，依法设立了股东大会、董事会、监事会、经营层等治理结构，并在董事会下设战略委员会、提名委员会、审计委员会、薪酬与考核委员会等委员会，在治理结构上进行了完善。并且从整体考量的角度看，X公司的治理结构还包括因投资、收购形成的下属主要控股子公司。

**晓初律师**：可以说，在治理结构的维度，X公司是相对完善的了。

**逸凡律师**：是的，并且在治理机制层面，X公司实际上在核心治理机制层面是具备了初步的设计与安排的。除《公司章程》外，X公司制定了《股东大会议事规则》《董事会议事规则》《监事会议事规则》《总裁工作制度》等多项内部管理制度，在某种程度上，其权利机制和约束机制的设计在框架上具备一定的完整性。

虽然X公司的公司治理在形式上较为完备，但是，截至目前，X公司的公司治理结构及治理机制的调整与完善更多是基于资本市场的合规性要求，与X公司多层次的控制权诉求、业务结构和核心商业模式的匹配程度是非常有限的。重视了形式上的合规，无法很好地实现控制与效率的平衡、激发与约束的平衡。

**东兰律师**：实现控制与效率的平衡，就是权利机制与约束机制的问题，家族企业在权利机制与约束机制上最常见的缺陷莫过于对家族的控制权边界缺乏有效把控。

**逸凡律师**：东兰律师的理解十分透彻。从家族企业治理的角度观察，XL家族是X公司的控制家族，也是X公司的权利核心，持有X公司大比例的股份，多名家族成员担任公司董事，并且任职X公司多个核心高级管理人员的职务，这往往容易导致X公司各机构、部门、岗位的权利行使对XL家族形成依赖性，控制权被XL家族高度把控。

在企业治理结构简单时这种依赖可以对企业发展产生一定的正向作用，但是在X公司产业规模巨大且治理结构层次多元的今天，这种依赖往往容易导致权责不清、决策不及时、决策依照习惯、缺乏约束的局面，从而引起控制与效率关系的失衡，不利于X公司的长远发展。

**胡弯律师**：激发与约束的平衡问题呢？我记得X公司是专门设立了员工持股平台的。

**逸凡律师**：X公司在早期进行资本市场规划的阶段，专门设立了一个平台公司作为公司高级管理人员与核心业务骨干的持股平台，相关人员通过平台持有X公司的股权，享受了X公司上市及企业价值提升的收益。

但可惜的是，其激励实现的效果并不理想。激励效果为何不佳？因为只有激励平台这个动力系统，而缺乏压力系统，具体而言，X公司并未针对公司管理人员的股权激励等形成一个科学的激励机制与对应的责任机制。

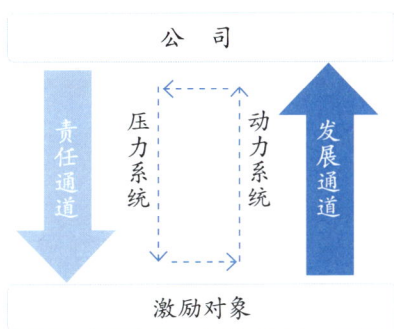

**晓初律师**：X公司的案例实际上是许多中国家族企业的典型代表，许多类似的中国家族企业虽然已经开始逐步关注治理问题，但是无论是在意

识层面还是在实际执行层面，其实现的效果还是不够理想。言归正传，逸凡律师请继续讲讲另外一项挑战的问题吧。

**逸凡律师：**关于稳定与流动的平衡这个挑战，这是现阶段家族（企业）面临的一个普遍性的问题，是需要通过家族（企业）治理中的调整机制与退出机制去解决的。在此，我想引用大军律师的一个观点，家族（企业）保持适当的治理柔性，是应对内外部环境变化的重要能力。

**晓初律师：**调整机制与退出机制是公司治理机制中的重要补充机制，但是许多企业往往会忽视调整与退出机制的设置，而陷入发生事项无法推进、出现状况无法调和、退出难以实现等困境。

**逸凡律师：**在治理优化的执行过程中，动态因素的考虑是尤其必要的。随着内外部环境的变化，新要素或新情况的介入将导致家族企业在未来权益结构、利益相关者诉求变化方面应对能力不足，这毫无疑问会成为家族企业治理必须面对的一大问题。

**胡弯律师：**这个我们是深有体会的。此前跟进过一个家族（企业）参与的涉及多个投资方的大型投资项目，涉及上百亿元的投资额，但是在缺乏调整和退出机制的情况下，发生部分投资方后续拖延投资的情况，导致前期已经进行投资的权益方非常被动。

**逸凡律师：**这在投融资领域的合作中其实非常常见，就是新情况突发后，打破了利益格局，因机制缺失使得企业无法重归平衡状态，导致企业无法稳定发展乃至发生内部冲突。而除了外部合作外，对于家族企业的内部利益相关者而言，缺失调整与退出机制也是非常不利于家族和家族企业的。

退出机制同时也是在其他治理机制未能发生效应时的另一补充机制，通常是在出现权益僵局且未能实现有效调整的情况下，由利益相关方作出退出的选择。如在其他家族成员进入家族企业成为高级管理人员或股东之后，出现了其不适合继续担任高级管理人员或股东的情况，若预先设置了相应的退出机制，则在该机制被触发的情况下，前述人员可按照退出机制的安排进行退出，避免再发生纠纷。

**晓初律师：**逸凡律师说的这些问题其实是家族（企业）的常见问题，若是可以预设完善的调整与退出机制，将避免许多不必要的矛盾、内耗与损失。

**逸凡律师：**正如我们此前讲到的一个逻辑——唯一的不变其实就是改变，随着家族（企业）的持续发展，其利益相关方将因企业所处发展阶段的不同而产生不同的需求与价值取向。家族企业、家族、家族成员的需求与价值取向将发生持续不断的冲突，家族企业治理通过一系列的调整或退出实现，可以使得三者之间的关系回归到一个相对稳定的平衡状态。这是家族（企业）可以持续发展的一个基础要素，也是家族（企业）保持治理柔性的重要目标。

## 必然选择，依定制以匹配诉求

**晓初律师：**把握控制与效率、激发与约束、稳定与流动的平衡，是治理设计的关键。我的理解是，治理需要根据家族（企业）的情况进行特殊定制，否则，仅有形式的完备满足不了家族企业的治理诉求。

**逸凡律师：**这就是我们前面强调的第一个逻辑：家族企业治理必须进行定制。这主要是由条件、目标、环境、选择几个方面的差异决定的。

**胡弯律师：**这个很好理解。条件的差异是每个家族（企业）之间内部治理条件与基础情况的差异，目标的差异源于每个家族（企业）的价值取向、治理目的的差异，环境的差异指各家族（企业）所面临的政策环境、市场环境、竞争环境等外部环境的差异，选择的差异指不同家族（企业）面对同一治理问题所作出的解决路径、解决方案的不同。

**东兰律师：**定制化的家族企业治理是如何解决问题的呢？

**逸凡律师：**在家族企业治理的维度，我所理解的定制主要把握以下几个层面的问题：

首先是对于治理涉及的合法性的把握。治理是通过不同的维度对所有权、控制权、经营权、收益权等权益的配置与安排，其有效性需要以合法性为前提。若是超出合法性边界，往往会使得治理安排的有效性受到挑战，这就违背了治理设计的初衷，所以对合法性的把握是定制的基本目标；

其次是对于家族性的把握。家族企业治理的特殊性在于家族因素的介入，需要通过定制在治理层面融入家族精神、家族价值观、家族资源能力等；

再次是对于价值性的把握。需要确保家族企业治理符合社会价值，避免受到不必要的挑战，影响其效力及持续经营的稳定性；

最后，需要实现可调整性，以适应不断变化的条件、目标、环境及家族、利益相关方诉求。

**胡弯律师**：这么说来，凡是治理的设置，定制是必不可少的基本操作，必须要强调"依定制以匹配诉求"这个观点。

**晓初律师**：另外，家族企业治理与家族治理具有非常大的共通性。我们今天探讨了很多家族企业治理的问题，实则这些问题都可以作为对家族治理设计的思考。

**逸凡律师**：晓初律师说得没错，并且我们今天探讨的家族企业治理，是企业与家族双重视角下的治理，强调的是家族企业需要设计出最适合家族精神和企业战略的治理结构与治理机制。

**胡弯律师**：今天的探讨非常有意义，站在传统的治理基础上，交流了治理的逻辑、治理的挑战等问题，并且更深入地探讨了治理机制的安排，获益良多。

**东兰律师**：毫无疑问，家族企业治理是一个复杂而有趣的话题，期待未来有更多的家族、企业可以认识家族企业治理这一课题，并着重对此进行投入、调整与完善。

## 启示与建议

● 若是将企业看作一个人,治理结构更像是一副骨骼,支撑其整个躯干,而各项议事规则、管理规章制度等治理机制则构成其肌肉与血脉,用于支持整个躯干的活动。

● 若是希望完善家族企业治理,权利机制、约束机制、激励机制、责任机制、调整机制、退出机制等治理机制的设置与规划是必不可少的。

● 治理需要根据家族企业的情况进行特殊定制,否则,仅仅形式的完备满足不了家族企业的治理诉求。

● 家族企业治理,是企业与家族双重视角下的治理,强调的是家族企业需要设计出最适合家族精神和企业战略的治理结构与治理机制。

● 家族企业、家族、家族成员的需求与价值取向将发生持续不断的冲突,家族企业治理通过一系列的调整或退出机制,可以使得家族企业、家族、家族成员之间的关系回归到相对稳定的平衡状态,这是家族企业可以持续发展的基础要素。

# 同样也需要一个系统视角的考量
## ——控制权的实现路径

**分享嘉宾：**东兰律师

**互动律师：**胡弯律师、逸凡律师

**分享时间：**2018年12月20日　星期四

## 课堂研讨

```
          ┌─────────────┐
          │    家族      │
          │  控制权结构   │
          └─────────────┘
           ╱           ╲
          ╱             ╲
 ┌─────────────┐   ┌─────────────┐
 │   事业主体   │   │   组织内部   │
 │  控制权结构   │   │  控制权结构   │
 └─────────────┘   └─────────────┘
```

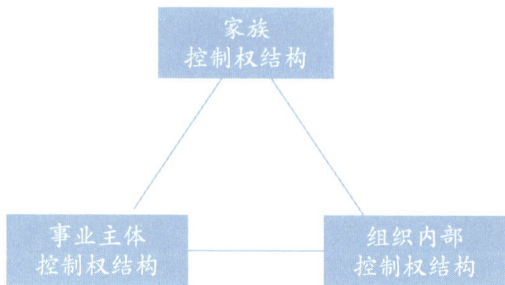

**东兰律师：**对于家族而言，家族企业是一种经营性资产，它往往是一个家族最核心的资产，同时也是承载家族荣耀的核心力量！在家族企业能够实现正常发展的情形下，大家觉得家族对家族企业的什么问题最为关注？

**胡弯律师：** 毫无疑问，家族对家族企业的控制权是最为关注的！

**东兰律师：** 胡弯律师说得非常对！但我今天并不想探讨家族为什么如此关注家族企业控制权，相信对于背后的逻辑不同的人有不同的见解。我今天更想和大家一起聊一聊控制权的实现路径。

**胡弯律师：** 这一定会是一堂非常有趣的课！

**东兰律师：** 2018年5月3日，小米集团根据2018年4月30日正式生效的香港证券交易所关于新兴及创新产业公司的上市规则，以"同股不同权"的形式正式向港交所提交了上市申请，并于7月17日在香港证券交易所正式挂牌上市（股票代码：1810.HK）。

回顾2014年，阿里巴巴集团选择了以特殊的"合伙人制度"在美国纽约证券交易所上市，而京东集团则以"AB股"的形式在美国纳斯达克证券交易所上市。

科技公司的每一场资本盛宴，焦点之一都是创始人及其管理团队如何牢牢掌握对事业主体的控制权。可以说，不同的商业模式、投融资博弈、法律环境及时代背景，让炙手可热的新业态"大佬"选择了不同的控制权实现路径。

**逸凡律师：** 我们对小米的"顶层结构设计"和阿里巴巴的"合伙人制度"均有深入的跟踪。

在小米成功上市的情况下，雷军通过家族信托享有的小米集团31.41%的股份权益将稀释至23%左右，但通过"AB股制度"及部分的投票权委托安排，他依然可以控制公司50%左右的股东投票权，从而实现对小米集团的实际控制。

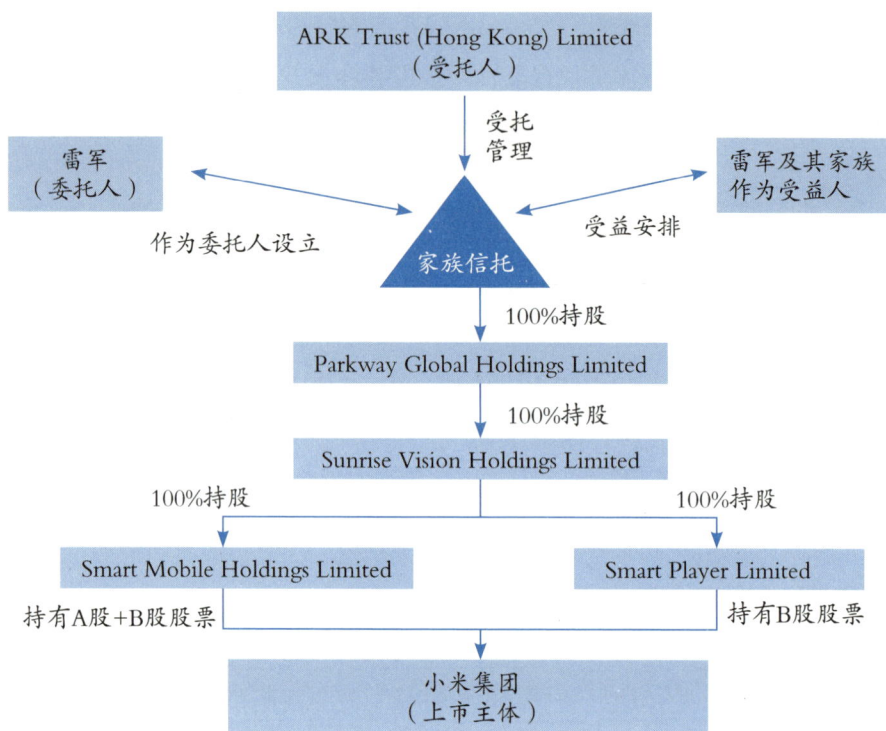

雷军家族信托结构

马云及阿里巴巴管理层构成的合伙人对阿里巴巴集团持股约20.1%，持股比例小于软银的28.8%，仅占阿里巴巴集团股权的五分之一，但他通过"合伙人制度"提名权的安排控制多数董事，掌握奖金分配权和经营权，以及通过与大股东协议安排投票权一致，牢牢控制了阿里巴巴集团。

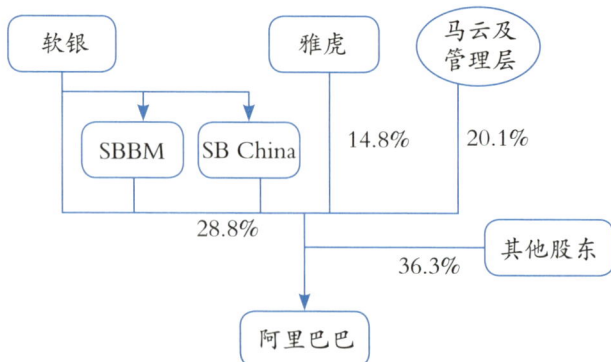

据阿里巴巴2018年年报，软银持股28.8%，雅虎持股14.8%，马云及管理层持股约20.1%

**胡弯律师：**可以说科技公司为中国家族企业实现有效控制提供了教科书式的成功经验。

**东兰律师：**上市公司尤其是科技类的上市公司，利益相关者关系比较复杂，所以对于控制权的安排非常重视，做了很多有益的尝试。

家族企业有其非常复杂的一面，从家族所有权结构设计的角度来看，需要从保护结构、控制权结构及传承结构三个维度考量，控制权结构的安排是重中之重！

## 打通家族顶层到组织内部——家族企业控制权实现的三个层面

**胡弯律师：**家族企业的控制权安排有什么特别之处呢？

**东兰律师：**这必须从家族企业的特殊性说起，家族企业存在家族涉入、特殊代理及利他主义等诸多特殊性，离开家族谈家族企业是不可能的，二者从某种意义上讲是无法分离的，是融为一体的。

所以，我们通常所讲到的家族企业所有权结构设计实际上包括了家族的所有权结构与家族企业的所有权结构两个层面，家族的所有权结构对家族企业的所有权结构具有自上而下的决定性的影响力！

**逸凡律师：**这两个层面的关系我们是能够理解的。

**东兰律师：**需要说明的是，我们在家族企业所有权结构设计的实操中通常是从三个层面考虑的，即家族的所有权结构、事业主体的所有权结构及组织内部的所有权结构三个层面。换句话说，我们一般会将家族企业的所有权结构细分为事业主体的所有权结构及组织内部的所有权结构两个层面。

**胡弯律师：**那么，作为家族所有权结构重中之重的控制权结构是否也可理解为包括家族的控制权结构、事业主体的控制权结构及组织内部的控制权结构三个层面？

**东兰律师：**我同意胡弯律师的观点。换一个角度讲，家族企业的控制权实现路径应当包括家族、事业主体及组织内部三个层面的整体考量、安排与打通。

家族层面的控制权考量与安排更多着眼于以下五个方面：

1. 家族控制权的集中、家族主要支系及核心家族成员的控制等问题，既要考虑"大控制"的布局，也要考虑"小控制"的安排；

2. 控制权实现的是以管理目标为主的家族企业目标，所以也要特别注意与家族企业保护结构、传承结构的平衡与匹配；

3. 家族企业股东流动性及增长资本对家族控制权必然会有实质性影响，应确保实现三者动态的、长期的资本平衡；

4. 世代交替、所有权更迭的"交接班"过程中、"交接班"之后的家族控制权是应当需要特别关注与把握的；

5. 家族控制权与事业主体及组织内部控制权的衔接与转化是家族对家族企业实现有效控制的关键。

**胡弯律师：**我们深有体会，家族控制权这个层面有很多时候考量要素是存在冲突的，既要考虑"合"与"恒"的力量，也要关注"分"与"变"的可能，如何实现平衡才是核心！

**东兰律师：**胡弯律师的这个总结很好！其实家族（企业）控制权所涉及的事业主体及组织内部两个层面的控制权又何尝不是如此呢？

**胡弯律师：**相对而言，事业主体控制权与组织内部控制权的实现我们是比较熟悉的，有没有比较经典的案例可供研究和借鉴呢？

**东兰律师：**这样的案例很多，刚才提到的小米、阿里巴巴及京东都是非常好的案例，我还有一堂专门研究阿里合伙人制度的课，实际上研究的就是阿里巴巴的控制权实现路径。

逸凡律师可以分析一下特步的控制权结构，这个例子也不错。

**逸凡律师：**这个案例很简单，但很有效！

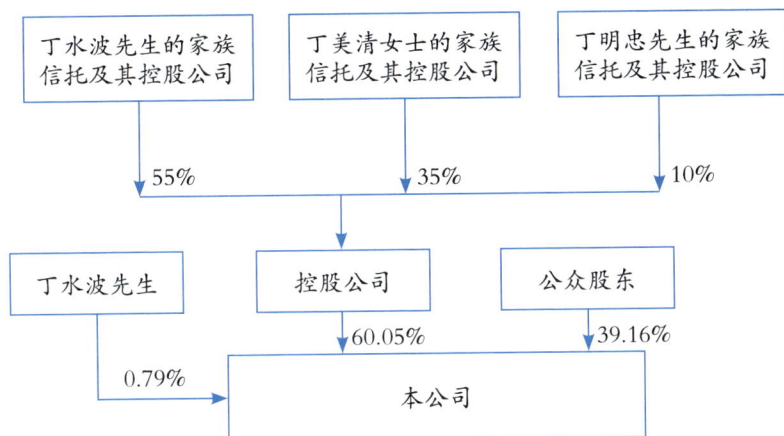

特步丁氏家族的三个家族信托解决的是三个家族支系，即三个小家庭的股权锁定问题，也就是说三个家庭的股权是锁定在各自的家族信托中的，相对独立，但未来不会分散。这是第一层控制。

三个信托并不是直接持有特步的股权，而是共同持有家族控股公司的股权。在这里，三个小家庭的权益又锁定到了大家族里，避免了股权分散，强化了家族的控制。这是第二层控制。

丁氏三兄妹各自设立的三个家族信托分别持有家族控股公司一定比例的股份。丁水波这一个家族支系持有超过50%以上的股权，实际上可以控制家族控股公司。这是第三层控制。

家族控股公司持有另一家BVI公司100%的股份，最后由该公司持有特步上市平台近六成的股份，再加上丁水波先生作为特步股东直接持有的少量股份，丁氏家族牢牢地控制了特步。这是第四层控制。

当然，即使家族未来基于流动性或其他诉求需要减持变现，根据特步公司内部有效的控制权安排，丁氏家族的控制权依然是强大的。公司内部的控制是第五层控制。

**东兰律师：**这个案例剖析鞭辟入里！我延伸一下，丁氏家族还有一个层面的控制，这是很容易被忽略的，就是特步公司对下属不同业务板块、事业部及职能部门等内部组织中的管控及赋能。也就是说，特步对其组织内部进行了功能公司化、板块平台化及组织共生化，这是特步家族商业体系的组织内部控制权配置。这是第六层控制。

上述六个层次的控制路径彼此之间不是泾渭分明的，而是层层嵌套、环环相扣，共同构成了家族顶层结构层面、事业主体层面及组织内部层面的控制权实现路径。

**胡弯律师：**这个案例我也印象很深，从外观上我们是比较清楚的，只是不清楚内部精细的落地安排是如何实现的。

**东兰律师：**控制权安排并不是越复杂越可靠，也不是越简单越无效，复杂是一种能力，简单是一种智慧，在控制权安排中需要充分尊重家族成员、家族支系及家族整体不同价值取向下的控制权结构的N种可能选择，最终确定适合家族企业的，这才是最好的控制权结构。

## 掌握家族（企业）隐秘支点——控制权布局的5个基础逻辑

**逸凡律师：**我建议今天讲一下控制权结构安排的具体实现路径，这样更"解渴"！

**东兰律师：**《对话家族信托——财富家族定制信托的21篇实战案例》一书中的21场对话，实际上对家族顶层控制权的布局有非常系统的交流。

今天，我们重点探讨事业主体及组织内部两个层面的控制权布局。

**胡弯律师：**今天的家族企业迫切需要的是控制权布局在家族顶层、事业主体及组织内部三个层面的有效打通，事业主体层面的控制权布局是其中的关键。

**逸凡律师：**"打通"太重要了！但令人遗憾，市场上太多人忽悠股权结构、顶层结构或控制权设计，大多是头痛医头、脚痛医脚，很难实现家族企业进行控制权布局的根本目标。

**东兰律师：**在家族控制权结构设计中，家族信托、家族基金会或者家族控股公司、家族有限合伙等结构性工具将发挥其价值，既需要打通工具内部的控制权设计，更离不开事业主体和组织内部控制权布局的完美衔接。这非常考验一个家族驾驭动与静、刚与柔的能力。

　　在讨论控制权实现路径的内部精细落地安排之前，我们需要特别强调的家族企业控制权布局的基础逻辑有哪几个呢？

　　第1个逻辑：控制权安排的五要素

　　**胡弯律师：**家族企业控制权的配置对于利益相关者而言至关重要，过往大家更多在股东会、董事会、经营管理层及法定代表人这四个公司的内部机构中进行控制权安排，今天，家族对关键资源能力的控制已成为关键。

　　2006年底，胡成中及其家族企业德力西集团与世界巨头法国施耐德合资，股权50%：50%，董事会3：3，董事长由中方人员担任，总经理由外方人员担任。这样的治理格局看似中方和外方地位平等，而实际上，外方因控制品牌、技术及渠道而实际掌控德力西的发展。

　　**东兰律师：**这个案例非常经典！庆幸今天我们看到德力西与施耐德的并购整合是成功的，但某种程度上，改革开放40年的今天，有相当多的中国家族企业在"与狼共舞"外延式扩张中丧失了对家族企业的控制权。

　　**逸凡律师：**确实！行业并购整合、企业外延式扩张过程中，投资方或收购方往往以较低的持股比例或较少的董事席位控制了目标公司，核心是投资方或收购方掌控了目标公司的市场、技术、渠道与品牌等关键资源能力。

### 第2个逻辑：控制权与现金流权分离

**东兰律师：** 控制权与现金流权的分离尤为关键，在服务家族企业时也要特别重视！

控制权依托于股权（所有权），但又可以独立于股权（所有权）。股权（所有权）只是控制权实现的一个基础；控制权与经营权有关，但又可以独立于经营权。这两个逻辑，随着开放合作，平台生态的市场环境越来越明显。

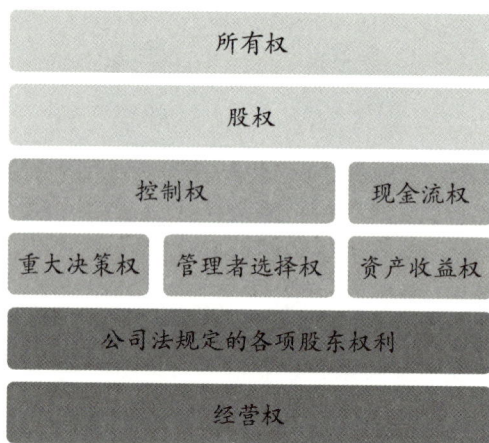

所有权

股权

控制权　　　现金流权

重大决策权　管理者选择权　资产收益权

公司法规定的各项股东权利

经营权

**胡弯律师：** 这张图能很好地帮助我们理解东兰律师所讲的精髓。控制权是重大决策权及管理者选择权，现金流权则是资产收益权，也就是股东财产性权益。控制权布局很大程度上不在于股权比例多少和财产性权益分配，而在于对重大事项决策权及管理者选择权的系统布局。

## 第3个逻辑：治理结构的系统静态思考

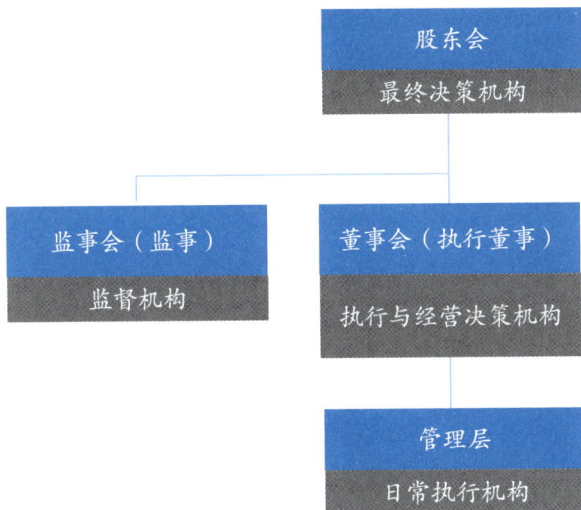

**胡弯律师：**股东会是权力机构，享有最终决策权；董事会或执行董事是执行与经营决策机构，享有重大事项决策权；管理层是日常执行机构，享有日常经营管理权；法定代表人则是公司的意思表达机构。

**东兰律师：**在做控制权安排时，首先必须具有结构性的系统静态思考：

1. 治理结构的要素是什么?
2. 治理结构之间的关系应当如何理解?
3. 治理结构之间的权利关系如何衔接?

**逸凡律师：**例如，什么情况下设立董事会而不是执行董事？设立监事会还是设立1～2名监事？在选择不同的治理机构之前需要系统考虑不同机构之间的关系以及不同权力的衔接。

## 第4个逻辑：治理机制的系统动态思考

**东兰律师：**是的，但这也仅仅是思考的出发点。既然有系统静态思考，当然离不开系统动态思考。

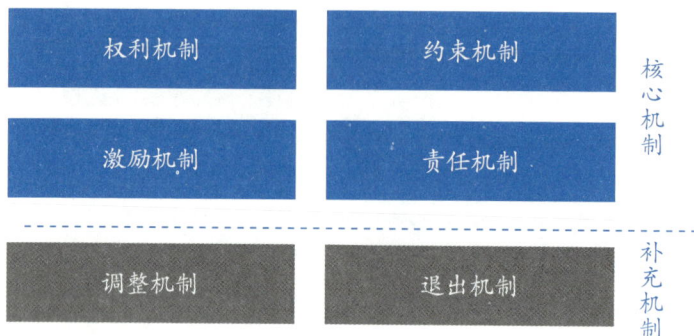

| | | |
|---|---|---|
| 权利机制 | 约束机制 | 核心机制 |
| 激励机制 | 责任机制 | |
| 调整机制 | 退出机制 | 补充机制 |

在做控制权安排时，同时应当进行柔性的系统动态思考：

1. 治理机制的要素是什么？

2. 治理机制的关系如何理解？

3. 治理机制的柔性如何实现？

权利机制与激励机制能有效打通家族企业的发展通道及动力系统，约束机制与责任机制则形成了家族企业的责任通道及压力系统，这是一个形成"闭环"的控制权布局。调整机制与退出机制给家族企业预留了一个柔性的调整空间。

逸凡律师，对于这张图你应该是非常有发言权的。

**逸凡律师：**是的，我也会在另一章中和大家一起探讨家族治理与家族企业治理中的四项核心机制与两项补充机制的配置问题。第 3 个逻辑及第 4 个逻辑是静态系统思考和动态系统思考，是一体两面的问题，但尤其要进行动态系统思考。

**胡弯律师：**实务中，不少家族直接使用工商部门提供的公司章程示范文本，草率地进行家族企业的治理安排及控制权布局，这是非常危险的！公司章程示范文本不仅难以满足不同家族成员的需求，对动态的治理机制设计更是非常欠缺的，极易导致公司僵局，在柔性的调整上也不具有可执行性。

例如：在《公司法》下，其他股东过半数不同意股东对外转让股权又不购买的，将被视为同意该股东对外转让。如果是家族小股东想要对外转让股权退出家族企业，此时家族控股股东该如何行使回购权，回购价格几何，同等条件如何界定，公司章程示范文本是没有规定的。在实践中家族股权将可能被流转到外部股东，这是非常危险的。

所以调整机制和退出机制的安排在控股权安排中是核心问题，也是关注重点！

### 第5个逻辑："资本平衡"目标下的系统柔性安排

**东兰律师：**最后我想特别强调一点，控制应当以"资本的平衡"为目标。

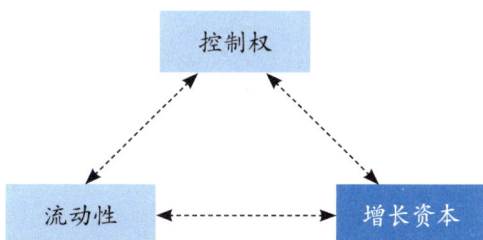

家族不仅仅有控制权的诉求，也有家族成员的流动性诉求，以及家族企业发展增长的诉求，家族企业股东流动性及增长资本对家族控制权必然会有实质性影响，应确保实现三者动态的、长期的平衡。控制并不是唯一的目标，家族及家族企业切忌为了控制而控制，实现资本的平衡是更长久的功课和目标。

**逸凡律师：**东兰律师的提醒值得深思！实现"资本的平衡"目标下的系统柔性安排太重要了，它可以说是家族（企业）的战略性问题之一。

**胡弯律师：**我们在服务家族（企业）时对这点感触特别深刻，需要引导家族成员有更长远的目光。

## 从上到下如臂使指——控制权布局的10个核心节点

**逸凡律师：** 事业主体的控制权布局是非常具备实操性的问题，也非常考验专业机构和家族企业的能力。今天的家族企业已经更多关注系统性的综合落地方案。

**东兰律师：** 没错！我们在过往长期为民营企业、家族企业提供所有权结构设计的过程中，总结了下面控制权布局的10个核心控制节点，具有一定的系统性和实操性。

**胡弯律师：** 已经听过几次东兰律师的分享，每次都有新的收获，期待！

**东兰律师：** 那好，下面继续展开讲一下。

### 第1个节点：股权及持股方式

股权是控制权的基础和条件

```
|----|-|--|------|--------|----------|---------------|
0    3 5 10     20       34        51            67              100
```

股东数量与形式的选择也有讲究

```
|---------------------------------------------|
1人                                         50人
```

**东兰律师：** 股权是控制权的基础和条件，股东数量与形式的选择也有讲究。

胡弯律师对《公司法》的强制性规范及任意性规范做过完整的梳理，可以简单介绍一下《公司法》对某些持股达到一定数量的股东的保护规定，以及一些经典的保障股东意思自治的任意性规范。

**胡弯律师：** 好的，我列举一些常见的问题。根据《公司法》，持股3%的股东享有代位诉讼权，持股10%的股东享有临时股东会召集权及提案权，持股50%以上享有股东会普通事项决策权，持股2/3以上的股东享有对修改公司章程、增资、减资、合并、分立、解散或变更公司组织形式等特别事项的决策权。这是法律对股东及其股权的基本保护。但是《公司法》规定，有限责任公司的"议事方式及表决程序"由公司章程另行规定。

**逸凡律师：** 在投资与融资中，战略投资者或财务投资者通常持股不超过10%，却享有在股东会及董事会层面的重要事项"一票否决权"，从而实现对公司重大事项的反向控制，这是不同类型股东之间的控制权博弈焦点。这也就不难理解，股权只是控制权实现的基础。

**胡弯律师：**《公司法》规定，有限责任公司的股东人数为1～50人，股份有限公司的则为2～200人。不同的股东数量及持股方式可实现不同的控制权布局效果。

**逸凡律师：** 我很认同胡弯律师的观点。在直接持股之下，股东人数越多，相应的股权及其控制权布局就越分散，可尝试改变持股方式，通过间接持股"紧锁"股权及其控制权。家族企业控制权布局中，家族控制权的集中、家族主要支系及家族核心成员的控制等问题，无论是"大控制"的布局，还是"小控制"的安排，股东数量及持股形式都是重要考量要素。

## 第2个节点：创设治理结构

- 如何设立结构？

- 如何创设结构？

**胡弯律师：** 这个节点非常有价值，但往往被忽视！

**东兰律师：** 是的！设计家族（企业）想要的且适合家族的治理结构，既应该选择，也可以选择！

王永庆通过创设长庚医院及其内部理事会作为常设机构，构建了台塑集团的家族控制权架构。

阿里巴巴合伙人制度并不只是合伙人内部的制度，该制度已经通过公司章程的认可，并实现了与公司章程的衔接，成为公司治理结构和治理机制的核心内容。这是一个协议安排结构化的成功尝试，也是创设治理结构与治理机制的经典。

### 第3个节点：治理结构之间的权力配置

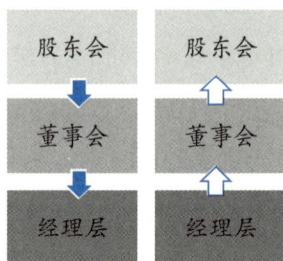

**胡弯律师：**《公司法》对股东会、董事会、经营层之间的核心职权已有规定，同时预留了"章程另有规定的"职权，或者股东会或董事会"授予的"其他职权作为兜底。

**东兰律师：**这意味着，各治理结构之间权力的配置是控制权安排必须认真思考的问题。从上至下、由下而上，各治理结构之间可以通过不同程度的职权授予或者职权收回来实现控制权。

**胡弯律师：**权力授予和权力收回到什么程度是较难把握的。东兰律师可以给我们一些建议。

**东兰律师：**我建议是需要把握一个基本原则，权力的授予和收回都不应导致一个治理机构的形骸化，更不应让一个治理机构成为超级权力机构。

## 第4个节点：治理结构之间的席位与提名权

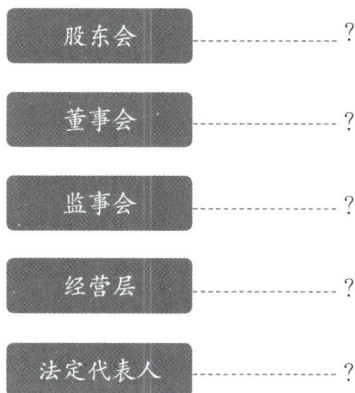

```
┌─────────────┐
│   股东会    │ - - - - - - - - - ?
└─────────────┘

┌─────────────┐
│   董事会    │ - - - - - - - - - ?
└─────────────┘

┌─────────────┐
│   监事会    │ - - - - - - - - - ?
└─────────────┘

┌─────────────┐
│   经营层    │ - - - - - - - - - ?
└─────────────┘

┌─────────────┐
│  法定代表人  │ - - - - - - - - - ?
└─────────────┘
```

**东兰律师：**各治理结构间席位设置和提名权安排同样重要。核心是席位设置及提名权安排应在意思自治的范围内进行，保证设置的有效性。

股东会由全体股东组成，法定代表人由董事长、执行董事或经理担任，这是《公司法》的强制性规定，不得突破。而董事会、经营层、监事会这几个治理机构的席位及提名可意思自治。胡弯律师可以作些更细致的分享。

**胡弯律师：**好的。有限公司的董事会为3～13人，股份有限公司的董事会则为5～19人。《公司法》规定股东会决定聘任或解聘董事，有关董事提名权则没有强制性规定。通常，董事会的席位设置及提名权可以进行意思自治，这也是控制权布局的核心节点之一。

公司可以设置经理，对于经理、副经理及其他高管的职位设置、人数及提名权也没有强制性规定，决定聘任或解聘经理以及根据经理提名聘任或解聘副经理是《公司法》授予董事会的职权之一。通常，争夺对副总及其他高管人数的设置及提名权是股东之间在经营层中控制权布局的核心节点。

同理，有限公司或股份公司的监事会成员不得少于三人，除职工监事由职工大会或职工代表推选外，其他监事人数设置、提名权均属意思自治范围，监事会通常是小股东以监督机制对公司董事会、经营层施加重大影响的重要机构。

### 第5个节点：治理结构之间的出席人数及比例

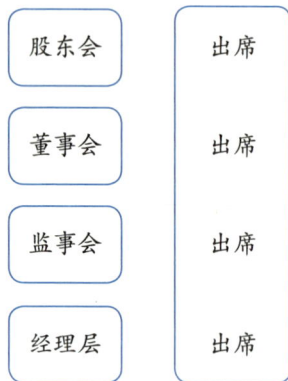

| | |
|---|---|
| 股东会 | 出席 |
| 董事会 | 出席 |
| 监事会 | 出席 |
| 经理层 | 出席 |

**东兰律师**：各治理结构的有效会议出席比例与人数的设置与控制权也有关系，可从会议能否举行的"门槛"一端开始布局控制权。

股东会、董事会、监事会"三会"的有效会议出席比例或人数，属于意思自治范畴，提高有效出席比例或人数，通常是小股东的保护性条款之一；有效会议的出席比例及人数要求越高，对小股东权益的保护力度越强。当小股东不同意拟议的议案时，可以通过不出席股东会、董事会或监事会会议的方式，使得会议无效，达到"用脚投票"否决议案的效果。

### 第6个节点：治理结构中表决方式的设置

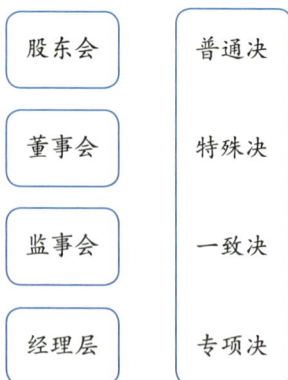

| | |
|---|---|
| 股东会 | 普通决 |
| 董事会 | 特殊决 |
| 监事会 | 一致决 |
| 经理层 | 专项决 |

**胡弯律师：**各治理结构中表决方式的设置最为关键。股东会属于出资决，董事会、监事会及经营层则属于一人一票决。

过半数的普通决、2/3以上的特殊决、3/4以上的特殊决、4/5以上的特殊决、全体一致决、特定事项的专项决，不同的表决方式，直接决定了"三会一层"的决策结果，这是在"三会一层"上布局控制权最核心的节点。

**东兰律师：**特别强调一点，"出资决"与"票决"的有效结合，可以放大对特别事项的决策权，这也是很多家族企业最容易忽视的控制权布局节点！当然，表决方式及表决机制的设置，仍需要在法律规范之下进行准确及有效的安排。

### 第7个节点：剩余权力分配

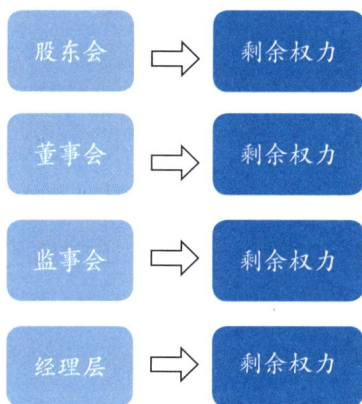

**东兰律师：**剩余权力分配是最稳健的解决方案，风险较小。

在对第2个节点的介绍中我们已提出，各治理结构之间权力的配置是控制权安排必须认真思考的问题。权力授予、权力收回若安排不当，将面临章程条款无效等法律风险。因此，家族企业不宜过分异化《公司法》已经确定的"三会一层"主要职权，对《公司法》允许的另行规定职权即剩余权力进行具体安排是最为稳健的控制权方案，风险也较小。

**胡弯律师：**实务中，对新股东进入或退出、实施股权激励（奖励）、被并购或控制权变更、资本结构变动或重组、主营业务实质性变更、回购事件、重大不利事件、清算事件等没有被《公司法》明确的职权，可以明确划为股东会、董事会或经营层的特殊职权，通过特殊表决方式进行决策。

## 第8个节点：权力的排除与限制

- 对特别身份的排除与限制

- 对特殊事项的排除与限制

**胡弯律师：**对权力的排除与限制也是很有效的运用。对这个节点的设计需要非常慎重，否则将存在较大的风险。

对特别身份的排除与限制，一方面是在特殊事项决策时的限制或排除，比如对关联事项做出决议时，关联股东、关联董事或关联监事回避表决，就是典型的表决排除与限制；另一方面则是股东权力、董事权力或监事权力被排除或限制给予有特别身份的人，这体现了公司人合性的需求。

特别事项的排除与限制又应当如何理解呢？除了前面的关联事项表决限制，回购权、股权转让限制、共同出售权、优先购买权等，均是对股权转让之下的特殊事项的排除与限制，也是对特殊身份的排除与限制。

## 第9个节点：股东权力的分离

> 管理者选择权

> 重大事项决策权

> 资产收益权

**东兰律师：**通过常规安排无法解决控制权问题冲突时，股东权力的适度分离是解决问题的重要路径。这也是家族企业多重股权结构实现的可能性与路径。

管理者选择权、重大事项决策权及资产收益权是股东的三项重要权能，三项权能的分离配置，将形成不同股东享有不同权能的多重股权结构布局，家族（企业）可以根据股东定位、价值贡献、控制权布局等因素进行股东权力错配。

## 第10个节点：一致行动或投票权授予

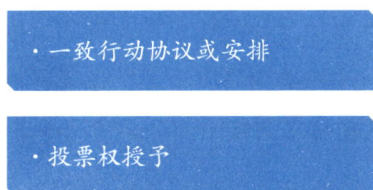

> ·一致行动协议或安排

> ·投票权授予

**胡弯律师：**通过常规安排无法解决控制权问题冲突时，一致行动或投票权授予也是解决控制权问题的重要路径。

一致行动分为股东层面、董事层面、监事层面或者"三会"层面等多个层面的一致行动，投票权则有联合行使、授予行使、重大事项联合的区别。阿里巴巴的稳定控制权格局，除了得益于湖畔合伙人制度之外，也有赖于股东软银、雅虎对马云及其管理层的投票权委托及重大事项上的一致行动。

## 以"恒"与"变"的力量对抗时间——法律架构与协议架构

**胡弯律师：** 前面分享的控制权实现路径，更多以一个核心家族企业来看待。实际上，家族（企业）控制权的诉求是复杂的。而且，在工具运用上，丁氏家族三兄妹综合运用家族信托、家族控股公司及特殊目的公司等结构性工具实现对特步商业体系有效控制的脉络是非常清晰的。能否就此得出结论：综合运用结构性工具已经成为家族（企业）有效实现控制权的标配？

**东兰律师：** 这个结论是正确的，但不完整。越来越多的中国家族（企业）已认识到结构性工具的优势，家族信托、家族控股公司成为标配工具是一种明显的趋势。

同时我们也看到一个非常有意思的现象：不同的家族（企业）在类似的法律架构下呈现出不同的家族（企业）控制权效果。

**逸凡律师：** 安踏丁世忠家族和特步丁氏家族均采用了"多个家族信托+家族控股公司"的法律架构，但显然这两个家族的状况不同、具体诉求不同，安踏与特步的企业状况及条件也是不同的。因此两者控制权实现的逻辑可能是相似的，但法律架构略有差异，毫无疑问他们的协议安排是显然不同的，形成了安踏和特步两种不同的家族（企业）控制权实现效果。

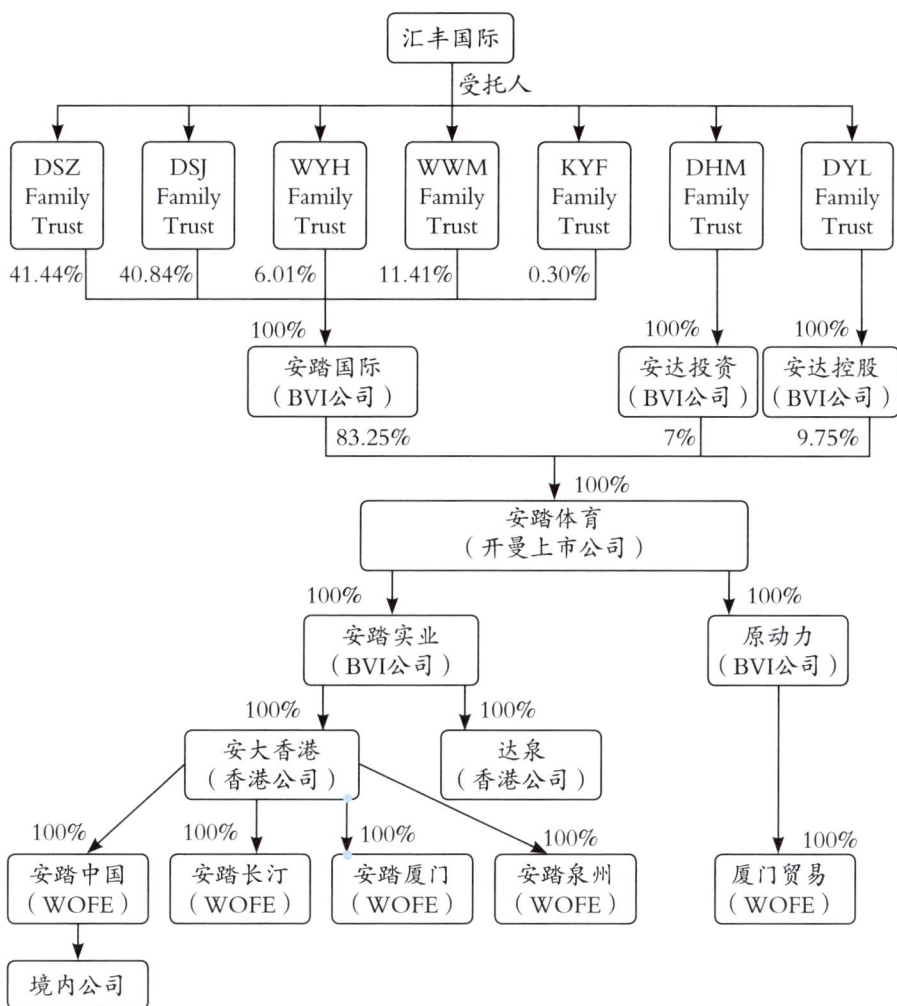

雷军的雷氏家族信托及其红筹架构是科技"大佬"们香港红筹上市的标准架构，但是雷氏家族信托的协议安排及其内部治理是不可复制的。

**东兰律师：**法律架构相较于协议架构而言更加稳定，但协议架构更灵活，家族（企业）控制权的实现应从法律架构和协议架构两个维度保证既稳定牢靠又不失灵活柔性，法律架构无法完全实现家族（企业）有效控制的目标，辅以协议架构作为补充和纽带是最为有效的，协议架构也可尝试转化为法律架构性安排。

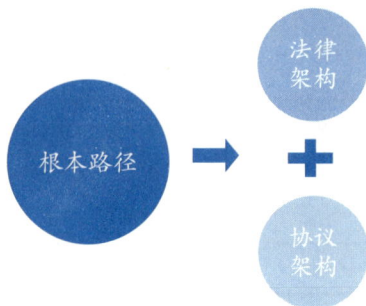

**胡弯律师：** 总体而言，运用家族信托、家族基金会、家族控股公司、家族有限合伙、家族投融资平台以及特殊目的公司等成熟的结构性工具，辅之以定制的协议安排及治理机制，最终可以形成适合的家族企业的控制权格局，也因此能对抗时间的挑战，将企业传承下去。

**东兰律师：** 家族（企业）控制权的安排同样需要一个系统视角的考量，只有找到了正确的逻辑与方向，才能更好地服务于家族（企业）顶层结构。

## 启示与建议

● 家族顶层结构、家族企业事业主体及组织内部，是控制权布局的三个层面，三个层面不是割裂的，三个层面的有效打通、衔接和转化是家族（企业）控制权结构配置的关键。

● 控制权安排并不是越复杂越可靠，也不是越简单越无效，复杂是一种能力，简单是一种智慧。适合家族（企业）的才是最好的控制权结构。

● 控制权实现路径是多样且复杂的，控制权依托于股权（所有权），但又可以独立于股权（所有权），股权（所有权）只是控制权实现的一个基础；控制权与经营权有关，但又可以独立于经营权。

● 在做控制权安排时，不仅应当进行结构性的系统静态思考，同时也应当进行柔性的系统动态思考。

● 家族（企业）不仅有控制权的诉求，也有股东流动性、资本增长的诉求，家族企业股东流动性及增长资本对家族控制权必然会有实质性影响，应确保实现三者动态的、长期的平衡。

# 最值得关注的财富管理工具
## ——境内外家族信托

**分享嘉宾：**大军律师

**特别嘉宾：**海铭博士

**互动律师：**晓初律师、逸凡律师

**分享时间：**2018年12月26日　星期三

## 课堂研讨

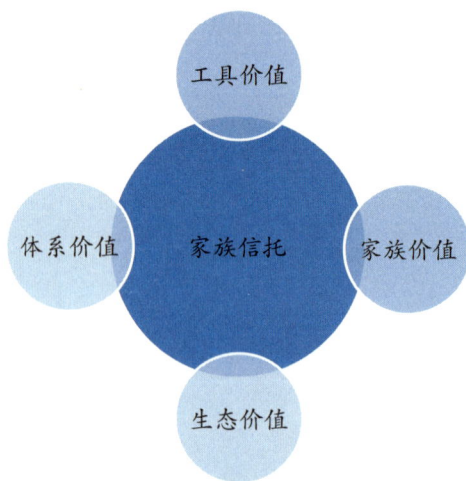

**大军律师：**如果要选出一个当下最热门的家族（企业）顶层结构设计

工具，我想莫过于"家族信托"。海铭博士，请你简单说说家族信托如此"火热"的原因。

**海铭博士：**首先，这是市场、行业和客户的共同选择；其次，这也意味着家族信托具备工具价值、体系价值、家族价值与生态价值；最后，因为家族信托故事总与顶级财富家族相关，它还具备新闻价值。

**晓初律师：**是的，过去一年中，耳边家族信托的故事从未间断，小米、龙湖、万向、达利、美团、周黑鸭、融创等众多知名企业及其身后的家族纷纷将核心经营性资产置入境内外家族信托、慈善信托，这无疑为中国家族（企业）财富管理市场带来了重磅冲击。

**逸凡律师：**正所谓"外行看热闹，内行看门道"，媒体感兴趣的是围绕家族信托所衍生的各种财富神话、豪门秘闻，而我们却从"故事"中看到了财富家族对于顶层结构设计工具日益成熟的运用，看到整个财富管理市场的发展与觉醒。

**大军律师：**今天，我们会更多地站在行业发展的角度去解读家族信托，在分析行业得失的同时，为家族、从业者提供一种身临其境的场景感。在这种场景之中，家族、从业者会更容易明白为什么要选择家族信托作为顶层结构，以及怎样把家族信托做好。

### 推动浪潮的每一滴水——家族信托为何"火"了

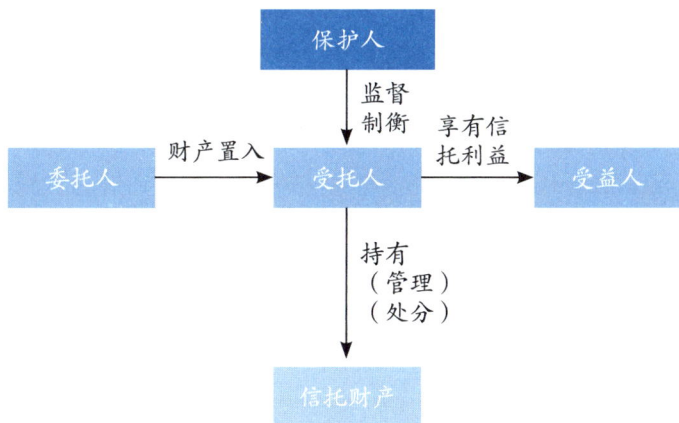

```
                    ┌──────────┐
                    │  保护人   │
                    └──────────┘
                        │ 监督
                        │ 制衡      享有信
                        ▼           托利益
┌────────┐  财产置入  ┌──────────┐          ┌────────┐
│ 委托人 │ ────────→ │  受托人   │ ───────→ │ 受益人 │
└────────┘            └──────────┘          └────────┘
                        │ 持有
                        │（管理）
                        │（处分）
                        ▼
                    ┌──────────┐
                    │ 信托财产  │
                    └──────────┘
```

**海铭博士：**家族信托之所以备受瞩目，首先因为它具有工具价值——作为英美法系下最有想象力的法律结构，家族信托以最简单的方式实现客户多种多样的诉求，同时还兼具安全、效率与灵活等优点——这是其他任何财富管理工具所无法比拟的。

可以说，在漫长岁月中，基于信托财产的独立性，家族信托的价值被开发至人类想象的边界。

| 核心功能 | 资产隔离，生活保障，财富传承 |
|---|---|
| 多元支持功能 | 教育支持，成员创业，慈善事业，防止挥霍等 |
| 进阶功能 | 股权安排，财富管理，税务优化 |

**大军律师：**万变不离其宗。家族信托工具价值的核心是作为顶层持有结构的价值——相对于自然人而言，家族信托充分保密，远离生老病死，它既不会发生婚变、也不会出现继承争产，还能有效隔离委托人、受益人的个人债务风险，是最理想的持有结构。但是，仅仅具有工具价值，恐怕还不足以让家族信托受到如此之高的关注。海铭博士刚刚谈到了家族信托的体系价值、家族价值和生态价值，逸凡律师、晓初律师，你们怎么看？

### 1. 连接家族与企业的枢纽，财富管理工具王冠上的明珠

**晓初律师：**家族信托的体系价值，来源于它在财富管理工具体统中的核心位置——作为家族与企业的紧密连接点，任何家族（企业）的结构性设计都将与它产生联系，需要根据它的安排来同步规划。

例如，一个准备在香港上市的家族企业，在上市筹划阶段必须考虑：是否、何时以及如何在顶层设立家族信托；公司的股权分几步置入；在招股书以及后续文件中如何向证监会申报和披露；交易所规则针对实际控制人和受益所有人的规定如何适用；家族信托合同（Trust Deed）如何与下层公司的章程、股东协议、激励计划契合；家族信托的治理安排如何与下层公司的治理契合；如果上市不成功，那么家族信托的架构是否、何时以

及如何拆除。

**逸凡律师：**这个例子也很好地诠释了家族信托的"体系价值"——它位于家族企业整体结构设计的顶层，联通了家族和企业，下层结构的任何安排，包括"家族控股公司""家族有限合伙"等结构的设置与调整，都必须与它充分协调、有效衔接。反过来说，家族信托一旦出了问题，必将波及整个家族企业体系。

### 2. 有效力的家族意愿，看得见的家族治理

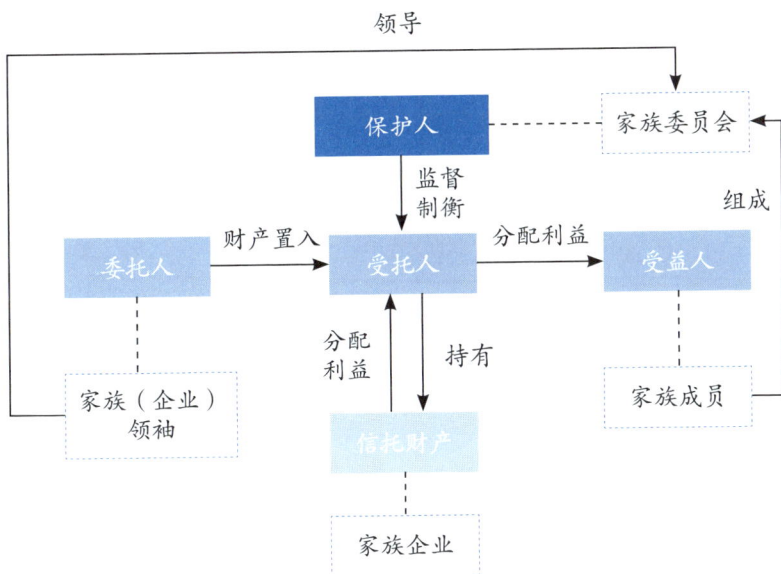

**海铭博士：**刚刚举的例子体现了信托与企业的联系，我来补充一下信托与家族的联系，即信托的"家族价值"。

从某种意义上说，家族信托是对家族治理的制度化、法律化与落地化。常有客户向我们咨询"家族宪法""家族治理"如何开展，希望用一套行之有效的制度体系来管理家族（企业）并实现家族价值观，但聊到最后总会碰到一个问题：如果有人违规了怎么办，"家族宪法"有法律效力吗？

其实"家族宪法"更多是一种意愿的表达，参与各方往往难以互相追究所谓的违约责任和损失。"家族宪法"的实现，除了依靠成员自觉，还必须将核心内容落地为具有法律效力的安排，而家族信托恰恰能满足这一目的。

**逸凡律师：** 说得非常到位。以上图为例，所谓控制权、经营权、收益权，写在"家族宪法"里是虚的，但安排在家族信托之中就大不一样——家族成员（信托中的受益人）取得的是实实在在的财产收益权；家族委员会（信托中的监察人、保护人委员会）拥有的是实实在在的控制权，在投资、分配、调整、退出等多个重要方面能够有效地监督、制约受托人；最关键的是，这整一套机制充分体现了家族领袖（一般是信托的委托人）以及全体家族成员对于家族未来的意志，这种意志不仅仅是宣言，其本身也受到法律的保护。

**大军律师：** 工具价值、系统价值和家族价值。这三个价值无疑是家族信托真正能够崛起的内在原因，也是它区别于其他工具而存在的理由。家族信托一旦失去这三个价值，便不会被客户所选择。

那么，家族信托的三个价值如何实现呢？每个家族（企业）的情况和诉求都不相同，只有通过信托定制才能充分实现这三个价值，也只有定制才是能使得家族信托持续发展、客户诉求得到真正满足的道路。

### 3. 一种工具的闪耀，整个生态的助推

**晓初律师：**我们再来聊聊"生态价值"。家族信托之所以成为一种趋势、一种时尚，"工具价值""体系价值"和"家族价值"只是内因，各个家族（企业）财富服务管理机构的大力宣传才是外因。在家族信托浪潮的背后，其实每一滴水花都起到了作用。

**大军律师：**说法很形象，正所谓"众人拾柴火焰高"。

自从有了家族信托，私人银行终于在各种各样的理财产品以及大额保单之外找到了一个新颖、有价值并且"高大上"的"产品"可向客户推荐，客户资金也能因此长期沉淀在开户行。

信托公司在资管新规之下面临旧业务模式被砍断的巨大压力，必须回归信托业务本源，而家族信托正符合这一要求。从国外经验和国内趋势来看，未来家族信托服务将很可能成为境内信托公司的重要业务板块。

保险公司和保险从业人员一开始对家族信托有过抵触——这主要是担心家族信托会取代保险产品在私人财富管理中的位置。后来，随着对家族信托的逐渐了解，他们发现家族信托和保险其实各有各的价值，甚至可以组合起来实现优势互补。于是多家保险公司选择与信托公司合作打造保险金信托的产品线，而家族信托也成为精英保险代理人营销高净值客户的重要工具之一。

对于律师、税务师、会计师来说，"境内外家族信托的定制与筹划"无疑是一片前途无量的蓝海——信托筹划与相关法律文件起草在海外属于非常成熟的咨询业务，在中国却才刚刚开展，各大机构都看到了这一机遇，于是纷纷发力进入这一片蓝海。

至于家族办公室，则更要谈家族信托。家族办公室是家族的智囊团和执行机构，家族信托是家族的治理中枢和支持平台，二者有着天然的紧密联系。从某种意义上讲，谁能筹划好、维护好家族信托，谁就将成为家族最信任的同行者。

**海铭博士：**家族信托是最传统的时尚。传统意味着它的价值在漫长的岁月中被认可；时尚意味着中国的财富家族、财富管理机构开始认识到它的价值。传统与时尚的碰撞背后，必将是一股不可阻挡的潮流。

## 最好还是最坏的时代——回顾境内家族信托崛起之路

**海铭博士：**最近常常想，我们究竟处在境内家族信托最好还是最坏的时代。十年后回首，也许二者兼而有之。

**大军律师：**在整个行业都为家族信托而疯狂的今天，你的这份谨慎和反思很难得。

### 1. 在遗憾中进步——回顾境内家族信托立法与研究

**逸凡律师：**自2013年以来，中国家族信托发展迅速，尤其在实务上取得了一系列的成果，这些都值得我们击节叫好。但仔细回想，其中的问题仍然不少——立法的滞后、学界研究的不足，无疑是其中最让人遗憾的两件事，而它们又彼此关联。

**大军律师：**确实如此。近年来，家族信托（民事信托）领域最具影响力和专业性的著作，恐怕都来自实务界。

**海铭博士：**是的，中国家族信托实务起步于2013年，而中国对家族信托的学术研究却在2012年后出现了停滞，可以说中国家族信托研究与实务的高峰彼此错过了。

**大军律师：**对这个问题我深有感触。2015年，曾主持起草《信托法》的江平教授发表了一篇小文章，谈及信托立法中的三个问题：信托财产的归属问题、信托行为和代理行为之间的关系、商事信托和民事信托的关系——这些问题从《信托法》颁布之日起就不断被争论，至今已近20年，但仍然没有答案。

信托关系是否属于合同关系，信托法下受托人义务如何细化，信托与非信托利益相关人的关系如何清楚界定，信托收益权的性质，信托成立生效的条件，委托人合法所有财产的定义等等，都是《信托法》应当进一步予以明确规定的问题。此外，与诸多家族信托配套的法律等规则也应当出台——信托财产登记制度、民事信托税收制度是其中比较迫切的两个。

**逸凡律师：**学术研究是连接国家立法与信托实务的重要纽带，当下家族信托业务的开展虽然红火，但如果没有学者及时总结相关经验，及时指出其中的体系性、方向性的问题，如果没有国家立法的及时跟进和有效规范，这必将为整个行业的健康发展埋下隐患，甚至酝酿成未来重大的系统风险。

## 2. 有的放矢，恰当其时——信托函〔2018〕37号文

**大军律师：**当然，我们仍不能忽视中国家族信托在规则制定上的一些进步。2018年颁布的《信托部关于加强规范资产管理业务过渡期内信托监管工作的通知》（信托函〔2018〕37号）（以下简称《通知》）对"家族信托"作了如下规定：

"公益（慈善）信托、家族信托不适用《指导意见》相关规定。家族信托是指信托公司接受单一个人或者家庭的委托，以家庭财富的保护、传承和管理为主要信托目的，提供财产规划、风险隔离、资产配置、子女教育、家族治理、公益（慈善）事业等定制化事务管理和金融服务的信托业务。家族信托财产金额或价值不低于1000万元，受益人应包括委托人在内的家庭成员，但委托人不得为唯一受益人。单纯以追求信托财产保值增值为主要信托目的，具有专户理财性质和资产管理属性的信托业务不属于家族信托。"

**晓初律师：**上述《通知》的重要意义在于：以官方文件的形式肯定了

"家族信托业务"——如果没有记错，这是"家族信托"第一次出现在官方文件中；明确区分了家族信托业务与"具有专户理财性质和资产管理属性的信托业务"；明确了家族信托不适用"资管新规"〔即《关于规范资产管理业务的指导意见》（银发〔2018〕106号）〕；明确了家族信托的设立门槛和受益人要求。

**大军律师**：《通知》也许是简陋的，有些内容甚至引起了争议，例如，1000万元的门槛究竟有无必要？在业界人士看来，"资管新规"应当是针对"营业信托"的规定，但与"营业信托"相对应的应当是"公益信托""民事信托"，而不是"公益信托""家族信托"。

换句话说，那些信托财产金额或价值低于1000万元的民事信托被《通知》"遗忘"了。它们是应当作为"家族信托"对待还是作为"营业信托"对待？它们究竟是否适用"资管新规"？这无疑是《通知》没有妥善解决的。

但是，这更多是从理论上提出的疑问。从实务的角度入手，《通知》的规定无疑是有效的，甚至是很有必要的。

**海铭博士**：从理论上看，《通知》的规定也许有值得商榷之处，但从实务出发，《通知》所关注的问题可谓切中要害。

可以说，中国成规模的民事信托实践始于家族信托的崛起，当下所谓民事信托其实主要就是指家族信托。因此，下文规范家族信托而非民事信托也自有道理。从另一个角度看，这也可以理解为是对未来进一步规范民事信托，甚至制定法律法规进行探路。

**晓初律师**：我也认为这体现了一种实事求是的态度。就如《通知》中将家族信托的门槛定为1000万元的规定，其实是为了规范某些机构以"家族信托"之名，开展一些体量小、周期短而本质上根本不具有任何事务管理功能的"家族信托"，这有利于整治行业乱象。

**逸凡律师**：我再补充一点。《通知》下发的时机恰到好处——"家族信托"的市场正从"培育期""形成期"向着"高速发展期""成熟期"

过渡，在2019年内存在业务"井喷"的可能性。同时，自"资管新规"公布以来，各个信托公司也肩负着推动业务向信托本源回归的责任。在这种情况下以官方文件承认"家族信托"并确定一系列的规范和标准，确有必要。

### 3. 高歌猛进中的喜与忧——境内家族信托的实务得失

| 信托公司 | 成立单数 | 规模总计 |
|---|---|---|
| 建信信托 | 超过200单 | 百亿元以上 |
| 中信信托 | 近700单 | |
| 长安信托 | 近500单 | 50亿～100亿元 |
| 外贸信托 | 近300单 | |
| 中航信托 | 超过200单 | |
| 北京信托 | 近300单 | 20亿～50亿元 |
| 上海信托 | 约200单 | |
| 山东信托 | 约170单 | |
| 华能贵诚信托 | 超过90单 | |
| 平安信托 | 近1000单 | |

**大军律师：**近年来，境内家族信托的发展无论是在规模上、数量上、面对问题的复杂性上，还是在信托文件的创新性上都取得了非常大的进步，用"高歌猛进"来形容一点不为过。

以上表格中的数据来自网络文章，内容是截止至2017年底家族信托业务规模与数量排前十的信托公司的数据。在2018年，上述各家信托公司无论是在业务规模还是在受托资产量上都有了更大规模的增长。

**晓初律师：**是的，窥一斑而见全豹，表格从业务量上反映出家族信托市场的逐渐成熟，而我更有感触的则是境内家族信托合同的进步。

2015年以前，任何一家信托公司的信托合同都让人觉得味同嚼蜡——

"营业信托"的味道太重，完全无法体现价值信托的价值，也完全没有体现它的灵活性和可持续性。

2016年开始，境内家族信托合同的创新越来越多，迭代越来越快，其中很多安排已经开始追上海外信托的水平。我认为境内家族信托合同进步的原因在于：家族信托案例数量的增加；客户对信托定制的迫切需求；从业人员的成长与成熟；各个信托机构逐渐找到自己的位置和风格；拥有丰富信托筹划经验的律师团队的参与。

**海铭博士：** 我承认境内家族信托正处在高速发展的阶段，从业务量、信托合同、信托服务等各个方面来看都是如此，但还是忍不住要辩证地"泼泼冷水"。事物发展得越快，蕴含的风险就越多；一方面的进步被放大了，多方面的弱点就被掩盖了；创新越多，则有越多新问题需要解决，更不用说是顶着"创新"帽子的谋私；强者出现了，忽悠者也来了，客户被光鲜的承诺引进门，得到的服务也许名不副实；专业人士的思路打开了，一些只考虑自己利益、无视家族利益的行为也就无法避免。

应当说，包括我们在内的所有境内"家族信托"服务机构，大多数都真心希望为客户提供优质的产品与服务——虽然还需要进一步的升级完善。但行业中仍然存在着一些在我们看来是突破底线的机构，值得引以为戒，更需要引起客户的警醒。

**大军律师：** 无可否认，近年来境内家族信托取得了许多进步，但实务工作者绝不能过于自我陶醉，而应该更加警醒。应当对以下几点有清晰的认识：

第一，境内家族信托的实践与海外的差距仍然存在；

第二，境内家族信托的实践仍然存在许多空白和待解决的问题；

第三，我们存在着很大的进步空间和可能性，但我们同样有可能开倒车甚至走上错误的道路；

第四，实务也好，服务也罢，必须始终以客户的诉求为核心来寻求不断进步。

回顾近20年境内家族信托立法、学术与实务的发展，可以说失望与希望并存，但始终在遗憾中进步。

## 改变经典的新势力——中国家族的境外信托之路

**晓初律师：**聊到这个话题，我不由得想起"红筹"这个概念——主要运营资产和业务在境内，但以注册在境外（开曼群岛、百慕大、英属维尔京群岛等）的离岸公司在境外交易所挂牌上市的公司。也许有一天，业界会称呼中国家族在海外设立的信托为中国概念信托，或者红色信托（Red Trust）。

**海铭博士：**是的，与红筹相类似，中国家族在建立境外信托时有自己的一套逻辑，并且将一系列从未遇见过的问题带到了境外机构的面前。您所说的红色信托问题，绝不仅仅是中国家族加入境外信托市场这么简单，还意味着海外家族信托的格局、市场与具体安排将因为中国因素的加入而改变。

### 1. 旧传统，新问题——当境外信托邂逅中国家族

**大军律师：**境外家族信托都源于英美法信托制度的实践，可以说在一个特定的轨迹上经过几个世纪的发展，无论是在立法、学术还是在实务上都发展成为一套严密、严谨与详细的体系。最重要的是，几乎所有存在民事信托、家族信托实践的国家和地区，其对于民事信托、家族信托的基本价值判断与规律都有着几乎一样的认知。这些基本价值判断与规律构成了境外家族信托或者说国际家族信托发展的基石。

**晓初律师：**是的，但千万不要因此就认为境外家族信托的实践是一成不变的，事实上，任何国际、地方上法律与规则的变化，甚至实践习惯的变化，都会对它产生不可估量的影响——统一的基本价值判断既使得各个拥有民事信托、家族信托的国家和地区在决断上趋于一致，也会赋予任何

区域性的变化以国际性的影响力。

我们在《对话私人财富管理》中讨论过，香港法院对泽西家族信托及其下层资产的"FINAL APPEAL NO.21 OF 2013 （CIVIL）"号裁判就曾经引起过国际家族信托实践者们的大讨论。一言以蔽之，国际家族信托实践永远是"旧传统，新问题"，只不过不同时期的新问题会随着时间推移成为旧传统的一部分。

**大军律师**：当下境外家族信托实践中，新问题有很多，但我认为其中最值得中国家族、中国家族信托从业者关注的有两类——其一是经济合作与发展组织（OECD）发起并主导的国际税务透明化运动，其中CRS信息交换、各个国家酝酿或者已经实施的国内税务改革都是这一运动的表现形式之一；其二应当是中国家族与境外信托的邂逅本身，至少在10年以内，关于中国人的家族信托，关于中国元素的家族信托都会是境外家族信托实践中的重大热点。

**海铭博士**：如您所说，中国市场确实已经成为海外信托机构的增长热点。据我所知，某知名的第三方境外受托人，仅在2018年底就成立了近100单与中国家族有关的信托。

对许多抱着尝试心态接触境外信托的中国家族来说，他们也许不知道，自己已经悄然登上境外信托实践的舞台，并逐渐占据重要位置。

## 2. 新主角，新方法——锻造属于中国家族的经典境外信托模式

**大军律师**：但凡是大国，其国民在设立境外信托时都必须找到属于自己的经典信托模式——无论是美国、英国、加拿大还是澳大利亚都是如此。这主要由以下因素决定：

- ·国民无法轻易斩断与大国的联系——无论是国籍、税籍、居所地还是财产所在地，总归有一样要留在大国。
- ·大国往往有自己独特的法律体制与税务体制，这会对境外家族信托的设立提出不一样的合规与优化要求。

- 大国往往有自己独特的文化，对于治理、传承与家族价值等问题有其独特的理解和认知，家族信托的内部设计必须充分考虑这些因素。
- 大国拥有足够数量的富裕国民，让境外信托机构有充分的动力为他们开发专属的家族信托模式。

**逸凡律师：**对此我深有感触。以美国为例，美籍人士的境外信托模式可以说非常独特。外国委托人信托、外国非委托人信托、本土委托人信托、本土非委托人信托共同构成了一个非常健全的体系，能够全方位无死角地满足美籍人士在任何情况下的家族信托构建与优化诉求。而之所以会形成这样复杂的境内外家族信托体系，美国复杂的法律体系特别是税法体系是其中的重要原因之一——对所得税、赠与税、遗产税和隔代转让税规划的不同要求，形成了不一样的境内外家族信托安排。

**海铭博士：**中国和中国家族已经逐渐开始获得这方面的待遇。记得我们2016年实施的一单境外信托筹划，受托人一开始只愿意接受家族不保留任何权利的安排。细问之下发现，他们对中国信托和税务的法律规定与合规要求没有把握，所以只敢于接受最简单、最容易合规的安排——这与我们之前聊到的境内家族信托机构对合规的某种态度有异曲同工之处。

等日历翻到2018年，中国个人所得税改革之际，一切又是另一番景象。境内境外的各个机构以及包括律师、税务师、会计师在内的专业人士纷纷发表意见——探索新税改方案下境外家族信托的合规安排，而境外的受托人也倾向于遵从专业人士的意见，为中国家族打造更适合他们的家族信托。

我想这种变化的背后既有专业人士的努力，同样也是市场的要求——中国市场的扩大让境外机构更有动力为中国家族进行定制。

**大军律师：**除了外部的合规要求，中国家族诉求和习惯的独特性也是推动中国式境外信托模式的重要原因之一。

过去，境外信托对中国家族来说真的是一种单纯的身份象征：他们往往看不懂英文法律文件，或者相信某些客户经理的说辞，认为家族信托就是一种标准化的操作——你看，我做的几千单家族信托，就是改改委托人、受益人的名字而已。

但现在的中国家族客户已经大不一样，他们在面对受托人时随口就可以问出：受托人能被撤换吗，这种撤换的权力能被继任吗，继任者可以是一位以上吗，投资谁来管理、怎么管理，受益人和分配谁来决定、怎么决定，受托人破产了怎么办，怎么绝对保证受托人不会携款跑路、不会破产，信托下层公司为什么要受托人的人担任董事，等等。

**晓初律师**：是的。基本上一个拥有平均水准的客户经理会被问懵，水平稍高的客户经理会说，这些我们都可以定制——然后客户又抛出最后一个问题：我听说过度保留权利会损害家族信托的安全性，如何既有控制权又能保证安全？这下，即便是经验丰富的客户经理也会开始犯嘀咕，因为这是一个法律问题，但他并非法律专家。

我想，境外受托机构的客户代表之所以招架不住这些问题，往往不是因为机构没有考虑过或者没有能力去解决，而是因为习惯不同。

**逸凡律师**：你的观察很敏锐。事实上，国外的受托人也好，律师、会计师等其他专家也罢，都已经习惯了高度成熟的专业化市场，也都默认只需要负责好自身专业领域的分工。

而中国家族的习惯，恰恰是要求单一机构能够帮助解决与该机构服务有关的一系列问题，或者说提供整体性的生态化服务。如果说你刚刚提到的问题还仅仅是信托领域稍微超常规的问题，以下我们经常遇到的家族信托筹划问题才真的可能让最具专业性的受托人发蒙：请问我如何围绕家族信托开展家族治理？请问家族信托和家族宪法的关系是什么？请问家族信托和遗产规划的关系是什么？

**大军律师**：我想这与家族（企业）思维习惯以及发展历程有关。西方的商业社会已经有了漫长的发展历史，因此家族（企业）发展到一定阶段后就开始全面考虑家族（企业）的保护、管理与传承问题。

通常这些问题会交由家族的重要支持机构（如家族办公室）论证，经过充分的讨论，并在核心家族成员之间达成一致，将不同的部分（家族治理、企业治理等各个方面）交由不同的成员与内部机构（家族办公室、家族投资委员会、家族资产管理委员会等）去执行。所以西方的家族在建立家族信托时已经有了明确的诉求和想法，受托人只是负责落地执行。

而对于中国的家族（企业）而言，第一代家族领袖最关注的始终是企业的生死与发展，往往直到交班的时候才会开始规划财富的保护、管理与传承，然后他们会开始物色对的方法与对的工具。特定的历史与文化背景导致了中国家族往往把对于财富的保护、管理与传承问题留到具体工具的选择与执行之中，留到具体的家族（企业）治理实施之中。

正是因为这些外部与内部的特点与要素，境外信托中对于中国家族的经典模式才会逐步开始形成。

## 在宽广蓝海中坚守专业人士的底线，未来属于强者的生态

**逸凡律师：**今天的讨论确实让我收获颇丰。

与中国家族相关的境内外信托发展之所以有今日之蓬勃，这既是因为产品本身的价值，也离不开整个产业和生态的助推，但归根结底还是因为真实存在的客户诉求。未来，整个境内外家族信托的生态无论怎样合纵连横，都必须始终把家族的立场放在第一位；失去了家族立场，家族信托就失去了真正的存在价值与意义。

**海铭律师：**家族信托的崛起，必须要感谢国内、国外所有的家族（企业）财富管理行业从业者的贡献。但同时我们必须看到，境内家族信托在各个方面仍然有很大的提升空间，境外家族信托仍需寻找到真正适合中国家族的模式，必须继续在回归家族基本价值的同时开拓创新。

**晓初律师：**当前蓬勃发展的境内外家族信托行业是一片蓝海，在充满

了创新、挑战、不确定性、观念交锋的今天，家族信托从业者唯一能依靠的是自身的专业性以及作为专业人士的底线和操守，唯有如此才能真正成为家族世代信任的同行者。

**大军律师：** 在目前的环境下，家族信托并不是简单的工具，而是许多家族（企业）打开整个财富管理生态体系的入口。新的局面、高定制化的方案、整体性生态性的服务远不是一家机构就能够提供的。正如家族信托服务的火热来自整个生态的助推，家族信托服务真正高质量与健康地开展也必然依靠整个行业的生态化组合，而未来的赢家必定是整个生态中强者的联盟。

## 启示与建议

- 家族信托之所以成为一种趋势、一种时尚，工具价值、体系价值和家族价值只是内因，而各个家族（企业）财富服务管理机构的大力推动才是外因。

- 我们必须尊重家族信托发展的历史规律，包括其中指引方向的原则和不可逾越的底线。我们也必须遵循这些原则和底线去做事，确保每个经手的家族信托真正能够与家族世代同行。

- 家族信托绝不是基于虚荣心的身份象征，是对一种更好的生活方式、财富规划与传承模式的选择，值得家族去花费心血参与和经营。

- 几乎所有存在民事信托、家族信托实践的国家和地区，其对于民事信托、家族信托的基本价值判断与规律都有着几乎一样的认知。

# 用"坚固与柔软"战胜"时间与人性"

## ——"六性"决定家族信托的价值实现

**分享嘉宾：**大军律师

**特别嘉宾：**海铭博士

**互动律师：**晓初律师、逸凡律师

**分享时间：**2018年12月28日　星期五

## 课堂研讨

合规性

家族性

价值性

家族信托

系统性

可适性

持续性

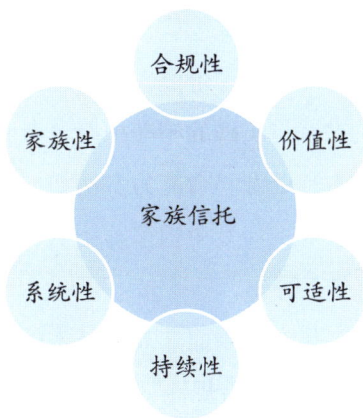

**大军律师：**作为目前最受关注的顶层结构设计工具之一，对家族信托的关注与研究可以说怎么重视都不为过。前一堂课上，我们更侧重于探讨

中国境内、境外家族信托所处的具体阶段和环境，希望能够帮助客户进一步了解这一行业，从而做出最符合家族诉求的选择；同时帮助专业机构、专业人士找准定位，看清未来的发展方向。

在这一堂课上，我们将更加聚焦家族信托本身，并围绕着一个问题展开——一个好的家族信托的判断标准是什么？

**逸凡律师：**前些天大军律师写了一篇文章《"六性"决定家族信托的未来》，讲的是定制家族信托必须在"六性"上下功夫。这"六性"指的是合规性与价值型、家族性与系统性、可适性与可持续性。如果以这"六性"来评价境内、境外家族信托，结论应该是什么？或者说我们应当如何设计一个真正优秀的家族信托？

## 规矩与方向——合规是底线，价值是实线

**大军律师：**先谈合规性与价值性。所谓"合规性"，字面含义指的是"符合法律法规的规范""符合行业的规范"等，这些规范是设计家族信托不可逾越的规矩；而"价值性"指的是"符合社会价值和法律精神"，它帮助我们把握未来变化的方向和趋势。在家族信托的设计中，"基本规矩"和"价值导向"二者同样重要，不可或缺。

海外家族信托的"合规性""价值性"问题主要体现在对各个不同国家具体的民事信托相关立法与实践的精准把握，考验的更多的是一个信托筹划机构的专业技术能力和资源整合能力。例如，为以美籍人士作为受益人的中国家族信托提供服务，涉及中国律师团队、美国律师团队以及其他专业人士的资源整合与分工协作。

考虑到我们今天更多是在逻辑而非具体技术的层面上作交流，这里着重聊聊境内家族信托设计中的"合规性"与"价值性"的问题。

**海铭博士：**当下境内家族信托想要做到"合规"并不容易，有天然的客观局限性。

举个例子，大家都关心家族信托内的财产是否能够免于委托人债权人的追索。对此，在美国法下，仅仅针对"欺诈转让"这一债权人的追索路径就有专门的《欺诈转让法》，并且其中第四条b款详细列举了判断是否构成欺诈转让行为的11种考量要素，每一要素都可以查询到对应的家族信托的经典判例。

相比之下，中国《信托法》仅仅在第六条、第十一条、第十二条原则性地提到了这一问题，虽然《合同法》下的债权人撤销权可以作为相应的补充，但中国法律体系下对于家族信托与委托人债权人关系的考虑仍然过于简单。

在这种规则本身比较抽象，缺乏指引性的情况下，"合规"并不容易。

**晓初律师：** 正是因为规则比较抽象，境内家族信托实务中出现了两种截然不同的应对态度。一种态度是"绝不做法律没有明说的"，另一种是"法律没有明确禁止的都可以做"。这两种态度都值得商榷。

**大军律师：** 我首先认为"合规"不应当是"绝不做法律没有明说的"，因为"不违规"本身不是我们设计产品的最终目的，而仅仅是产品能够成立的前提，在合规范围内最大化响应客户的诉求才应当是我们的终极追求。

那么，在规定不明确的情况下究竟应当如何创新呢？答案就是遵循家族信托的"价值性"。信托制度已经在世界上存在了数百年，其基本立法精神、价值判断和社会评价本身是明确的，甚至有大量的成熟实践经验供我们去参考。我相信只要以"价值性"为指引，就能够在规则尚不明确的时候，既做到客户满意，又能够有效规避合规风险。

另外，至少在家族信托领域，抱着"法律没有明确禁止的都可以做"同样不可取。家族信托业务早已不是一块新开发的试验田，而是有着自己的悠久历史和基本价值判断——这也意味着所有的创新都必须充分尊重家族信托的历史和基本价值判断，与之相悖的创新我不敢说绝对错误，但至少值得我们加倍慎重。

举例而言，"为实现信托财产与委托人的独立性，委托人不得享有任意能够将部分或全部信托财产分配给自己的权利，否则该部分或全部信托财产可以被委托人的债权人用于清偿委托人的债务，无论债务产生于信托成立之前还是之后"，这是一条在国际家族信托实践中通用的规律。

但是，我参与调整过的多个境内家族信托却都出现了违反这一规律的安排：委托人可以任意决定受益人和信托分配。这种安排未来很可能会给客户带来损失。

**逸凡律师**：我对这个问题补充一个基本的法理判断：一项财产或者权益究竟是否可以被所有者的债权人追索，关键看它是否具有可期待的、确定性的经济利益附着其上。如果这种经济利益处在不确定状态，那么我们一般认为债权人不得主张该权利；但如果该权利是确定的，是可以立即实现的，那么它就有较大可能被债权人追索。

即便是从最朴素的社会价值判断出发，如果一个人可以决定自己何时领取一份财产，那么这份财产和自己的财产究竟有什么区别？再回顾中国的司法实践，既然部分法院已经能够判令投保人退保并以退保后取得的利益清偿债务，那他们凭什么不能要求以上家族信托中的委托人把信托财产全部或者部分分配给自己，然后用于清偿债务？这两者的逻辑显然是一致的。

**大军律师**：这个例子恰恰说明，如果我们在进行信托筹划或者信托产品设计时，能够对"合规性""价值性"多一点理性思考，那么境内家族信托的发展一定会少走很多弯路。

关于"合规性"与"价值性"的关系，我还有一个观点供大家探讨——"合规是底线，价值是实线"。

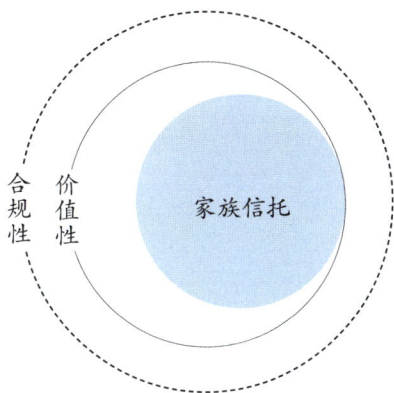

**海铭博士**：只有合规才可以得到法律的保护，这一点不难理解。由于家族信托当事人及财产等要素的全球化趋势，今天谈到的实际上是全球的合规性。通过对合规性的把握，确定的是家族信托的最大"边界"。

同时，只有尊重和符合社会价值的事物才可能得到社会的长久认可与尊重。我们做的每一件事情都应当符合社会的普遍价值判断，而且这个价值判断在不同的时代是有所变化的，从长远来看，社会的普遍价值判断将决定法律的走向。换句话说，只有符合社会价值才可能实现真正的安全！

**晓初律师**：这就是说，合规性这一条线应当是"底线"，真正的家族信托边界并不应当画在这里，而要与这条边界保持适当的安全距离；价值性所确定的边界才是一条"实线"，这才是我们家族信托构建与运行过程中应当真正把握的边界。

"实线"与"底线"之间就是所谓的安全距离，如何把握可能决定于每一个家族的价值判断与现实选择。以合规性为底线，以价值性为边界，这才是确保家族信托法律结构安全的关键。

**大军律师**：从目前的实践经验来看，境内家族信托对于"合规性"的把握要么过于保守，要么十分激进；对于"价值性"的重视程度要么不够，要么缺乏真正的把握能力，这都在一定程度上影响了境内家族信托的产品质量和发展水平。当然，"合规性""价值性"问题在海外家族信托筹划中也依然存在，只是表现形式和处理方法有所不同。

我相信，只要家族信托还存在，对"合规性""价值性"的讨论就会永远存在。合规是规矩，价值是导向。合规是底线，价值是实线，这是我们在筹划过程中必须把握的重要规律。

## 家族是主人，系统是保障

**逸凡律师：** 在进行境内外家族信托筹划的时候，我们始终秉持一个观点——家族是主人，系统是保障。家族信托本身就是为了家族（企业）能更好地生存、发展，如果脱离了这一根本立场，则没有存在的必要。

无论信托关系如何安排，无论有多少角色进入家族信托，家族必须始终占据主人的地位，家族关于信托的全方位诉求必须一一被考虑到，并且通过定制体现在家族信托的设计与实操之中。这体现了家族信托的"家族性"。

**大军律师：** 家族信托必须解决委托人、受托人、保护人及受益人等多类型当事人的关系问题，同时必须解决信托财产所有权、控制权、经营权及收益权等权利的关系问题。这涉及家族信托治理结构与治理机制的安排、家族信托所有权结构配置两个方面的问题，这本身就是一个动态的复杂系统。

进而可以说，家族信托是一个家族财富管理系统的顶层结构，它的运用不是单一的，而一般应当与其他财富管理工具结合起来整体综合运用，形成一个完整的解决方案，它必须具有一个系统性的立场。也就是说，家族信托与意愿安排、家族协议、金融性工具、其他结构性工具及身份配置等财富管理工具的平衡与衔接是不可回避的，要实现的是一个财富管理系统，没有这个思维作为基础，家族信托的构建是很难成功的。这就是家族信托的"系统性"。

所以归根结底，在设计家族信托时既要严守家族立场，还要运用系统化的思维去设计所有权结构、治理安排和财富生态系统——前者是世界观，后者是方法论。

**海铭博士：** 在进行境内、境外家族信托定制的过程中，我们一定会特别注意"家族性""系统性"的问题，因为这是标准化信托协议永远无法周全考虑的问题，这类问题只能在每一次信托定制中去解决。

举个例子，"三口之家"（父、母、子）与"四口之家"（父、母、子、女）的家族信托设计会有什么不同？也许有人会直观地认为，两种情形的区别仅仅在于后者的受益人名单里要多填写一个人的信息。

那么让我做一个简单提问，假设父亲是这个家族信托的委托人和监察人，保留着监督家族信托运行以及具体管理投资事务的权利，请问在父亲身故后，这个权利的继任人会是谁？

"三口之家"一般来说有三种可能：母亲行使，子行使，或母子共同行使。而"四口之家"一般来说共有七种可能：母亲行使，子行使，女行使，母子共同行使，母女共同行使，子女共同行使，母子女共同行使。在不同安排的背后，体现的完全是每个家族非常个性化的考量。

**晓初律师：** 是的。对三口之家而言，一般会采用"子承父业"的安排，这也比较符合中国的传统观念。但如果条件变一变，母是继母，那么就可能会采用"母子共同担任监察人"的方式，这主要是为了双方利益的平衡。

对于四口之家，情况就较为复杂，比如说如果采用"母子共同行使"的安排，这可能并不意味着母亲与儿子之间需要进行利益的平衡，而往往是母亲为了保护女儿而加入监察人队伍，以确保儿子的行为不会损害女儿的利益。

**大军律师：** 在实践中，许多家族信托从业人员往往会忽略上述问题。在他们眼中，简单地把父亲作为委托人和监察人，把母亲、儿子、女儿都作为受益人填写到标准信托文件中就完成了任务。但他们却无意中为家族多年后的争议埋下了隐患——当母亲追求稳健的投资方式以确保自己能得到定期定量的养老年金，而儿子追求更激进、风险更高、周期更长的投资方式时；当女儿长大了，取得金融专业学位从海外回来，却发现自己在家族信托的投资方面没有任何话语权时；当女儿多次请求领取创业基金，而儿子却行使监察人权利禁止受托人进行分配时。

在这个例子中，对以上各种可能性的失察，不与客户进行提前沟通，不为可能的危机预留解决方案，这就是我们所说的缺乏"家族性"的家族信托。非但无法保障家族，反而成了家族的"定时炸弹"。

**海铭博士：**以上这个例子其实也体现了家族信托"系统性"的重要意义。试问，就算家族信托的从业人员考虑到以上各种可能性，但回过头来发现家族信托安排没有预留任何调整和应对空间，这时该怎么办呢？

我们见过多个境内、境外家族信托的安排没有规定委托人、监察人权利的继任人——所以父亲去世后权利交给谁是根本不知道的；又或者某些境内、境外家族信托的安排中规定，监察人只能由一名家族成员担任——这样就完全排除了"母子共同担任监察人"这种解决方案的可能性；还有些信托安排没有规定初任监察人的权利和继任监察人的权利可以有所不同，这样就排除了通过限制继任监察人权利的方式实现子女利益平衡的解决之道。

**大军律师：**不要忘记，以上的所有讨论还仅仅针对的是三口之家、四口之家委托人、监察人的监督权、投资管理权中的某个方面。我们还没有讨论"受托人撤换权""受益人调整权""受益分配权"等其他重要权利，还没有讨论信托约束机制、调整机制、退出机制、分配机制等其他重要方面，也还没有假设这个家族除了直系血亲以外可能由其他人担任监察人。

再退一步说，这些都是家族信托的内部安排，我们还没有讨论这个家族信托要怎么和经营性资产契合，怎么与其他财富管理工具协调的问题。

可见家族信托真是一个复杂的系统，设计者一定要把这一点牢记心中。如果我们设计的家族信托不具有这样的"系统性"，不能够实现以上多种可能性，那么"充分满足家族（企业）客户的诉求"就是一句空话。

## "可适"以应变化，"持续"以至世代

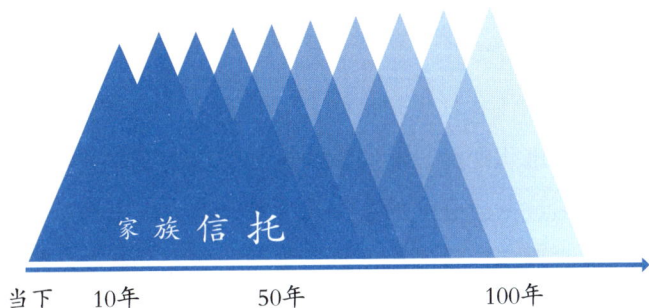

家 族 信 托

当下　10年　　　　50年　　　　　　100年

**大军律师：**无论是境内还是境外的家族信托设计中，许多人仅仅考虑到了当下的安排，对于未来没有任何思考，也没有预留任何应变和调整的空间。这是我们强调家族信托要具备"可适性"和"持续性"的重要原因之一。

在设立家族信托之初，我们就必须意识到它将陪伴家族走过漫长的岁月，并且面对各种各样来自家族之内与之外的问题。对这些问题，有些我们可以借助当下的理性去安排和设计，有的却已超出了我们今天的思维所能抵达的边界。

为了在这样漫长的时间跨度中应对多种多样的问题，信托的所有权结构设计与治理机制安排必须保持柔性，对家族信托利益相关者的教育必须持之以恒，家族对信托的尊重和信心必坚如磐石。从"可适性"与"持续性"二者的关系上看，前者是对家族信托内部结构、内部治理机制的要求，后者则是外在所呈现的特征。

**逸凡律师：**您刚刚提到了对家族信托的三方面要求：所有权结构设计与治理机制的柔性设计，对家族信托利益相关者的持续教育，家族对信托的尊重和信心。

我脑海中立刻跳跃出许多个与之相印证的案例，如我们在《对话家族信托》中提到的澳洲女首富的家族信托、梅艳芳女士的家族信托，在《对

话私人财富管理》中提到的鹰君集团罗氏家族信托，都是因为信托所有权结构与治理机制安排缺乏柔性、信托利益相关者对家族信托的基本理解存在严重偏差，最终导致了信托危机，甚至亲人之间对簿公堂。可见家族信托的"可适性"与"持续性"多么重要。

**晓初律师**：这也让我联想到市面上对家族信托的错误观点。有人认为家族信托是一款标准化产品，不同家族设立的信托无非是填写不同的委托人和受益人，然后改一改分配的条件和金额。但我想说的是，家族信托必须要定制，没有定制就不可能根据每个家族的情况去预留调整的空间，去保持所有权结构和治理安排的柔性；最重要的是，定制的过程也是家族信托教育的过程，没经过定制，家族成员往往对家族信托缺乏最基本的了解和尊重，将来容易引发家族信托内部的"战争"。

**大军律师**：是的，家族信托绝不是基于虚荣心的身份象征，更不是购买理财产品——买完就等着它发挥作用。家族信托是对一种更好的生活方式、财富规划与传承模式的选择。既然如此，它就值得家族去花费心血参与和经营。事实上，也唯有在家族的参与之下才能锻造出真正"可适""持续"的家族信托。

**晓初律师**：补充一点，"可适性"与"持续性"并不意味着要把未来的各种可能性全部写进今天的规划，事实上也做不到，硬要去做则反而有害。刚发现我们今天举的许多案例都与监察人制度有关，我索性再举一个这方面的例子，把这个话题聊得更尽兴。

在我们主导的家族信托设计中，有几位委托人特别担心监察人发生意外时权利的继任问题，于是倾向于一开始就把监察人继任者的名单写得很长，整个继任链条几乎包括了所有直系血亲，甚至某些旁系血亲。最后还补充说明：如果以上链条中的人都无法担任监察人，那么委托人法定继承人中的年纪最长者将担任监察人。

**大军律师**：这显然是走进了构思过度的误区，在这种情况下必须提醒家族成员：您考虑的问题已经超出了当下能够理性判断的边界——以信托建立时的状况，我们根本无法理性预估链条上一些遥远的"继承人"是否有能力履行监察人职责。如果一个不称职的监察人上位，对家族信托的所有利益相关人而言都将是一场灾难。

**晓初律师：** 后来我问这些委托人，在您心目中，当下就能够担任监察人的有谁？他认真想了想，发现只有自己和太太。我说，那监察人和权利继任人就先定为您和您太太，等未来有合适人选了再补上去。

如果有一天监察人继任者名单空了，那么就由当时的委托人或全体受益人（如果委托人也无法行使权利）一致决定是终止信托、继续无监察人的状态还是选出新的监察人。他们在认真思考之后都同意了。

这也就是我们常说的信托筹划原则之一：用当下的理性解决问题，为未来的主人预留空间。它体现了"可适性"与"持续性"的另一面。

## 透视行业，把握趋势，坚守本质——将对话进行到底

**晓初律师：** 我们的对话系列从家族信托开始，当时以为已经用二十一个案例将境内境外、大家族小家族的信托都做了方方面面的解读。谁知两年后再谈这个话题，一切又是另一番风味，另一番感慨。几年之间，行业在崛起，客户在成熟，而我们自身也在不断进步。

**逸凡律师：** 在《对话家族信托》中和丰君说过，知识的进步是缘于认识维度的扩大，在更广的维度就能看到更广阔的天地。这说的是家族信托的进化，是家族（企业）的发展，但同样也是我们——家族同行者视野不断开阔的真实写照。三年之中，在家族信托领域，除了在实操技术上不断进步，我们对行业的观察也更为通透、对趋势的把握更为精准、对家族信托本质的坚守更为坚定。

**海铭博士：** 连续两场对话，前一场我们聊的是家族信托的行业，后一场我们聊的是家族信托的产品与服务；前一场关注家族信托的场景与环境，后一场关注的是家族信托的本质，我们希望今天的对话能够为需要采

用信托作为顶层结构的家族提供帮助，也能为行业从业者带来启迪。

**大军律师：** 毋庸置疑，近年来与中国家族相关的境内外信托产品与服务都取得了明显的进步，但从家族信托的"合规性""价值性""家族性""系统性""可适性""持续性"六个方面来看，机构所设计的家族信托都还有很大的提升空间，而这种提升空间几乎永无止境。

在这种情况下，无论是家族、提供家族信托服务的专业机构，还是相关专业人士，都应当始终坚持"家族信托必须定制"的观念，不断提升境内外家族信托的水平，用专业与耐心去抵抗岁月与变化。而我们，作为其中的一分子，必须不断进步，透视行业，把握趋势，坚守本质。我们希望这场关于家族（企业）财富保护、管理与传承的对话永远继续下去。

## 启示与建议

● 家族信托有着自己的悠久历史和基本价值判断——这也意味着所有的创新都必须充分尊重家族信托的历史和基本价值判断，与之相悖的创新不能说绝对错误，但至少值得我们加倍慎重。

● 合规性这一条线应当是底线，真正的家族信托边界并不应当划在这里，而要与这条边界保持适当的安全距离。

● 价值性所确定的边界才是一条实线，这才是家族信托构建与运行过程中应当真正把握的边界。

● 在设计家族信托时一定要严守家族立场，同时要时刻运用系统化的思维去设计所有权结构、治理安排和财富生态系统——前者是世界观，后者是方法论。

● 家族信托是一种更好的生活方式、财富规划与传承模式的选择，值得家族去花费心血参与和经营，也唯有家族的参与才能锻造出真正"可适"和"持续"的家族信托。

第20堂课

# 安然于当下，从容于未来
## ——重新发现结构性工具的核心价值

**分享嘉宾：** 谢玲丽律师
**互动律师：** 东兰律师、逸凡律师、胡弯律师
**分享时间：** 2019年1月11日　星期五

## 课堂研讨

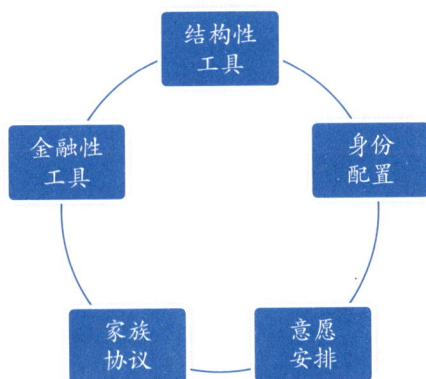

**玲丽律师：** 各位在前两堂课上与大军律师对家族信托作了深度交流，相信大家一定有比较大的收获。一直以来，我们都在做家族信托及家族信托文化的推广，目的并不仅仅在于家族信托本身，还希望中国家族（企

业）对于财富管理的结构性工具及其核心价值可以有全新的认识、理解与运用。

**逸凡律师**：家族信托确实"火"了，而且越来越火，无论是我们的案例数据还是合作机构的案例数据，都可以让我们很明确地做出这样的趋势性判断，但在实践中体会最深的是——无论是机构还是家族，对于家族信托的理解存在普遍性偏差，长此以往不仅会误导家族，可能也会误导监管机构。

**玲丽律师**：2019年起如果没有特殊的政策性影响，家族信托持续升温是必然的。在无法真正认识、把握和坚守家族信托的本质的前提下，这种升温不见得是好事。

鉴于此，我们在2018年讲得最多的就是家族信托的回归，这也是针对家族信托领域中的这一现象提出的。所以说，前面为家族信托安排了两堂课，分量虽然重了点儿，但也是有必要的。

**胡弯律师**：前一段时间接触了一个非常著名的投资机构，该机构出于多种考虑为其合伙人在海外批量设置离岸家族信托。他们的操作路径就是统一找一家公司秘书机构做一个登记，大的逻辑与设立一家离岸公司没有任何区别，可谓"简单粗暴"。令我惊讶的是，这些合伙人中的大多数人似乎对家族信托没有任何认知。

**玲丽律师**：这是一个普遍现象。我们今天沿着家族信托的讨论逻辑，进一步对其他结构性工具一并进行梳理，力争能够进一步发现这些结构性工具的核心价值。

## 结构性工具与非结构性工具

**东兰律师**：课前我和谢律师作过交流，都觉得有必要就结构性工具与非结构性工具两个维度做一些大的比较，这样讨论效果可能更好。

**玲丽律师**：我这里所讲的结构性工具，既不是指结构性的投资工具，也不是指结构性的金融产品，而是指结构性的家族财富管理工具。

这个结构性财富管理工具的概念是我们提出的、同行业基本接受的一个概念，一般包括家族信托、家族基金会、家族控股公司、家族有限合伙及家族特殊目的公司等。

**逸凡律师：**通常讲到的家族财富管理工具包括结构性工具、金融性工具、家族协议、意愿安排及身份配置五大类工具。

我们一直非常关注结构性工具的价值，而且还特别提出了以结构性工具、金融性工具为主导，以意愿安排、家族协议为补强，以身份配置、跨境配置为平衡的家族财富管理的实现路径。

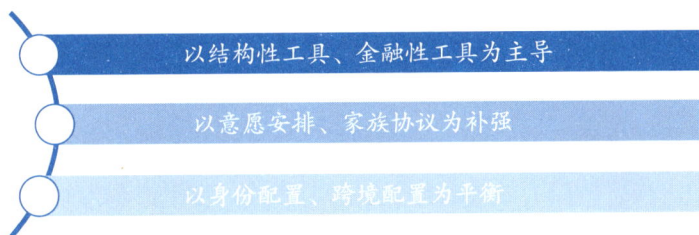

- 以结构性工具、金融性工具为主导
- 以意愿安排、家族协议为补强
- 以身份配置、跨境配置为平衡

**玲丽律师：**逸凡律师强调的这个财富管理路径实际上也是被同行及家族广泛认同的。在今天的讨论语境下，我们可以将结构性工具以外的四大类财富管理工具都归入非结构性工具，这样讨论起来比较方便。

我们必须尊重一个基本事实，当下中国家族（企业）的财富管理是从非结构性工具的运用起步的，其中包括很多服务机构、很多行业的先行者都在这个领域做了大量的探索与尝试。

例如，中华遗嘱库就是一个非常值得关注的探索。中华遗嘱库的价值可能不在于用这种模式从根本上解决了多少家族的财富传承问题，而在于让国人初步真正较大规模地接触到了遗嘱这个东西，进而引发国人的财富管理意识。

我并不了解中华遗嘱库现在的运作模式以及未来可能的演进路径，但是无论如何遗嘱的价值被大家发现了。

**胡弯律师**：其实我们讲到的意愿安排应当包括遗嘱，但又不限于遗嘱，还包括很多其他的财富管理工具。

**玲丽律师**：是的。我们将意愿性的安排都归类到了意愿安排中，其中既包括遗嘱、赠与、意定监护等个人意愿的安排，也包括如家族宪法、家族规章等一些共同的意愿安排。所以说，在我们对于财富管理工具的划分上，意愿安排是很广泛的，也是非常重要的。

家族协议更是如此，我们说的家族协议包括财产性的协议，也包括了一些非财产性的协议，其在财富管理使用的频度及重要性也是不言而喻的。

金融性工具最具代表性的就是保险，现在事实上是"人人保险"的时代；身份配置更不用说了，超高净值家族没有在这方面有所考虑的极为稀有。

这里我想说句多余的话，身份配置只是一个家族基于财富管理逻辑的正常选择，与"情操"无关、与"爱国"无关，当下很多人站在所谓的道德制高点上进行指责确实有些荒谬。

讲到这里，大家对非结构性工具有什么想法？

**逸凡律师**：其实我们对于非结构性工具是非常重视的，这些财富管理工具的功能价值是无可替代的，对结构性工具与非结构性工具两者都不可以偏废。

**东兰律师**：结构性工具与非结构性工具并重这个逻辑我也是非常认可的，在我们坚持的财富管理路径中也很清晰地确定了这样的原则。

**玲丽律师**：你们二位讲到的是我们的基本观点，但在今天我想更深入地谈一谈我的理解。刚好我昨天在北京和中国银行的一位资深私人银行家就这个问题进行了深入交流，很有启发。

我比较喜欢吃面食，我就用面食作一个比喻。

和面的面盆，揉面或擀面的案板，是制作基本面食品种需要的工具；至于需不需要切面的刀、擀面用的擀面杖，就要看具体做什么面食了。烙饼、手擀面、饺子、包子等大部分常规面食的制作是需要面盆和案板这两个工具的，或者说我们已经习惯于使用这两种工具了。

有一些面食品种又需要特定的专属工具，如做饸饹需要饸饹床，做剪刀面需要剪刀，做煎饼需要饼铛；一些特殊的面食品种如包子、馒头、花卷等，需要使用蒸锅；饺子又有不同，既可以用煮锅煮，也可以用蒸锅蒸，即所谓的水饺和蒸饺，味道和吃法略有不同，但都是饺子。

小麦、莜麦、荞麦、高粱、玉米、绿豆、大豆等不同的面适合做不同的面食，用两种以上的面以不同的比例进行混合又可以制作一些新的面食品种。

更为有意思的是，不同面食有不同的要求，有些面食品种需要"发面"（发酵过的面），有些需要"半发面"，有些又需要"死面"（未发酵的面）；有些面食需要冷水和面，有些需要温水和面，而有些需要热水和面。

工艺和手法上的差异就更大了。拿面条举例，从粗到细，从厚到薄，从宽到窄，从长到短，从韧到软，太多不同了。

另外，不同口味喜好的人，不同生活习惯的人，不同身体状况的人，不同经济状况的人又可以选择不同的面食品种。

有意思吧?

**东兰律师：**不是有意思，是很有意思! 我都快流口水了!

**玲丽律师：**面食的学问大了，上千种面食，这实际上构成了一个完整的文化体系。可能我说得啰唆了一点，其实面食的逻辑与财富管理的逻辑是完全一样的呀!

所有的面食都是面和水在不同阶段的结合，成为可以后续加工的面，或者可以食用的面，这是面食制作的逻辑起点；面食制作除了需要原料和水之外，必然需要一些工具，除了需要一些基础工具外，可能还需要一些特殊工具；不同的原料适宜制作不同的面食，不同的面食又有特定的制作工艺，同样的面食又可根据人的需要不同制作出不同的花样来。

如果再加上丰富多彩的调料与配菜，就有太多的变化了，完全可以满足不同人不同的需求。

**逸凡律师：**确实学问太大了！

**玲丽律师：**其实逻辑都是一通百通的。

就财富管理来讲，逻辑起点是什么？财富与愿望，只有财富没有愿望，或者只有愿望没有财富，这两种情形都不需要财富管理。财富与愿望就如同面食中的面与水。

有一些基本的财富管理工具一般是必须使用的，也有一些特殊的财富管理工具是根据特定的需要使用的；不同的目标又需要不同的财富管理工具或若干财富管理工具的综合运用；同样的工具，运用技术和火候又有很大的差异；当然，工具的运用既可以根据个人的喜好去选择，也可以根据个人的能力去安排；有些工具缺失或没有条件使用，用其他工具暂时代替一下也未尝不可。

**胡弯律师：**我理解谢律师想讲的是财富管理工具本无优劣，只要能够满足要求，能够合用即可。

**玲丽律师：**基本上是这个意思，但也不完全是这样。我下面归纳一下关于财富管理工具的六个基本观点：

1. 无论是各类结构性工具，还是各类非结构性工具，工具之间本无优劣之分。导致优劣之分的是我们的内心与喜好，实际所谓的优劣判断并不真实，也没有任何意义。

2. 财富管理工具的优劣，是在选择中产生的。家族根据自己的条件和要求最终选择的某一个工具对家族而言就是优的，没有选择的工具对这个家族而言就是劣的。

3. 财富管理工具的优劣，实际上很多时候是在运用中产生的。同样一种工具，同样的条件，同样的需求，同样的目标，不同的工具运用能力会导致"优"或"劣"的出现，其实这与工具本身是无关的。

4. 站在不同的立场上，财富管理工具才会产生优劣之分，就机构立场而言，有机构的基因、偏好、目标、选择与判断；就家族立场而言，又有家族的条件、诉求、目标、选择与判断。优劣是一种价值判断，一定是有立场的。

5. 就特定目标的实现而言，工具确实是有优劣之分的，对于特定目标，可能某些工具根本无法实现，对于特定目标，不同工具的实现能力也有先天的制度差异，这个时候工具优劣的存在是客观事实，做出恰当的判断是必要的。

6. 如果从家族（企业）通过顶层机构设计实现保护、管理与传承的整体目标出发，结构性工具就变成了必备的、基础性的工具，而且这个时候是多种结构性工具的系统运用。此时结构性工具一定是优的，是主导的。

这就是我对所谓的财富管理工具优劣的一个基本判断。

**东兰律师：**完全赞成谢律师的观点，每一种工具有自身的价值，否则这种工具是不可能存在的。

**玲丽律师：**就是这个道理。对于我们而言，在尊重家族意愿的基础上，依据家族的条件与需求，尽可能充分与完整地发挥工具的价值，这才是我们的本职工作。

在这个地方我们用了很多时间来讨论，希望大家对工具的价值有一个客观的判断，不要再出现"做保险的说保险好，做信托的说信托好，做遗嘱的说遗嘱好"这种"尴尬"局面。

## 结构性工具的共同逻辑是什么？

**逸凡律师：**刚才谢律师讲得比较清晰了。我们始终认为家族（企业）需要的是一个财富管理的整体解决方案，站在这个需求与目标上，我们一直强调结构性工具的价值与运用是必然的，也是恰当的。

隔离性　集中性　稳定性

**玲丽律师**：是的。既然我们强调结构性工具在财富管理整体解决方案中的优势，那么大家先一起看一下家族信托、家族基金会、家族控股公司、家族有限合伙及家族特殊目的公司等结构性工具的共同逻辑是什么。

**胡弯律师**：我先抛砖引玉吧。我认为这些工具都是法律结构，是拟制的法律"主体"，对外的法律地位及内部结构与机制有相对明确的法律依据，与"自然人"拉开了距离，或者说从某一个层面上可以摆脱"自然人"的束缚！

**玲丽律师**：是一个独立的法律结构，是一个拟制的"人"，这确实是一个显著的特点。

**东兰律师**：既然这些法律结构是一个拟制的"人"，它们就可以独立承担相应的责任，独立行使相应的权利。责任是有限的，或者说是相对有限的。

**玲丽律师**：这一点也是相当重要的。这些法律结构既然是有限的或相对有限的责任，在没有责任穿透的事由且未经过必要的法律程序的前提下，"有限责任"可以起到必要的风险隔离作用。当然，不同法律结构的风险隔离作用是有差异的。

还有没有其他特点？

**逸凡律师**：法律结构不仅有隔离的作用，实际上也有集中的作用，即将分散的意志、分散的权利集中起来的作用。

**玲丽律师**：太好了！这也是法律结构的一个重要特点——起到了一个集中的作用，将多个"人"的多个意志，将多个"人"的多个权益集中起来，装到一个"房子"里了。最终对外将以结构的意志代替分散的"人"的意志，以结构的权益代替分散的"人"的权益。至于这些"人"相互之间的事，在"房子"里自己去解决。

**胡弯律师**：前面实际上谈到的是法律结构，或者说结构性工具对外的两种基本价值，我们姑且可以粗略地理解为"隔离性"与"集中性"，这两种基本价值对家族财富管理的意义是不言而喻的。

**玲丽律师：**其实还有一点大家可能忽略了，法律结构是相对稳定的。

这个所谓的稳定是与自然人相比较而言的，法律结构不会"喝醉"，也不会"出车祸"或"生病"，这是稳定的一个方面；同时，依法受保护的法律结构不仅具有受保护的"权利外观"，依法构建的内部结构与机制也有规矩可循，而且在内部会形成有效的权利机制、约束机制、激励机制、责任机制、调整机制与退出机制，这也是法律结构的"稳定"之源；因此，法律结构通常可以持久地存在，不受生命长度的限制，或者说生命长度可以由我们确定或决定，这也是一个层面的稳定。

所以说，稳定性与隔离性、集中性一样也是结构性工具的核心价值。

**逸凡律师：**对于结构性工具的隔离性、集中性与稳定性价值我们有了一定的了解，有没有其他考虑的维度呢？比如说，从结构性工具内部来观察，会不会有新的发现呢？

可靠性　　定制性　　确定性

**玲丽律师：**逸凡律师提出的建议很有建设性。这个观察视角就是我们接下来要重点讨论的另一个层面的内容了。

法律结构内部一定是有"人"的，当然这里的"人"也许还是另外一个层面的结构，但无论是何种情形，法律结构内一般都会有独立的、不同的意志与权益主体，这是必然的；同时，法律结构通常存在所有权、控制权、经营权及收益权等权益内容，这些权利有效配置方可形成法律结构的共同意志与共同权益。换句话说，法律结构内涉及两种关系："人"的关系与"权益"的关系。

在不同的法律结构中，通常法律已经设定了特定治理模式，完全可以构成一个"人"的关系与"权益"的关系的"骨架"，确定特定法律结构的价值底线。此时法律智慧代替了"人"的智慧；同时，在不同的法律结构中，通常法律又会给"人"以相对的自治空间，由"人"的智慧弥补法律智慧的"高冷"与空白，这又生成了法律结构的"血脉"，这种自治让法律结构有了"生气"与"灵魂"。

这二者的并行不悖使得不同的法律结构不仅相对更可靠，而且可以通过定制满足特定的"人"的诉求。

**东兰律师：**也就是说，如果我们从内部观察结构性工具，所有的结构性工具都具有"可靠性、定制性"的核心价值。

难道结构性工具的核心价值仅此而已吗？

**玲丽律师：**结构性工具对目标的实现是相对确定的，这是由结构性工具的隔离性、集中性、稳定性、可靠性与定制性所决定的，从某种意义上讲，结构性工具是一种"看得见"的安排，目标的实现是相对确定的。

我们的所有规划与安排都是希望能够战胜时间与人性，结构性工具的六个核心价值给家族（企业）战胜时间与人性带来了更大的可能！

## 结构性工具的适用与选择逻辑

**胡弯律师：**前面对于结构性工具的核心价值做了系统梳理，说实话这是第一次这样做，很受启发。确实，我们对于一些底层逻辑要有自己的观察与研究，否则只是人云亦云而已。

**玲丽律师：**回过头来，我们必须清楚，每一种结构性工具的适用和选择也是有一定逻辑的。不同的结构性工具，其核心价值的强弱是有区别的；同一种结构性工具在不同法域下其核心价值的强弱也是有差异的；同一种工具即使在同一法域下的不同历史时期，其核心价值的强弱同样也是有变化的。当然，不同结构性工具适用的财富形态与财富规模也是有差异的。

**逸凡律师：**既然如此，我们在实操中应当把握哪一些结构性工具运用的基本逻辑呢？

**玲丽律师：**首先必须明确，我们今天所有的讨论都是基于拥有家族企业的财富家族展开的，当然这些家族除了家族企业这类经营性资产外，一定还有其他形态的资产。

事实上，家族信托、家族基金会、家族控股公司、家族有限合伙及家族特殊目的公司等主要结构性工具的六个核心价值的强弱是有先天差异的，而且差异主要体现在隔离性、集中性及定制性；不考虑运用能力，结构性工具稳定性、可靠性及确定性的差异理论上不会太大。

**东兰律师：**这几个结构性工具的隔离性、集中性及定制性的差异很大吗？

**玲丽律师：**这几个工具核心价值的先天能力强弱差异还是蛮大的！

当然我讲的差异是工具本身的价值能力，而并没有包括具体的运用能力上差异。工具运用及安排的"好"与"坏"会强化或弱化这些工具的价值，千万不要把一手好牌打烂了！

同样我也阐述一下我的观点：

1. 就隔离性而言，毫无疑问，家族信托与家族基金会具有比较优势。这两个工具的隔离是非常彻底的，究其原因，是二者将财富的所有权、控制权、经营权（管理权）及收益权作了分离。

2. 就集中性而言，家族信托、家族基金会同样也是具有比较优势的。家族控股公司、家族有限合伙及家族特殊目的公司等工具由于隔离性没有这两个工具强大，在特定情形（如被动的流动性）下集中性受到了弱化。

3. 就定制性而言，家族信托、家族基金会同样也是具有比较优势的，二者存在较大的定制空间。

在隔离性、集中性及定制性上的比较优势，就是家族信托、家族基金往往会被当作家族财富管理最顶层的工具的根本原因。

**逸凡律师：**其他几个结构性工具呢？

**玲丽律师：**家族控股公司也是我们在境内外一直倡导的，这个工具具备隔离性、集中性，在经营性资产无法置入家族信托或家族基金会的情形下，境内外家族控股公司的构建是第一步。

当然，在家族控股公司之上开一个"窗口"，与家族信托或家族基金会对接是结构性财富管理工具组合运用的必经路径。

**胡弯律师：** 家族有限合伙及家族特殊目的公司呢？

**玲丽律师：** 家族有限合伙与家族控股公司是属于同一个层面的结构性工具，二者的隔离性及定制性价值是比较接近的，但在集中性上存在差异，家族有限合伙通过权益配置更易于进行控制权的安排。

特殊目的公司我认为是居于底层的结构性工具，基于特定的目的持有特定的资产。这种结构性工具的使用往往是为了持有、交易及退出的方便，当然也会考虑隔离等因素。

**东兰律师：** 梳理下来，这五种常用的结构性工具核心价值的强弱确实是存在一定差异的，所以在实践中逐步形成了特定的使用场景，并逐步形成了家族信托及家族基金会，家族控股公司及家族有限合伙，家族特殊目的公司这三个层次的工具格局，并进而形成了三个层次工具的组合运用。

**玲丽律师：** 总结得非常好，确实是这样的。

我们在实践中往往还会通过一系列公司、合伙企业构建完整的一个或多个家族事业主体的所有权结构体系。这些事业主体的所有权结构安排实际上是家族顶层所有权结构之下的具体安排而已，虽然重要，但并不在我们今天的讨论之列。

## 始于斯，而不是止于斯

**逸凡律师：** 今天讨论的信息量有点大，而且就结构性工具的核心价值而言，我们确实考虑得不多，我们更多关注的是工具的运用。

**玲丽律师：** 我们为什么就这个问题进行深入讨论呢？

强调结构性财富管理工具的核心价值当然是一个重要原因，只有在财富管理解决方案中有效运用结构性工具，家族才可能真正走在现在与未来之间！

**胡弯律师：**我的收获不仅如此。一定要关注财富管理工具的核心价值，这是有效运用财富管理工具的前提，也是今天的讨论对我最大的启发。

**玲丽律师：**我们从讨论结构性工具开始，但并不应陷于结构性工具，而是要去把握所有财富管理工具的价值，否则我们是不可能给出一个完美的财富管理解决方案的。

## 启示与建议

● 隔离性、集中性、稳定性、可靠性、定制性及确定性是结构性财富管理工具的核心价值。

● 财富管理所有的规划与安排都是希望能够战胜时间与人性，结构性工具的六个核心价值给家族（企业）战胜时间与人性带来了更大的可能。

● 主要结构性工具的六个核心价值的强弱是有先天差异的，而且差异主要体现在隔离性、集中性及定制性；稳定性、可靠性及确定性的差异理论上不会太大。

● 在隔离性、集中性及定制性的比较优势，就是家族信托、家族基金往往会被当作家族财富管理最顶层的工具的根本原因。

● 结构性工具都有特定的使用场景，并逐步形成了家族信托及家族基金会，家族控股公司及家族有限合伙，家族特殊目的公司这三个层次的工具格局，并进而形成了三个层次工具的组合运用。

持而盈之，不如其已；
揣而锐之，不可长保。
金玉满堂，莫之能守；
富贵而骄，自遗其咎。

——《道德经》

世

丰

第21堂课

# 成功家族的典范

## ——家族宪法与家族规章

**分享嘉宾：**胡弯律师

**互动律师：**东兰律师、逸凡律师、晓初律师

**分享时间：**2019年1月22日　星期二

## 课堂研讨

**胡弯律师：**现在讨论家族宪法及家族规章正当其时。日前，我们大成律师事务所财富管理专业组、和丰家族办公室与香港传承学院进行了内部研讨，对这个问题进行了非常充分的交流。大家一致认为，现今家族宪法及家族规章的制定条件及技术已经基本成熟了。

**逸凡律师：**此前家族宪法的制定技术不成熟吗？不是有很多人声称自

己是这方面的专家吗?

**胡弯律师:** 至少我们认为是不成熟的,主要有三个判断依据:<u>其一,此前家族关于家族宪法及家族规章的诉求不真实,并且缺乏家族共识;其二,此前国内相应领域的研究水平相对较低,高质量的研究成果匮乏;其三,此前并没有出现专门研究家族宪法或提供家族宪法定制服务的机构。</u>

这三个理由是充分的,也是有说服力的。至于说人家如何去宣传,我们无法评价!当然了,现在也只是处于"基本成熟"的阶段而已。

**东兰律师:** 是不是有点过于悲观了?

**胡弯律师:** 家族宪法与家族规章是家族文化的重要组成部分,家族宪法及家族规章的制定一定伴随着家族文化意识的觉醒,当下"基本成熟"是家族文化意识发展到一定程度的正常现象,这不是悲观的判断,而是乐观的预测。

另一个需要说明的问题是,家族宪法及家族规章的制定不仅是一个认识问题,也是一个能力问题,还需要一点运气。

**逸凡律师:** 确实,家族宪法的制定过程是艰难的,家族的上一代往往很期待,下一代也积极参与,两代人都希望家族宪法能够落地。但最终能够做到的却寥寥无几。

**胡弯律师:** 是的,虽然目前家族开始意识到家族宪法及家族规章的重要性,内部达成了"初步共识",制定所需的技术能力也足够支撑,但依然存在很多挑战:

<u>其一,"初步共识"不够,家族宪法必须立足于家族的"广泛共识"和"深度共识",这不仅难,而且需要一些"助缘"。</u>

<u>其二,家族宪法不仅规范限制当下,更约束未来的家族成员或利益相关者,"预见未来"要求家族必须具备足够的决心与远见。</u>

<u>其三,家族宪法往往是"盛世"的产物,很多时候制定进程会被各种家族意外所打断。一旦家族失去"稳定"与"繁荣"的环境,家族宪法很可能就无法推进。</u>

**东兰律师**：从我们的实战经验看，制定家族宪法确实不易。

## 集涓流以成川，集点滴以致大成——家族规章与家族宪法

**晓初律师**：家族宪法在家族中的地位，就如同国家宪法在国家中的地位。国家宪法确定了国家的基本制度，是最高的行为准则，也是其他法律的立法基础；家族宪法，同样在整个家族最普遍、最根本的共识之上，建立起家族的基本原则与制度，并且为全体家族成员所共同遵守。

**逸凡律师**：家族宪法的重要性不容忽视。它不仅应当明确家族的价值观与最高政策，确定家族的基本制度安排，更概括了何为家族、何为家族事务，同样重要的是，它不仅规范限制现在，还约束未来。

正因为如此，家族宪法其实是一个维持家族整体运作的庞大系统，它具有概括性和复杂性，不可能在短时间内建立。

**胡弯律师**：如你所说，从大部分的实践过程来看，多数家族所谓的"家族宪法"并不究竟，其本质是家族规章——往往针对某一类或某几类家族事务展开。

从家族规章逐步积累、研究到家族宪法，这恰恰是一件好事，这个过程不仅确定了家族最重要、最紧迫的一部分原则与规矩，更是一个积累共识、强化共识的过程。

相反，在条件不具备的家族中"跨越式"地制定家族宪法，达成"不真实"的家族共识，必将不利于家族的长远发展。

**东兰律师**：我也赞成更多的家族在制定家族宪法时采用"集涓流以成川，集点滴以致大成"的方法。一方面，达成小范围的共识远比达成广泛的共识更容易；另一方面，所处社会时期及发展阶段的不同，家族考虑的问题也有所不同，如能在短时间内根据情况制定具有针对性的家族规章，将形成"小步快跑"的格局。

**胡弯律师**："小步快跑"一点儿没有错。

从实践来看，<u>与其长期纠结于家族宪法而裹足不前，倒不如尽快通过家族规章解决当下问题。克服的问题越多，家族共识就越多，在这个过程中家族可以逐步养成共同决策的习惯。这样看似慢了，实际上却是一个"以慢成就快"的过程。</u>

正如大军律师经常讲的，"从家族规章出发遇见家族宪法"，这可能是当下大部分中国家族的必由路径。

**晓初律师**：是不是每一个家族都需要家族宪法呢？

**胡弯律师**：我看未必。一些家族规模不大，财富规模有限，不拥有经营性资产，也没有太多"共"的主张，或者说"分"的趋势已经确定，制定家族宪法的意义就不是很大。

<u>这个时候用一些家族规章解决问题，确定必要的家规家训，或许更有效，也更有价值。</u>

不是每一个家族都必须制定一部家族宪法的。解决问题的方式很多，有时没必要"用大炮打蚊子"。家族规章对于当下的许多中国家族而言是一个更切合实际的选择。

## 魂而生法，法而赋形——从家族文化到家族（企业）治理

**东兰律师**：接下来还是言归正传，我们聊一下家族宪法的构成吧！

**胡弯律师**：<u>家族宪法一定要能继往开来。"往"是对家族过往积累的总结与提升；"来"是面对未来的力量，能够落地，能够执行；同时，家</u>

族宪法必须给家族带来方向和指引。

家族宪法一般包括家族声明、家族治理部分及家族企业治理部分三个板块的内容。可以请晓初律师先介绍一下家族声明。

**晓初律师：**家族声明属于"纲领中的纲领"，其核心内容是家族的共同使命与信念、价值观、基本原则和精神。

家族声明中会概括家族看重的因素，描述家族的共同愿景与希望。家族声明表达了最基本的共识，是界定家族内外部关系、管理家族成员、指引家族成员工作与生活的标尺。

我们的译著《家族宪法——保护与延续家族与企业的契约》一书即提到了一则有代表性的家族声明：1793年，拥有大量土地的祖先许下了神圣的誓言，要将家族发扬光大，并在这一过程中对社区做出贡献。在他们看来，以负责的态度使用和管理家族财产，就是在为社区贡献资源。

"我们希望能将祖先启迪与孕育的价值观，传承给我们的子女，并且启迪和熏陶我们的子女，让他们更好地培养他们的子女。每隔4个月，我们都会尽量齐聚一堂，共同弘扬这些价值观，并且享受彼此陪伴的欢乐时光。"

他们给自己的子女和后代树立了认真研究、博闻强识的榜样。最重要的是，他们身体力行地展现了对家族的奉献及对传承的尊重。当时该家族的13名成年成员，签字重申了对彼此的誓言与承诺，在管理财产、为社会做出贡献和实现个人发展的过程中彼此扶持。

**胡弯律师：**家族声明部分有些人会觉得有点"虚"，但它恰恰表明了一个家族对于与自然、社会及家族内外各种关系的理解与共识，是至关重要的。

就如同穆里耶兹家族的"每人每事"一样，看似简单，但实际价值非凡。家族声明是家族及家族成员判断与行为的依据，也是家族及家族成员选择与行为的指引。此外，它更是对家族精神的高度概括，是每个家族文化的灵魂。

从家族文化的角度看，家族精神是它的灵魂，家族宪法则是精神的规则化，而家族（企业）治理则是规则的形体化。魂而生法，法而赋形，家族宪法正是从家族文化到家族（企业）治理中承上启下的关键。

**逸凡律师：**既然如此，我们顺势聊聊家族宪法中的家族治理部分吧。

**胡弯律师：**家族治理，即通过构建相应的家族内部结构与内部机制，妥善处理内部与外部利益相关者之间"人"与"权益"的关系，实现我们通常说的家族和合，"家和万事兴"。

当下推崇的家族治理结构，主要以家族大会、家族委员会、家族理事会等机构为核心权力机构，以家族办公室为主要决策及支持机构。此外，不同的家族会根据自身诉求而设置出不同的家族治理结构。

以穆里耶兹家族为例，家族有近800名继承人。家族宪法设置了如下机构：家族联合会——几乎所有成年的家族成员都有平等的选举家族顾问委员会委员的权利；家族顾问委员会——由家族成员联合会的成员选举产生，宗旨主要是确保家族利益优先于个人利益，评价家族控股公司的战略决策是否可行，批准家族成员进入家族联合会；家族基金会——为家族成员的生活和创业提供充分的支持。

应当说，一个符合家族具体要求的治理结构，可以集合全体家族成员的能力和智慧，为家族（企业）提供强大的核心领导力与关键人力资源，为家族成员提供施展才华、充分交流、同流协作和纠纷解决的平台。

**东兰律师：**那么家族治理机制又应当如何设计呢？

**胡弯律师：**家族治理结构的运行需要内部的"催化剂"，家族治理机制就起到了这一作用。典型的家族治理机制包括：家族成员雇佣政策、投资政策、持股政策、所有权政策、流动性政策、支持政策、教育政策和慈善政策。只有通过结构与机制有机结合，才能真正推动家族的内部治理。

**逸凡律师：**实践中，家族往往比较关注雇佣政策，我们不妨以此为例做个小的展开。

家族雇佣政策涉及准入门槛、录用程序、供职规则、薪酬制度、评价标准、退职流程等各个方面，还涉及与接班人培养的同步规划，每个细节家族都会进行谨慎的考虑。比如说，家族成员的雇佣与一般员工的雇佣是否有所不同——这涉及家族对平等观念的维护与家族特殊资源进入企业的重视；再比如，三到五名很有希望的家族接班人每年除了在企业里被部门领导评价，也显然会在家族内部受到家族委员会的评价，他们来年的轮岗锻炼必须同时满足家族的培养要求及企业的基本制度要求。

所说到的这一切应当如何进行？最初必须经过家族委员会讨论出一个机制来，然后这个机制又反过来为家族委员会等治理结构的工作提供帮助和支持。

**东兰律师：**最后我们聊聊家族宪法的最后一个部分——企业治理吧。

**胡弯律师：**家族企业治理与家族治理同样重要，也同样可以从结构和机制两方面进行考量。

结构方面，家族企业对股东、董事、监事、高管的设置逻辑与普通企业大不相同，需要把家族精神融入到企业战略之中。因此，家族企业会更关注家族的共同价值观，充分考虑家族的需求和特殊性。

机制方面主要包括股权的流动性政策、家族核心资产安排、企业员工福利政策、权利机制、约束机制、激励机制、责任机制、调整机制和退出机制等内容，这些都需要结合家族精神、目标与要求，进行灵活的设定。

**晓初律师：**以李锦记家族为例，其家族宪法就对股权的继承和转让进行了特殊安排：股东必须具有家族的血缘，股东退出的股份必须由企业统一购回；董事会成员必须是家族委员成员，董事会主席一职也必须由家族成员担任。

**胡弯律师：**可见，家族宪法从家族精神出发，具体化为家族的基本原则和实施路径，这既包括家族治理的部分，也包括家族企业治理的部分；可以说整个家族（企业）治理中的基本结构和机制都源于家族宪法，并接受家族精神的指引。

## 定制你的家族宪法——家族共修的功课

**胡弯律师：**制定家族宪法的过程比其具体内容更为重要。家族如果能真正贯彻执行每一个流程，那结果肯定是令家族满意的。具体而言，制定家族宪法的流程分为六步：准备、起草、批准、执行、评估和优化。

**逸凡律师：**六个流程看似比较简单，但能否请胡弯律师对流程的具体内容进行展开？

**胡弯律师：**第一步——准备阶段。通常以非正式的方式开始，往往由个别家族领导者作为发起人。

首先要决定让哪些成员参与制定家族宪法。对于规模较小的家族，让所有家庭成员都参与讨论是最佳的模式；对于规模较大的家族，通常由家族委员会或者下属的专门委员会来推动工作，还要考虑是否有家族二代以及企业的高级管理人员参与。

这一阶段的另一个任务是建立一个共同认可的决策模式，家族应事先就决策流程达成一致。

**东兰律师：**准备阶段之后就到了起草阶段？

**胡弯律师：**一旦顺利发起，便进入第二步——起草阶段。最需要关注的是以什么形式起草家族宪法，通常分为以过程的形式主导或以项目的形式主导。

以过程的形式主导特点是时间较长，过程多变，通常要花两三年时间才能完成。优点是每个问题都会得到成员的充分讨论，而这个过程也是成员之间形成相互支持和相互谅解的过程。

对于诉求异常迫切的家族，往往偏向于以项目的形式来起草家族宪法。先组建工作小组以进行准备工作，再由工作小组向整个群体提出建议，这种形式将大大缩短起草的时间。

需要强调的是，这两种形式不是绝对的二选一，家族可以在起草的过程中寻求二者之间的平衡。

**晓初律师：** 第三步就到了批准阶段。

**胡弯律师：** 这一阶段较为关键。家族采取哪种批准形式取决于他们考虑的重点，通常采取一致同意、共识、绝对多数或多数决，根据不同的事项约定不同的通过比例。

投票形式也是成员关注的重点。如果成员间能友好地沟通和协商，更推荐公开投票的形式，但考虑到家族的具体情况，有些可能不得不采取秘密投票的形式。

**逸凡律师：** 事实上，不要把批准家族宪法的过程视为一个复杂的过程，而应该是一个值得成员庆贺的过程。批准阶段算是家族在制定家族宪法过程中的一个里程碑，起草的文件得以批准通过后，后续就是执行和优化的问题了。

**胡弯律师：** 说得没错，第四步是执行阶段，包含四个层面：1. 后续配套文件的起草和实施；2. 持续修订和完善家族宪法的内容；3. 不断调整和优化结构和流程；4. 对家族宪法进行持续运用。这四个执行层面需要同步推进，同步进行。

执行阶段最应关注的是效率问题。如果因执行不力导致时间拖得过长，家族对执行层成员的信任感将会化成泡影，家族成员的乐观精神、携手共建的意愿可能难以再一次建立。因此，制订一个切实可行的计划显得尤为重要。

**东兰律师：** 看来成功的家族宪法绝不仅仅是一份文件那么简单，它的背后是家族的大量心血。

**胡弯律师：** 东兰律师总结得很准确。执行之后是第五步评估阶段。随着家族不断经历新的挑战和事件，在这一过程中会不断总结出新的观点和经验教训。因此，对现有的家族宪法进行评估，决定是否对其进行相应的修改显得尤为必要。

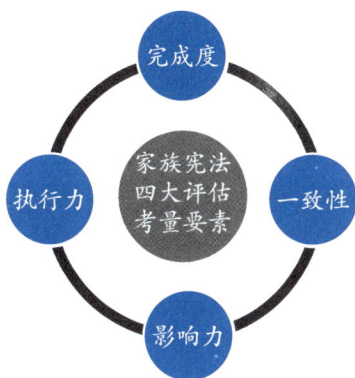

下面我们讨论最基本的四大评估考量因素。

完成度：家族宪法应当经所有成员，或者至少绝大多数成员的合意并签字。这是对家族宪法最基本的要求，否则家族宪法的持续实施便无从谈起。

一致性：经成员签字后的家族宪法仍可能包含不适宜的内容，并可能给家族或企业带来危害。因此，需要判断家族宪法的内容是否涵盖了"良好"的家族共同价值、企业原则及政策，是否与家族企业的操作模式具有内部一致性，真正遵从制定家族宪法的目的，充分达到内容与目的的一致。

影响力：家族宪法能否真正影响行为，能否真正为家族和企业带来新变化。如果花费了大量时间和精力制定出来的文件并不能得到有效的执行，或者并不能在家族中产生一定的影响力，那这个家族宪法仍然是不合格的。

执行力：这是最具决定性的因素。成文的家族宪法，只有在成员付诸行动的情况下才能发挥价值，只有当家族的价值观、原则和政策都能真正实现时，家族宪法才算真正获得成功。

**逸凡律师：**评估后可能会有两种结果，一种是现有的家族宪法内容得以保持，另一种则是要进行修正更新，也就是第六步——优化阶段。

**胡弯律师：**是的。制定家族宪法的过程，一定是发现问题的过程，这需要家族不断地制定修正方案，优化阶段是一个必经的阶段。

对于家族而言，无论现阶段是否进入了优化程序，都要对未来的修正程序进行明确的约定。约定修正程序非常重要，不然今天制定的家族宪法很可能在不久的将来彻底失去现在的模样。其中，有两个关键点是必须把握和平衡的：一是要保证稳定，二是要保证修正和优化程序的灵活性。

**晓初律师：**家族宪法的六步制定过程，同样也可以用于家族规章的制定，实际上，家族宪法的制定与家族规章的制定在理论上应该是一致的。

家族宪法、家族规章制定的过程实际上是家族成员分批逐步参与的过程，是家族共识逐步形成与奠定的过程，它就像是一堂共修课，最重要的不是结果，而是全体成员团结一致解决问题的过程。

## 家法与国法的衔接——什么是真正有效的家族宪法

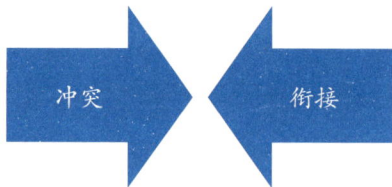

**胡弯律师：**家族历经重重的考验与磨难后，最终制定出一部与家族精神相契合的家族宪法，谁都希望这个家族成员努力的结晶能够代代相传，历久弥新。然而，每个家族都不是独立于社会的存在，家族的理念也需要与社会的理念相契合。相应地，家族制定的文件也不能违背社会的底线——法律本身。

**晓初律师：** 家族宪法虽然也有一个"法"字，但与日常的法律并不相同，家族宪法中更多的是对家族成员共同意愿的表达，往往并不具有真正意义上的法律约束力。

**胡弯律师：** 的确，如果家族宪法的内容能有配套的法律文件支撑，就能无形中赋予家族宪法更强的约束力。近期鲁氏家族设立的鲁冠球三农扶志基金慈善信托，就是一个把家族意愿真正落地的典范。

鲁冠球三农扶志基金慈善信托的治理安排主要由三个机构——董事会、受托人与监察人组成。其中由董事会决策，受托人管理，监察人监督。这无疑借鉴了公司制度的治理原则与安排，并通过设立董事会确保了家族在信托中的核心地位。并且，慈善信托中，由鲁伟鼎出任董事会的董事长，鲁伟鼎的儿子鲁泽普担任慈善信托的监察人，监察人与董事长还存在着继任安排，这不仅为家族特殊的安排赋予了法律的效力，还为家族成员提供了成长与合作的平台，为家族事业的传承打下了良好的基础。

**东兰律师：** 要将家族宪法变成真正的"法律"，另一个不容忽视的问题是家族安排如何与企业的规章制度有效衔接。

**胡弯律师：** 家族宪法的企业部分涉及雇佣政策、股权协议、企业治理等内容，而在不同的文件和架构中，家族宪法与企业制度很可能存在交叉竞合。因此，我们也建议家族在制定家族宪法的过程中要与家族整体的资产架构设计、家族企业的股东协议、家族信托合同等文件进行同步规划与安排。同时，把握家族治理与企业治理的边界，避免两者之间过度干预。

好的家族宪法必须把握好家族治理与企业治理的边界，家族利益不能凌驾于企业利益之上，家族内部的规定不能轻易干预企业的正常经营活动及内部管理决策。

李锦记家族通过对家族宪法内容的巧妙安排，强化了对家族自身的约束，区分了家族成员、董事会成员、股东和高管的角色，明晰了各自的权利与职责，在家族与企业之间建立起防火墙，防止互相越界和干预。而且，家族宪法把不同角色的权利与职责制度化、有形化、规范化，也是对家族的一种有效约束。

**逸凡律师：**换一个角度思考，家族制定家族宪法，实质是一次重大的、历史性的家族治理时刻，促使家族治理从非正式走向正式，从不规范走向规范。

**胡弯律师：**家族宪法一直是我们团队研究的重点，通过对大量案例的研究，以及对团队近几年经验的总结，我们一直在寻找一个答案，即如何让家族宪法成为为家族赋能的力量。美国总统威尔逊称法律是社会习俗和思想的结晶，家族宪法其实也是家族习俗和家族精神的凝结。

今天的讨论，让我们与家族宪法的距离更近了。让家族宪法形成力量，可以通过深刻的考量、精心的设计、外力的支持来实现，更重要的是家族成员对家族宪法产生发自内心的敬畏。家族成员对家族理念与价值观的认同与支持，是促进家族宪法为家族与家族企业赋能的无形力量。对于家族而言，最重要的财富是家族文化的积淀，是家族精神的传承。在此，祝愿家族都有能力幸运地制定一部与家族契合的家族宪法。

## 启示与建议

● 家族宪法的重要性不容忽视。它不仅明确了家族的价值观与最高政策，确定家族的基本制度安排，更概括了何为家族、何为家族事务，同样重要的是，它不仅规范限制现在，还约束未来。

● 从家族规章逐步积累、研究到家族宪法，这恰恰是一件好事，这个过程不仅确定了家族最重要、最紧迫的一部分原则与规矩，更是一个积累共识、强化共识的过程。

● 家族宪法从家族精神出发，具体化为家族的基本原则和实施路径，这既包括家族治理的部分，也包括家族企业治理的部分；可以说整个家族（企业）治理中的基本结构和机制都源于家族宪法，并接受家族精神的指引。

● 家族宪法、家族规章制定的过程实际上是家族成员分批逐步参与的过程，是家族共识逐步形成与奠定的过程，它就像是一堂共修课，最重要的不是结果，而是全体成员团结一致解决问题的过程。

● 让家族宪法形成力量，可以通过深刻的考量、精心的设计、外力的支持来实现，更重要的是家族成员对家族宪法产生发自内心的敬畏。家族成员对家族理念与价值观的认同与支持，是促进家族宪法为家族与家族企业赋能的无形力量。

第22堂课

# 家族文化，传承的根本力量
## ——形文化、法文化及魂文化的三重维度

**分享嘉宾：** 谢玲丽律师

**互动律师：** 东兰律师、逸凡律师、胡弯律师

**分享时间：** 2019年1月28日　星期一

## 课堂研讨

传承的财富　　　　　永远的精神

**玲丽律师：** 我们今天上一堂"文化课"。大多数人更多关注的还是有形财富的保护、管理和传承，这是正当且合理的，这也是需要我们帮助家族完成的重要任务。全球的实践证明，遵从正确的逻辑、通过适当的路径、运用合理的工具，实现财富管理的基本目标是可能的、可行的。

大家有没有思考过，同样的逻辑、同样的路径、同样的方法，为什么有的家族（企业）能传承一百年、两百年甚至一千年以上，有的家族（企业）传到第二代已经很不容易，很难到第三代，即使到了第三代也已经面目全非了？这些家族之间最大的差异是什么呢？

**东兰律师：**我们提出的家族力可以回答这个问题，这些家族的家族力是不同的。

**玲丽律师：**东兰律师说的没有错，这些家族的家族力存在差异，也就是说家族之间的生存力、发展力及价值力存在整体性差异。那么我们又要问了，其中的根本差异在哪里呢？决定性力量又是什么呢？

"参天之木，必有其根；怀山之水，必有其源。"今天我们就聊聊家族传承之根、生命之本——家族文化，这个特殊的"家族财富"。

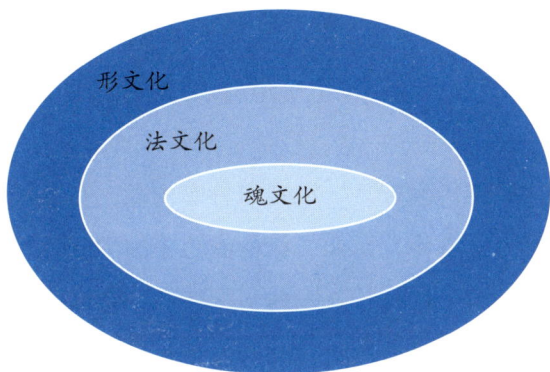

## 家族文化——生命力之源

**逸凡律师：**前面和大军律师交谈时，讲到了家族特殊资产，提到了家族精神。那么家族文化和这里的"家族精神"是一回事吗？

**玲丽律师：**可以说家族精神是家族文化的内核，但不能说家族文化就是家族精神。

家族文化是家族成员在实践中形成的一种基本精神和凝聚力，是全体家族成员共同的价值观念和行为准则。家族文化就像一个个同心圆，由表及里有三个层次：外层的"形文化"，中间层的"法文化"，内层的"魂文化"。准确地讲，家族精神就是家族文化的内核——"魂文化"。

**胡弯律师：**很多人认为家族文化是精神层面的，是只可意会不可言传的东西，是"虚"的。这么看来，外层和中间层的文化内容还是有形的、可识别的，是可以触摸到的，甚至是物质形态的。

**玲丽律师：**没错，家族文化有物质的，也有精神的。比如我们在广东地区经常见到的祠堂，就是中国古代家族制度最重要的外在表现形式，是家族文化的重要载体。

**逸凡律师：**祠堂在我们温州一带也很盛行。有的祠堂早已无人问津，破旧不堪，杂草丛生；有的虽然经历了多年的风吹雨打、历史变迁，但仍旧被后人守护和修缮着，至今在祠堂内还可以寻找到家族的史料记录和文化痕迹，仍能感受到当年的奢华和精美、如今的厚重和古朴。

**玲丽律师：**祠堂不只是一个历史建筑，更是中国古代家族传承最好的历史见证。宗祠是宗家血脉所系，也是宗家盛衰的标志。每个祠堂一般都有自己的堂号。堂号代表着某一家族的特有内涵，一般以慎终追远、团结血亲、敦宗睦族为内容，比如"叙伦堂"中的"叙伦"，就是教育后人要"明伦倡序、知书达礼"。因此，家族的"形文化"虽然更多地呈现为物质层面，但其承载的是家族共同的价值观，是有着丰富内涵的有形载体。

**东兰律师：**除了祠堂，家规家训也应该是中国家族文化的重要形式吧？

**玲丽律师：**是的。家规家训，是家庭或家族内部父祖辈对子孙后代的训诫与教化，严格地讲，它就是家族文化中的"法文化"。

在华夏五千年文明历史之中，无论是薪火相传的世代望族，还是名不见经传的小姓微族，家规家训作为中国宗族文化的重要载体，都是家族文化传承的关键所在。"忠厚传家久，诗书继世长"，一个家庭或者家族的思想、观念、精神、风气等需要通过家规家训这个载体，养成家族独特的文化和气质，并传承与发展。

**东兰律师：**和丰家族办公室与我们共同深入研究过历代知名家族的家规家训，这些家规家训或以成文的名言名篇，或以不成文的口头民谚流传下来，成为中华民族历史长河中的宝贵文化财富。

**玲丽律师：**家规家训，不仅是家族传承的宝贵财富，更是中华文明的宝贵财富。无论是君王帝后、达官显宦、硕儒士绅，还是农夫商贾、普通百姓，家训都是其代代相传最重要的信物。

五帝时代，周公首开中国家规家训先河，他的《诫伯禽书》教诫儿子伯禽要注重德行修养、礼贤下士。秦汉以后，历经三国两晋南北朝，传统家规家训逐步完善，并向体系化发展。其中最具代表的是《颜氏家训》，被誉为"古今家训，以此为祖"。

**胡弯律师：**中国家规家训是从哪一个时期发展成熟乃至繁荣的呢？

**玲丽律师：**家规家训至隋唐日渐成熟，到了宋元走向繁荣。

此时，除了唐太宗的《帝范》流芳百世外，南宋的《袁氏世范》也可与《颜氏家训》相提并论。明清两代，家规家训更是繁荣鼎盛，数量众多、形式多样。其中《朱子家训》成为当时甚至现在都家喻户晓、脍炙人口的教子治家的经典家训。

清代后期，家规家训开始走向衰落。虽然洋务派在家训中掺进了许多现代因素，但终究因时代的局限没能形成大气候。此阶段，流传至今的《曾国藩家书》具有很大的影响力。

不同时代、不同家族、不同种类的家规家训，演绎成丰富的传统家族文化，家规家训成为各个时代、各个家族共同遵守的"约定"和"规矩"，注入每一个家庭或家族的生命之中。毫不夸张地讲，每一个繁荣昌盛的家族，都必有流芳百世的家训。

**胡弯律师：**可是，那些终究是今人看古人。现如今，感觉这些家规家训离我们好远，似乎都是教科书上的文字和故事而已。

**玲丽律师：**这的确令人唏嘘。很多家族的家规家训已经失落，没有传承下来；即使传承下来，大多数也流于一种教育的附会与附庸而已，能够坚守的少之甚少。更为普遍的现象是，很多家族都没有自己的家规家训。

**逸凡律师：**看来，中国的现代家族，甚至是我们自己的教育还是缺了点什么。

**玲丽律师**：缺的是一种信仰，一种精神。我们在祭拜祠堂时，在谨记家规家训时，其实是一种有形的载体承载着无形的精神，影响着我们的行为，这就是家族精神，也就是家族文化的内核——"魂文化"。

家族精神是家族在长期的生活实践中形成的共同价值观，并随着历史的发展，得到不断的认同、传承和发展。这种精神融入在"形文化"和"法文化"之中，不断形成、追溯和传承，是家族顶层规划的重要内容，通过它可以解决家族传承过程中最难解决的问题。

## 觉醒之间——一个共识，三个关系

**胡弯律师**：现今，也有很多人在重提家训，重建家规，倡导制定家族宪法。越来越多的家族已经明确提出这方面的诉求，这应该是一个很好的开始吧？

**东兰律师**：最近在和几家财富管理机构的负责人交流过程中，也发现了这个现象，现在大家对家族宪法的关注度很高。

### 1. 当今中国家族文化的共识与觉醒

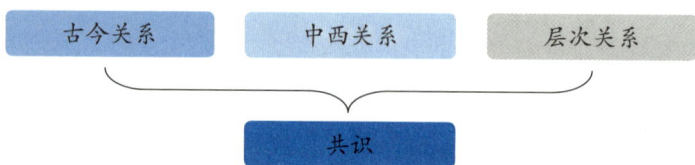

**玲丽律师**：毋庸置疑，这一定是好的开始，是一个真正意义上的觉醒。几年前有很多家族提出过制定家族宪法、家规家训等方面的诉求，但几轮交流下来，会发现这些都不是"真诉求"。

**逸凡律师**：为什么这么说呢？

**玲丽律师**：其实你们仔细回想一下，一定也会有同样的感觉。没有"真诉求"的判断依据是——家族缺乏普遍共识，所以最后能够推动家族宪法、家规家训落地的家族少之又少。

家族宪法、家规家训这些"法文化"，本身就是家族共识的"提炼"与"结晶"，没有共识，家族宪法、家规家训从何而来？即使有，也一定是空中楼阁。

这里讲的普遍共识是全体家族成员的共识，不仅包括一代家族成员，也包括二代家族成员；不仅包括男性家族成员，也包括女性家族成员；不仅包括主要家族成员，也包括非核心家族成员。

没有普遍共识，就不会有普遍参与。没有普遍参与，就不会有普遍尊崇。没有普遍尊崇，就没有价值，更没有生命力。

**逸凡律师：**您的意思是现在家族已经能够形成普遍共识了？

**玲丽律师：**这个问题问得好，这正是我接下来要讲的。

在近期合作的几个家族中，都是家族二代提出家族宪法、家规家训的问题，有意思吧？当然，家族二代能够提出来，说明家族一代对此一定也是关注的，家族内部一定是进行过初步讨论的，最起码具备达成初步共识的条件了。

我的意思是，家族对于"家族文化"领域的意识已经觉醒了。这个觉醒当然不是偶然的，而是有其深刻的历史背景的。

简言之，我认为有两个推动力量：其一是近年来对中国传统文化复兴的推动确实产生了实效，这个力量更多作用于家族一代，或者说长辈家族成员；其二是西方家族宪法、家规家训的引入与宣传，让家族"猛然"发现了全球性的共同经验，这也是一个很重要的推动力量，这影响的不只是家族一代，更多的是家族二代，或者是晚辈家族成员。

**东兰律师：**谢律师的这个分析很有道理！也确实反映了当下的状况，两个推动力量显然应当都是存在的。

**玲丽律师：**意识的觉醒是普遍的，这个不需要怀疑。但是，就每一个家族而言，觉醒程度显然是存在巨大差异的；即使家族意识觉醒了，最终是否能够形成家族共识也是不确定的。

今天依然要强调，家族在家族文化建设上不要"人云亦云"，更不要

"盲目跟风"，能够达成制定家族宪法、重拾或重建家规家训的家族必须具备一定的家族共识，这是先决条件！

**胡弯律师：**谢律师所讲的先决条件我们是完全理解的，我们也可以通过评价体系做出比较准确的判断。

### 2. 正确的家族文化感——打通、理清三个关系

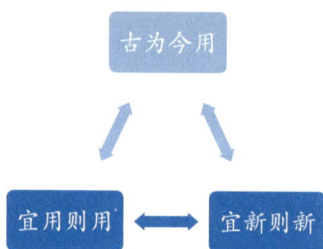

```
           古为今用
          ↗        ↘
  宜用则用  ←————→  宜新则新
```

**玲丽律师：**同时，古今关系、中西关系、三层文化这几个关系，是必须要梳理清楚的。

古今关系是一个首先要面对的话题。毫无疑问，老祖宗智慧的传承是必需的，这本就是家族文化之"源"。但是，社会环境、经济发展、文化背景、科学技术及生活方式的巨大改变，同样也是不争的事实。

在这个背景之下，家族文化必须与之相适应，这就涉及家族文化的发展问题。"古为今用"当然可以确定为一个基本原则，但"宜用则用"、"宜新则新"也同样应当确定为基本原则。三者应当是并行不悖的。

**逸凡律师：**中西关系又应当以何种视角处理呢？

**玲丽律师：**首先明确这个"西"指的并不是地理意义上的西方，而是泛指中国以外且非华夏文化主导的国家和地区。

比如说日本，就是我这里所讲的西方。当下向日本学习家族文化是一种"流行"，这恰恰是我最担心的。关于这方面的观点，我在其他堂课的讨论中有所涉及，这里不过多重复了。总体而言，日本与中国的文化是"貌似而神不似"，日本的家族结构与中国家族结构存在巨大差异，因此

日本与中国的社会结构也是存在巨大差异的，这种差异，直接会在家族文化上有所体现。不少人认为日本文化受到很多儒家文化的影响，这个观点最起码是不全面的。

东兰律师：这个观点之前大军律师也曾经多次强调过。

玲丽律师：我只是以最为相似的日本举例，其他以基督教文化及契约文化为核心背景的西方国家就更不用说了。

中与西，文化底色不同，但又有共同"美好"的价值追求。"西为中用"这个逻辑与原则我想大家没有必要展开更多讨论，好的东西就拿过来，这是不容置疑的。但是，我在这里同时还是要强调"宜用则用""宜中则中"两个原则。

胡弯律师：刚才谈到了古今关系、中西关系，我理解两个关系的处理原则是相类似的。这些原则看似简单，但确实可以让家族在文化方面避免很多误区。

玲丽律师：梳理清楚上面两个关系，明确上述一些基本原则，是有一定益处的。但是，当今对于家族文化本身以及家族文化形成的误区是大的，解决这个问题就要从三层关系的梳理上入手了。

真正理解家族文化三个层次之间的关系是一个值得重视的问题。

逸凡律师：刚才讲到了一个同心圆的观点，但没有打开来讲，看来还是需要谢律师进一步明确一下。

玲丽律师：那我说得更细一些。从两个层面进行探讨，有点枯燥，大家要有点耐心。

首先，"形文化"与"法文化"是"魂文化"的外化形式和载体，"魂文化"是家族文化的内核。所有承载家族文化的载体或者家族文化的外化形式以及家族成员的举止行为，都是家族精神的外化形式和载体。没有家族精神这个内核，所有的"形文化"就停留在"形"上，就只是一栋建筑、一块牌匾、一个行为、一篇文章等物化的东西。"物"是逃脱不了"无常"、无法长久传承的。

如果我们一味强调制定家族宪法，或者照抄照搬西方家族宪法和古代家规家训，脱离了家族价值观的取向、家族成员的习惯和家族精神，所有的家族宪法就是一纸空文，家族成员无法遵守，就无法形成真正的家族文化。换句话说，家族文化不是制定出来的，而是养成、传承、发展起来的。所谓养成，就不是一朝一夕促成的，而是经历过一个个时空传承，是对过去家族价值观的总结、对现在家族文化的提炼，以及对未来家族发展的期许。

其次，"法文化"是连接"魂文化"与"形文化"的中介，是"魂文化"的产物，是"形文化"的一种工具。很多人也将家族宪法、家规家训等归为家族的"形文化"。从形式上，它们的确是家族文化的一种工具，是家族文化的外化形式。但是，它们又是一种特殊的工具，是连接"形文化"和"魂文化"的重要中介。管仲曾经这样定义"法"：尺寸也，绳墨也，规矩也，衡石也，斗斛也，角量也，谓之"法"。"法文化"就是将家族共同的价值取向融入家规、家训、家法等制度中，用以建立家族治理的秩序，成为教育与约束家族成员行为的准则，使得家族成员共同遵循、共同行动，彰显家族文化的特点。

古人讲治国应"德礼为政教之本，刑罚为政教之用"，其实，治家与治国一样，如果一味追求家族精神，强调德育，不辅之以法治，就无法建立起健康的家族生态秩序。德法互补共治是中国古代国家治理的成功经验，更是家族治理的借鉴之道。凡是德法互补、共同治家成功的家族，均成为历史上的知名大家族。

比如，绵延千年的典范家族钱家，每有新生儿诞生，就要全家人一起恭读《钱氏家训》，这个传统直到近代都不曾中断。而钱家从钱王开始，千年传承，人才辈出，近代院士级学者就有一百多人，最负盛名的"三钱"之一钱伟长先生曾说："我们钱氏家族十分注意家教，有家训的指引，家庭教育有方，故后人得益很大。"

**东兰律师：** 看来只有家族文化意识的觉醒是远远不够的，形成真正的家族共识，梳理好古今、中西关系，把握好"形文化""法文化"及"魂文化"之间的关系，才是避免走入家族文化误区的要旨。

**玲丽律师：** 东兰律师总结得非常好！

## 家族资本：透析家族文化的资本视角

**胡弯律师：** 可以说，从物质到精神层面，家族文化都不是我原来想的那种看不到、摸不着的"诗和远方"的东西，其实它可以"鲜活地"存在于每个家族之中，存在于每个家族成员身上。

**玲丽律师：** 家族文化既有物质的，也有精神的，它是一种能把过去、现在和未来同时展现在一个画面里的东西，它汲取了历史的精华，肩负着当下的创新，承载着未来的希望。

但是家族文化也不是孤立存在的，它的作用需要与家族资本连接起来，只有与家族的社会资本、人力资本、文化资本和金融资本四大家族资本相融相生，形成家族的生命力，穿越时空，生生不息，才能形成真正的家族力。

**东兰律师：** 这里我又有一点小糊涂了，文化资本应该就是家族文化，为什么家族文化又需要和社会资本、人力资本、文化资本和金融资本相融相生呢？这又该如何实现呢？

**玲丽律师：** 马斯洛的需求层次理论认为，文化，是消费产品的生产要素，或者本身就是高层次需求的消费产品本身。家族文化，既能自身转化为文化资本，更是家族四大资本的核心和基础，它通过自身的"形、法、魂"三种形式赋能于家族资本，最终形成家族力。

| 社会资本 | | 文化资本 |
|---|---|---|
| | 家族文化 | |
| 金融资本 | | 人力资本 |

**逸凡律师：**具体应当如何实现赋能呢？

**玲丽律师：**<u>首先，家族文化赋予社会资本以价值。</u>

一个家族的社会资本是家族以及家族成员在长期的社会实践和互动交流中，从社会网络中获得的资源和权利。它不仅仅是一种能为家族带来收益的、持续稳定的社会关系，更是一种得到社会普遍认同、信任、尊重并引领社会发展的能力，这是社会资本最核心的价值。

<u>这种价值来自于家族文化的融入，来自于家族共同认可的价值观是否与社会价值观相匹配，来自于家族对社会资源、社会资本的价值取舍。因此，有价值的社会资本，是家族文化下的社会资本。不同的家族文化会产生不同的社会资本。</u>比如金融大鳄家族罗斯柴尔德家族的经典祖训"你是谁并不重要，重要的是你跟谁在一起，要和国王一起散步"，这就是家族社会资本和家族文化融合的经典。

**东兰律师：**我有点明白了，就是家族的价值取向决定了它想获取的社会资源类型，打个不恰当的比喻，可以说是"物以类聚，人以群分"吧。

**玲丽律师：**比喻得不是很恰当，但意思是对的。

<u>其次，家族文化可以赋予人力资本以共识。</u>

家族人力资本是指家族成员或家族企业雇佣成员本身所具有的教育、技能、文化知识以及经验的积累。人力资本强调个体资本价值，但是家族传承强调群体的共识。谁能承载这种共识？只有家族文化。

家族文化本身就是全体家族成员共同的价值观和行为准则的表现形式，是一种基于传承之上的选择与淘汰的活动，无论是家族成员还是家族雇佣人员，所有能够成就家族以及家族事业的人都必须建立在对家族文化认同的基础上，家族文化是协调家族成员之间关系的资源。因此，将家族文化融入人力资本，通过共同价值观的认同，达成思想上的共识，行动上的一致，家族才会上下同欲、家族和合。

**逸凡律师：**上下齐心，其利断金。

**玲丽律师：**除了在社会资本、人力资本上的赋能，家族文化还赋予文化资本以内容，这个应该比较好理解，文化资本的核心内容就是家族文化。

**胡弯律师：**那剩下最后一个家族资本，家族文化与金融资本有什么关系呢？看上去一个是精神层面的，一个是经济学概念，很难联想起来。

**玲丽律师：**这并不难理解。物质和精神本身就是互相联系、密不可分的。家族文化赋予金融资本以保护。

我们说的家族金融资本，一般是指家族拥有的有价值的经营性资产、非经营性的不动产及其他资产等各种形态的资产。金融资本能够持续保有并实现其价值，除了相关金融工具的应用，更重要的就是家族成员的保护、管理和传承。

因此，通过家族文化，在家族成员之间形成一种基本精神和凝聚力，才能更好地促进金融资本的实现。同时，家族文化被社会认同，也可以形成一种家族信用，降低交易成本，提升金融资本的价值。

**胡弯律师：**看来四大资本都离不开家族文化，家族文化是四大资本的内核，有"文化"的家族才能传承。

**玲丽律师：**没错。正因为家族文化无处不在，已经渗透到家族发展的各个阶段，是家族力的重要核心支柱，所以，我们一直秉承的传承的理念"传承的财富，永远的精神"这句话并不是空洞的口号，而是越来越能让人感受到其中的实际价值！

## 一脉相"成"——家族文化的"养成"路径

**东兰律师：**家族文化应当如何构建呢？

**玲丽律师：**家族文化一定不是一蹴而就的，一个家族不可能一下子就有了"文化"，也不是因为今天制定了家族宪法，明天制定了家规家训，就有了家族文化。我想刚才聊了那么多家族文化的三种形式以及家族文化与家族力的关系，这个观点大家应该都已经很清楚了。

我们一直强调，家族文化是"养成"的。所谓的养成，就是培养且成长而成。这个过程是漫长的，是需要持续培养并成长的。因此，我们讲家族文化的养成，其实有三层含义：培养、成长、成就。

**逸凡律师：**怎么理解这三层含义呢？

**玲丽律师：**结合家族文化的特点是不难理解的。第一层含义，培养。家族文化来自家族成员的日常生活实践，因此，家族文化的养成，首先是通过制定家规家训、家族宪法等制度文化，教育和培养家族成员的共同价值观和日常行为准则。

**逸凡律师：**这应该是养成的开始。

**玲丽律师：**没错。养成首先是一个过程，培养是开始，然后是成长。家族文化是一个长期性的工程，家族文化的形成需要数代家族成员持续不断地成长和发展，一定要有家族代代相续、始终如一的坚守，而且要不断地反思、锤炼、完善，最终才能修成"正果"。

日本住友，虽是日本第三财阀，但其凝聚力指数却超过三菱和三井居于首位。住友政友晚年，用书信方式写下经商的五条训诫，即有名的《文殊院旨意书》，成为住友家第一份家规。继这份家规之后，从1707年至

1873年的166年间，住友家共有58份家法家规被保存下来并传承至今。这些家法家规，虽然被不断完善改进，但直至当今"住友的事业精神"仍坚守着《文殊院旨意书》的核心，形成一贯的"经营宗旨"，即"第一条我住友之经营，注重信誉，讲究诚实，以此固本，谋求发展。第二条我住友之经营，审时度势，究理财得失而定张弛取舍；不苟求浮利，尤忌轻举冒进"，这已成为住友家的灵魂支柱。

东兰律师：这么看，"养成"不仅是过程，也是结果。

玲丽律师：是的，这也就是我们即将要讲的最后一层含义，成就。经过培养和成长，家族文化有了"形"和"法"，但最终成就的是家族精神、家族的"魂"，让家族文化内在的"魂"不仅要镌刻在每一代、每一个家族成员的脑子里，而且要成为每一个家族成员的自然反应与习惯。这样，家族文化才真正实现了一脉相"成"。

胡弯律师：一脉相"成"的道理是明确了，那么当代家族和家族办公室具体应当如何做呢？

玲丽律师：文化的养成没有固定的模式，源于生活且高于生活，必须根据各自家族生活的特点做到一脉相"成"。但是，在实际操作中有四个核心要点要重点把握。

东兰律师：具体是哪四个核心要点？

玲丽律师：首先，形式与内容并重。这个理念很重要。家族文化三种形式，缺一不可，相辅相成，浑然一体。在家族文化的养成过程中，形式与内容要并重，不能顾此失彼，一味地强调家族宪法等形式而缺乏家族精神的支撑，一味地强调家族精神而没有成文的制度形式，都无法将家族文化真正"养成"。

胡弯律师：也就是说家族文化的养成不仅有形式的养成，也有内容的养成。这里的形式和内容也是相辅相成的，必须在一个体系内同步考虑。

玲丽律师：很对。明确了这个理念，就有了正确的方向。第二个核心要点，顶层设计和具体实践同步。

由于信息和通信技术的发展，当今能够借鉴的跨越时空的家族文化信息和专业研究很容易获取，家族对家族文化框架体系的顶层设计已经成为一个可能。这个框架既是一个目标，也是一个实现路径，更是一个方法。家族对家族文化的建设，可以不再像古人那样从生活积累着手，而是可以将顶层设计与具体实践同步推进。

框架有了，贵在开始。日本藤田家宪中提到了"节制饮酒吸烟，常注意卫生"等至为简单的内容，但国内很多家族总认为这些细枝末节的家规家训不够高大上，意义不大。这是一个非常大的误区。这些"细枝末节"不仅最容易达成共识，而且比较容易"开始"；同时，一旦这些"细枝末节"达成共识，在家族环境氛围下也相对容易遵守。如果固化了几条家规家训，后续的家规家训就相对易于形成了。所以说"贵在开始"，而且从"细枝末节"入手可能是一个开始的捷径！

**东兰律师**：这也应了老子说的"合抱之木，生于毫末；九层之台，起于累土；千里之行，始于足下"。

**玲丽律师**：这句话很应景。第三个核心是要把握"上下同欲，凝聚共识"。家族文化养成的目的是提升家族力，实现家族（企业）保护、管理与传承。因此，在家族文化养成过程中，家族成员的同欲与共识非常重要，所谓"上下同欲者胜，同舟共济者兴"。通过家族内部、外部的交流与学习，促成家族内部培育、引导、发现并固化家族成员关于家族文化的历史、内涵、载体、未来等方面的基础共识，积少成多，由浅入深，这是家族文化养成过程的重要基础。

**胡弯律师**：家族文化是以人为本的文化，通过各种方式，促成家族代际之间、家族成员之间以及家族成员与非家族成员之间凝心聚力，达成共识，家和万事兴，这估计就是中国家文化的重要内容。

**玲丽律师**：说到根本了，家和万事兴。最后要把握的核心要点是"过程为先，水到渠成"。

**逸凡律师**："水到渠成"能够明白，"过程为先"好像不太好理解，还请谢律师解释一下。

**玲丽律师：**前面讲了，"养成"不是一蹴而就，它既是过程也是结果。过程与结果同样重要！

家族文化依赖于人与人的思想而养成，因此在家族文化形成过程中，家族成员必须充分沟通，充分沟通才能相互理解，充分沟通才能澄清差异，充分沟通才能达成共识。在这个过程中，不仅要关注非正式的沟通，也要强调正式的沟通，甚至要彰显沟通的"仪式感"。

换句话说，家族文化的正确"养成"过程就是家族文化的重要内容。所以我们说"过程为先"。过程如果培育得好，成长得好，成就的结果就是水到渠成。

虽然家族文化不是设计出来的，而是一种共识下的家族产物，但是家族文化的规划是不可或缺的，而且家族文化很多时候始于"有形"处的彰显，而后逐步长期养成内化于心、外化于形的家族精神。

**胡弯律师：**家族文化的持续养成才是家族文化最好的传承模式，可不可以这样理解？

**玲丽律师：**当然可以这样理解，事实上也正是如此！

## 启示与建议

● 家族文化是家族成员在实践中形成的一种基本精神和凝聚力，是全体家族成员共同的价值观念和行为准则，包括"形文化""法文化"及"魂文化"三个层次。

● "形文化""法文化"是"魂文化"的外化形式和载体，"魂文化"是家族文化的内核；"法文化"是连接"魂文化"和"形文化"的中介，是"魂文化"的产物，是"形文化"的一种工具。

● 家族文化赋予社会资本以价值，家族文化赋予人力资本以共识，家族文化赋予金融资本以保护，家族文化赋予文化资本以内容。

● 只有家族文化意识的觉醒是远远不够的，形成真正的家族共识，梳理好古今、中西关系，把握好"形文化""法文化"及"魂文化"之间的关系，才是避免走入家族文化误区的要旨。

● 家族文化的养成在具体操作中需要重点把握四个核心：一是形式与内容并重；二是顶层设计和具体实践同步；三是上下同欲，凝聚共识；四是过程为先，水到渠成。

第23堂课

# 横轴与纵轴：家族与外部、集中与分散
## ——家族企业规划的四个路径

**分享嘉宾：** 逸凡律师

**互动律师：** 东兰律师、晓初律师、胡弯律师

**分享时间：** 2019年2月26日　星期二

## 课堂研讨

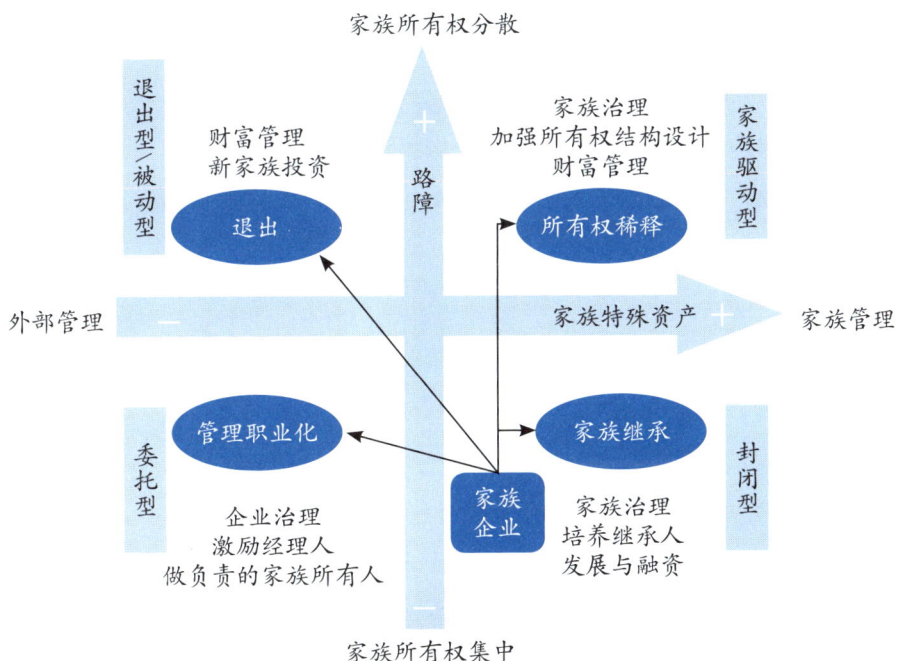

**逸凡律师：**家族企业的研究实际上是世界性的，不仅国内有很多在这个领域非常活跃的学者，事实上在境外同样也有很多学者对这个领域持续关注，如香港的范博宏教授、丹麦的莫顿·班纳德森（Morden Bennedsen）教授都是非常有代表性的人物。

**胡弯律师：**这些学者的理论研究成果是我们实用性研究的基石，同时对家族（企业）财富管理实践也有不同程度的指导作用。

**逸凡律师：**今天我们将视野从境内转到境外，关注一下范博宏教授与莫顿·班纳德森教授的共同研究成果——《家族企业规划图》，这既是一个模型，同时也是两位教授合著的一本书。

在今天的讨论前，我又重新翻阅了一遍这本书，阅读之余也再次深深体会到《家族企业规划图》这个模型对我们日常家族规划的指导性价值。

**晓初律师：**《家族企业规划图》我个人读了就不止一遍，书中对于家族特殊资产及所有权结构的关注与我们一直以来坚持的基础逻辑恰恰是一致的。

## 用一本书去演绎一个模型

**逸凡律师：**我觉得两位教授从案例出发的研究方法与我们的研究方法也非常一致，从案例出发及必要的数据挖掘让研究结果更可靠，也更有说服力。

```
                        所有权分散
                          ↑
                         路
                         障
        ┌──────────┐          ┌──────────┐
        │          │          │          │
        │  退出型  │          │ 家族驱动型 │
        │          │          │          │
外部管理 ←├──────────┼──────────┼──────────┤→ 家族特殊资产 → 家族管理
        │          │          │          │
        │ 委托管理型 │          │  封闭型  │
        │          │          │          │
        └──────────┘          └──────────┘
                          ↓
                       所有权集中
```

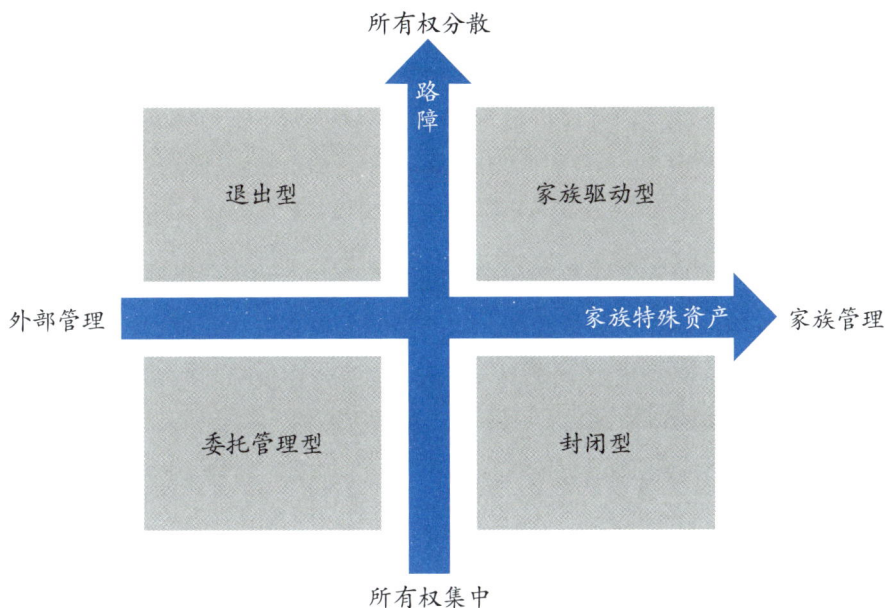

　　《家族企业规划图》这本书比较系统地演绎了《家族企业规划图》这个模型。以家族企业管理权的分布为横轴，以家族企业所有权的集中程度为纵轴，可以大致将家族企业划分为四种主要形态：封闭型、家族驱动型、委托管理型和退出型。当然，很大一部分家族企业很可能呈现出过渡性的非典型形态。

　　家族企业形态的形成和演变，主要受到家族特殊资产的状况以及路障两方面因素的影响。家族特殊资产较强的家族企业，通常是封闭型或家族驱动型企业；路障较大的情形下，家族往往会主动或被动选择所有权的稀释甚至退出。

　　不同形态的家族企业诉求具有较大分别，在规划过程中关注的方向有很多不同，重点也各不相同。这个《家族企业规划图》对于所有家族企业而言都是重要的、基础性的规划工具，具有不同程度的适用性。

　　**东兰律师**：研究封闭型、家族驱动型、委托管理型和退出型四种家族企业的形态是由哪些因素所影响和决定的，对于家族企业的积极规划有很大的意义；另一方面，充分了解并准确把握家族企业当下的形态，对于处在不同形态下的家族对关注重点及规划核心作出何种选择也非常有价值。

**逸凡律师：** 东兰律师说得很对，可以从两个角度运用《家族企业规划图》这个基础性工具。但是，从对家族企业的积极规划这个角度去运用无疑才是我们今天关注的重点。

举例而言，家族所有权结构的合理设计与安排就可能很好地平衡与控制家族所有权的集中与分散的核心路障问题。《家族企业规划图》一书中以大家耳熟能详的穆里耶兹家族、台塑集团王永庆家族的所有权结构作为案例进行剖析，借以说明家族企业规划的核心问题，很有说服力。

再比如，通过对家族姓氏与传统、价值观、人脉关系等家族文化资本、社会资本等特殊资产给予更多的关注，作出更有效、更积极的规划，势必可以主动强化家族特殊资产。

这个规划图的重要价值在于——帮助我们去积极改变、强化、平衡家族企业形态的影响性要素及决定性要素，这也是研究者的核心目的所在。当然，运用这个工具来帮助处于不同形态下的家族选择行动方向也是一种运用方式，但仅仅在这个层面运用，则很可能会弱化这个模型的价值。

**晓初律师：** 记得逸凡律师对于《家族企业规划图》这本书的一些内容还是有不同观点的？

**逸凡律师：** 是的。我此前讲过一些不同的观点，这实际上主要源于我们与两位教授的专业背景不同。我们对于所有权结构的理解、对于家族信托的理解等实际上与两位教授的观点是有一定出入的，在这方面我们的理解与运用可能更深入、更落地一些。

但是，这些观点的差异并不影响《家族企业规划图》的运用与价值。

## 预见与对治——家族路障、制度路障、市场路障

**胡弯律师：** 还是让我们回到这个家族企业规划模型上来吧！

**逸凡律师**：不好意思，我们今天确实不是讨论《家族企业规划图》这本书，而是着重解读《家族企业规划图》这个模型。

路障是家族企业在发展过程中遇到的各种障碍。路障是全球范围内的家族企业都会面对的普遍性问题，但具体到某一个家族企业，所面对的路障又会呈现出其特殊性。路障通常包括家族路障、制度路障和市场路障三个方面，预见并对治路障是家族企业规划必须解决的关键问题。

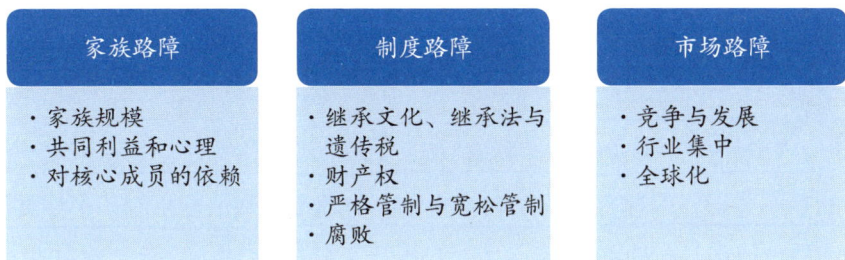

| 家族路障 | 制度路障 | 市场路障 |
|---|---|---|
| · 家族规模<br>· 共同利益和心理<br>· 对核心成员的依赖 | · 继承文化、继承法与遗传税<br>· 财产权<br>· 严格管制与宽松管制<br>· 腐败 | · 竞争与发展<br>· 行业集中<br>· 全球化 |

**东兰律师**：首先请逸凡律师介绍一下家族路障吧！

**逸凡律师**：两位教授认为家族路障主要集中在三个方面：家族壮大、家族冲突、对核心成员的依赖。

家族壮大有两种情况：一种是同代规模的壮大，另一种是世代的成长，这两种情况往往是同时存在的。家族壮大必然会导致人多心杂，同时对发展与分红、所有权结构设计、企业治理及职业发展都会带来持续的挑战，如何应对呢？

家族冲突也是必然存在的，这对于家族的冲突管理能力、家族治理水平同样提出了较高的要求，如何提升呢？

对于家族领导人或者说核心成员的依赖同样也是一个重要的家族路障，如何克服这种依赖呢？

**晓初律师**：按照我们的思考逻辑，可以换一个角度来看。家族路障实际上包括资本的长期平衡能力、家族（企业）治理水平、家族传承规划与接班人培养状况三个方面。不知道我的理解对不对？

**逸凡律师**：晓初律师的理解当然是对的！你只是与两位教授看问题的角度有一些区别，实际上说的是一回事。

这几个家族路障确实是非常难以克服的，必须从家族顶层结构设计出发才有根本对治的可能。我们这个系列的其他讨论已经从不同方向给出了部分解决方案，我在这里谈三个大的原则，当然也可以理解为三个规划方向：

1. 家族应当制定能够平衡保障企业发展、股东流动性与鼓励家族成员职业发展的家族所有权政策，并构建能够使家族控制权、股东流动性及增长资本三个要素长期保持动态平衡的所有权结构；

2. 家族应当形成既关注财富管理，又注重情感管理，更重视文化管理的基本共识，构建有效的家族（企业）治理结构和治理机制，形成共同的家族价值观及行动准则；

3. 家族应当从财富传承、权杖交接、文化相续三个维度对家族传承进行长期规划，制订并实施完善的家族教育、家族雇佣政策及接班人培养计划。

**胡弯律师**：前面说的是家族路障，接下来要讨论一下制度路障。制度路障实际上是我们非常关注的，这不仅是因为家族必须面对这样的挑战，更是缘于法律人对制度路障的敏感与理解。

**逸凡律师**：其实制度路障包括法律法规，以及与此相关的制度环境两个部分。

一方面，家族企业无疑必须遵从当下的法律法规、适应当下的制度环境，这是家族企业生存的前提，也是安全的保障；另一方面，家族企业往往又可以在法律价值内运用法律技术与制度"斗争"（如税收筹划等），以家族价值引领社会价值、对抗负面的制度环境（如腐败等）。这两个方面的融合才是家族企业的保护、管理与传承之道。

**东兰律师**：可不可以对制度路障的对治原则或方向也作一个概括性的总结？

**逸凡律师：**当然可以。其实我下面总结的几点也是在不同场合中多次强调过的：

1. 从保护角度来看，家族企业不仅要遵守法律法规，实现全球视野下的全面合规运营，更要运用技术手段"以更大的格局"对家族财富作全球配置，克服可能的制度路障。

2. 财富管理工具既是技术对制度"遵从"的产物，同时也是技术与制度"斗争"的结果。要克服制度路障，就必须尊重工具的价值，做到"善用"工具，鸵鸟思维、走"灰色"路线或公然对抗是毫无出路的。

3. 从传承角度来看，必须注意到法律法规与制度环境是持续变化的，预见、适用及把握这个变化趋势对家族企业的"技术"运用能力有更高的要求，同时保全家族的"价值力"才是实现长治久安的根本之道。

**晓初律师：**逸凡律师刚才讲到的克服制度路障的三个原则确实在不同场合反复强调过，这也是一个顶层的逻辑，完全认同。

最后讨论的应当是市场路障，对于市场路障这几年我们的关注度也是非常高的。

**逸凡律师：**是这样的。从竞争与发展，行业变化及全球化出发，我们可以清晰地看到家族企业面对的最大市场路障就是转型升级，这是一个巨大的、具有普遍性的挑战。

问题的关键在于两个层面：第一个层面是家族（企业）如何转型升级；第二个层面是家族企业如何才能具备转型升级的关键资源能力。

我相信对于市场路障的理解与把握，家族比我们更通透，更深刻。关于这个问题今天就不更多展开了。我要特别强调的是，顺应时代的发展一定是家族企业的必然选择，但同时对于家族战略、家族核心价值观的传承同样也是家族企业所必须坚守的。

## 拥有并长期拥有：特殊资产与所有权的集中

**胡弯律师：**记得我们有一堂课专门对家族特殊资产进行了讨论，但是那堂课中我们探讨更多的是特殊资产的重要性，及特殊资产的平衡与控制，虽然最后涉及了家族（企业）规划，但并未作更多的展开。

**逸凡律师：**确实是这样的。接下来重点谈到的就是这些因素与家族企业规划的关系。我认为《家族企业规划图》可以告诉我们两个很直观的结论：

1. 随着家族特殊资产由弱转强，家族企业将会由外部管理过渡为家族管理，进而决定了家族企业所处的相应形态；

2. 随着家族企业的路障由小变大，家族企业的所有权将会由集中转为分散，进而决定了家族企业所处的相应形态。

这就是《家族企业规划图》的横轴与纵轴。

需要明确的是，家族特殊资产事实上需要投入到家族企业中，转化为家族企业的关键资源能力，这个才是《家族企业规划图》模型中所讲的"家族特殊资产"，这个概念应当首先厘清。

**东兰律师：**这个道理不难懂，模型表现得也很直接。我想大家都是理解和认可的。

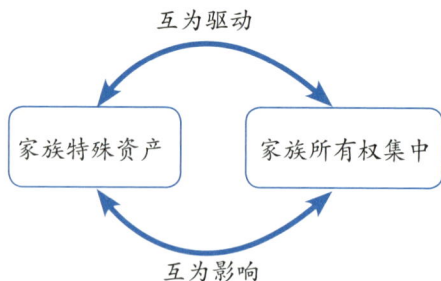

互为驱动

家族特殊资产　　家族所有权集中

互为影响

**逸凡律师：**接下来我们再换一个角度来看，家族特殊资产与家族所有权集中的关系又是怎样的呢？这个关系在模型里并没有直接反映。

我举一个例子：当一个家族在一个企业中只占有5%的股份，而且家族也丧失了对企业的控制权与经营权，请问家族会不会再将家族特殊资产投入到企业中？即使家族想投入特殊资产，家族特殊资产还能够影响企业、发挥价值吗？我想答案是不言自明的。

再举一个例子：当家族足够分散，不同的家族支系、不同的家庭、不同的家族成员分散地享有企业的所有权。请问在这种情况下，家族有能力将特殊资产有效地投入到企业中吗？答案很可能也是否定的。

反之亦然。

所以说，家族所有权集中状况对家族特殊资产在企业的投入及价值是有非常大的影响的。

**晓初律师：**刚才逸凡律师讲的是家族所有权集中状况对于家族特殊资产的影响。家族特殊资产对于家族所有权集中又有什么影响呢？

**逸凡律师：**从某种角度来看，家族特殊资产越强，家族越倾向于保持家族企业所有权的集中，而且所有权也更容易集中。

我们对所有权集中与家族特殊资产的关系作了一个简单的分析，接下来我分享三个在实践中总结的基本观点：

1. 家族特殊资产可以不同程度地推动家族企业走向成功，但当家族失去对特定企业的所有权、控制权、经营权及收益权时，这种推动价值将不复存在。

2. 家族所有权的自然分散是一种必然的趋势，如何延缓、甚至改变这个趋势，长期保持家族所有权的集中，对于发挥家族特殊资产的价值至关重要。

3. 家族所有权的集中是必需的，同时家族所有权的合理流动也是一种客观存在。在合理流动中保持适度集中，在适度集中的前提下容许合理流动，既是一种平衡，也是一种控制。

**东兰律师：**逸凡律师提到的这三个观点确实太重要了，也是我们的共识，但在实践中应当如何把握呢？

**逸凡律师**：毫无疑问，没有好的家族所有权结构设计，是不可能实现家族所有权集中的。讲到这里我们可以尝试得出一个结论：家族所有权结构对家族企业而言是非常重要的，家族所有权结构设计对于家族所有权的集中、家族特殊资产的保持具有积极作用，从某种意义上说家族所有权结构会影响到家族企业的形态。

换言之，拥有一个完美的家族所有权结构对家族企业而言是头等大事。

**胡弯律师**：问题又来了，什么样的家族所有权结构才是完美的呢？

**逸凡律师**：我觉得完美的所有权结构应当符合六个评定标准：

第一，能够实现家族所有权的集中。事实上静态的、短期的拥有并不难，难的是动态的、长期的拥有。家族所有权集中亦如是。所以说，通过有效的设计与安排，长期实现家族所有权的集中才是关键中的关键。

第二，能够坚守家族立场与家族价值。一个好的所有权结构一定能够坚守家族立场与家族价值，能够让家族与家族企业之间形成强关系，以家族特殊资产推动家族企业的发展，进而通过企业价值实现家族价值。

第三，能够实现家族的战略目标。家族对于企业的形态有自身的考量，特别是在特定的历史时期，或是在特定的条件之下家族可能出于特定的战略考量主动地选择做出特定的安排，比如说家族决定整体退出企业，那么此时的所有权结构就不应成为退出的障碍。

第四，能够实现资本的长期平衡。这就是我们始终强调的，家族所有权结构应当维持家族控制权、股东流动性及增长资本之间的长期平衡。

第五，能够具有必要的调整能力。这就是我们通常所讲的所有权结构的"柔性"，只有保留必要的调整空间与调整能力，方能从容应对可能的变化。

第六，能够实现保护、控制与传承。家族所有权结构既是一个保护结构，同时也是一个控制权结构，当然还是一个传承结构，应当兼顾这样的功能。

讲到这里，大家应当清楚如何把握一个完美的所有权结构了吧？

**晓初律师：**道理是懂了，但是在家族所有权结构设计中能够做到融会贯通是非常不容易的。

**逸凡律师：**通过上面的一番讨论，我们已经很清楚家族所有权结构在家族企业规划中的特殊价值，可以说家族所有权结构的设计是家族企业规划的"抓手"，从这个点上开始制订家族企业的整体规划是最好的选择。

当然，我们这里讲到的家族所有权结构只是家族企业所有权结构的一部分，再加上事业主体的所有权结构、组织内部的所有权结构这两个层次的结构才是完整意义上的家族企业所有权结构。

## 位置决定视角：不同的选择与关注

**胡弯律师：**逸凡律师前面谈到的更多是从主动规划出发的。那么，当家族企业已经处于某种特定形态下时，家族应当关注哪些问题，又应当做什么呢？

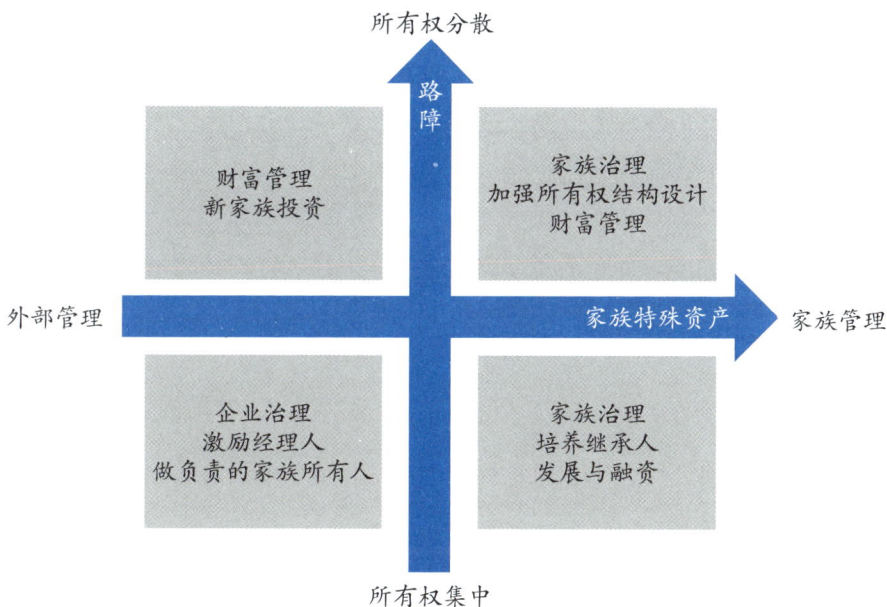

**逸凡律师：**这个问题提得好，这就涉及《家族企业规划图》模型的第

二个运用价值了，对这个问题，《家族企业规划图》模型的回答是非常清晰的。

我们接下来分别从四个形态来分析家族不同形态下的不同选择与关注。

**东兰律师：**我建议先从大家最不愿意看到的退出型家族企业开始讨论吧，这个形态我们关注得不太多。

**逸凡律师：**首先要纠正一下东兰律师的说法，退出型家族企业不见得是大家不愿意看到的，退出很有可能是家族的一种主动性选择呢？适时地退出企业实现资产形态的转化，战略性地退出并通过投资重构家族商业体系，这都是完全有可能的。所以说，退出型不见得是被动型！

在这个形态下的家族关注的重点在于两个方面：

第一个方面关注的是家族财富管理，如何将经营性资产转化为金融性资产、不动产等非经营性资产，如何实现非经营性资产的保护、管理与传承；

第二个方面关注的是新家族投资，这里的投资应当理解为对于经营性资产领域的投资。通过新的经营性资产投资构建新的商业体系是非常关键的，这是财富家族延续的根本。

借这个机会，我强调一个观点：一个彻底丧失经营性资产的财富家族，意味着失去了一个真正的"训练场"，未经真正训练的家族，不可能拥有优秀的军队与杰出的战士，家族力必将大大减弱。这一点，财富家族一定要特别重视。

**晓初律师：**家族驱动型的家族企业似乎也很常见。这种形态的企业最典型的就是上市公司，家族所有权逐步被稀释或分散。这些家族关注的重点又有什么不同呢？

**逸凡律师：**这个形态下的家族企业一般应关注三个问题，模型中的归类与我们的实践是完全一致的。

第一，财富管理。这个不重复讲了，所有权稀释一般意味着家族的部分退出，非经营资产的配置与增长诉求对财富管理提出了更高的要求。

第二，加强所有权结构设计。在所有权稀释的情形下，要实现稀释下的集中，继续保持控制权，把握经营权，都需要借助多个层次的所有权结构的设计。

第三，家族治理。所有权分散时恰恰会让家族体会到由强转弱的"痛"，更能意识到家族治理的重要性与迫切性。这个时候再启动家族治理可能有点晚了，但是这个时候也许是推动家族治理最高效的时候。

**胡弯律师：**委托型家族企业路障较小，所有权相对集中，但是家族特殊资产较弱，一般实行的是外部管理。这个形态的家族企业关注的重点又是什么？

**逸凡律师：**家族企业如果是委托型家族企业，那么关注的也是三个方面的问题：

首先是企业治理问题。如何构建完善的治理结构与治理机制，如何保持企业的治理水平，如何有效降低代理成本，如何保持家族的控制权？这是首要问题。

其次是激励经理人问题。这个道理也很浅显，约束问题已经通过企业治理解决了，如何通过有效的激励系统实现合理激励变得异乎寻常地关键。

第三是做负责的家族所有人。说白了就是如何做合格的股东问题，这不仅需要家族教育，也需要必要的家族机制来引导与约束。

**东兰律师：**最后讨论的实际上是封闭型家族企业，也是典型意义上的家族企业，他们关心的又是什么呢？

**逸凡律师：**家族治理、培养继承人、发展与融资是封闭型家族企业非常关注的三个问题。这几点，很多次讨论都有涉及，大家都非常熟悉，就不具体展开了。

概括地介绍完了《家族企业规划图》，大家有什么感受？

**晓初律师：**就如同今天讨论前所讲的，无论是对于主动型家族企业规划，还是对于特定形态下的家族企业核心问题的把握，这个模型都具有很大价值。

**逸凡律师**：这个模型确实是比较清晰的！值得注意的是，在实践中要特别关注处于过渡期的家族企业的规划问题。经验告诉我们，这个时候恰恰是制定家族规划或调整家族规划的最佳时机，机不可失！

**胡弯律师**：我和晓初律师的体会完全一样，《家族企业规划图》为家族规划提供了一个"大纲"，指导性非常强。

**逸凡律师**：说得很对。这个模型的确是一个非常重要的家族（企业）财富管理工具，所以我们应当向范博宏教授、莫顿·班纳德森教授表达深深的敬意！

## 启示与建议

● 家族应当构建平衡保障企业发展、股东流动性与鼓励职业发展的家族所有权政策，并设计能够使家族控制权、股东流动性及增长资本长期保持动态平衡的所有权结构。

● 家族应当形成既关注财富管理，又注重情感管理，更重视文化管理的基本共识，构建有效的家族（企业）治理结构和治理机制，形成共同的价值观及行动准则。

● 家族应当从财富传承、权杖交接、文化相续三个维度对家族传承进行长期规划，制订并实施完善的家族教育计划、家族雇佣政策及接班人培养计划。

● 财富管理工具既是技术对制度"遵从"的产物，同时也是技术与制度"斗争"的结果，要克服制度路障，就必须尊重工具的价值，做到"善用"工具，走"灰色"路线或对抗是没有出路的。

● 家族特殊资产可以不同程度地推动家族企业走向成功，但当家族失去对特定企业的所有权、控制权、经营权及收益权时，这种推动价值将不复存在。

# 如何做一个合格的股东
## ——家族所有者的教育

**分享嘉宾：** 胡弯律师

**互动律师：** 逸凡律师、东兰律师、晓初律师

**分享时间：** 2019年3月6日　星期三

## 课堂研讨

角色教育　　权利教育　　责任教育

**胡弯律师：** 最近L家族企业的创始人L先生一直在与我们探讨关于接班人培养的问题。L先生提到在他的多个子女之中，有的对家族企业的经营完全不感兴趣，表示只想当个拿分红的股东，但对自己未来的权益又有所担心；有的则表达了很强烈的接班意愿，希望对家族企业能够全面控制，这让L先生颇为苦恼。在沟通的过程中，进一步延伸到了家族企业所有者的教育问题，所以今天和大家聊聊所有者应当如何做一名合格股东的话题。

**逸凡律师：** 这是一个具有普遍性的问题，从某种意义上讲，中国家族中所有者教育是缺失的，不仅忽略了所有者教育，也未能意识到所有者教

育的重要性。

所有者教育的欠缺，导致所有者，尤其是二代、三代所有者并不知道、也不了解自己的权利，至于如何适合地行使权利则更无从谈起，长远来看这是家族最大的隐忧。

**胡弯律师：**实际上，我们所说的所有者教育涉及的是所有者角色教育、权利教育及责任教育三个层面。

解决当下的家族所有者教育问题已经非常迫切了，宜早不宜迟。当然，所有者教育问题是一个持续且不断更新的过程。

我早期参与翻译了一本关于这方面的著作——《家族企业所有权——如何成为合格的股东》。在我看来，这本书对于家族企业来讲其实是一个宝库，其中讲到的观点都非常有价值。

**东兰律师：**所有者教育，从"教育"的角度来看，给人的第一感觉说的是对下一代的教育。实际上，对当前这一代的教育也是不容忽视的，首先必须"教育"他们能意识到"所有者教育"的重要性。

**胡弯律师：**是的，虽然我们会更多地讨论对下一代的教育，但新事物是持续不断出现的，所以对于一代而言所有者教育也是非常重要的。就当下的中国而言，所有者教育，既是对下一代的教育，也是对当前一代的教育。

## 家族所有者教育的n个理由

**胡弯律师：**我们看到，很多成功的中国家族企业，由第一代企业者白手起家创立起来，一步一个脚印，发展的过程其实是非常不容易的。一代的个人能力当然是需要肯定的，但同样不可忽视的一点，许多的家族一代，具备发展企业的能力，却不一定懂得如何做一个好股东。

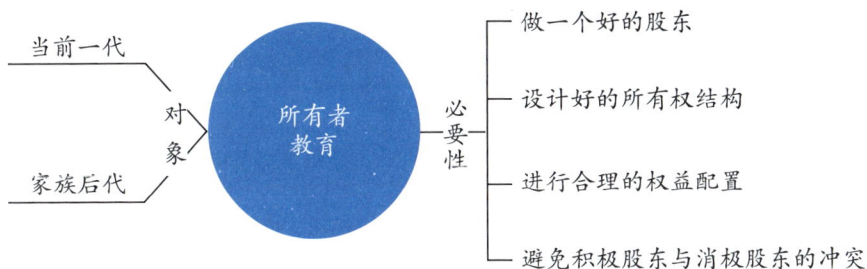

### 1. 做一个好股东，设计好的权益结构

**逸凡律师：**是啊，比如"真功夫"的蔡达标先生，因职务侵占、抽逃注册出资等罪名，现在仍深陷牢狱之中；而蔡达标在狱中仍没有停止斗争，不忘对董事长的席位步步紧逼，这大概是因股东个人原因影响公司上市最鲜活的案例之一了。

**东兰律师：**没错，包括雷士照明的吴长江，也是因为职务侵占面临与蔡达标一样的牢狱之灾。这就说明一个问题：我们的许多企业家没有学会做一个好的股东，并不清楚权利的边界，不知道如何行使权利。

**胡弯律师：**这两个例子都很有代表性。实际上有很多这样的案例，我们关注到的只是一部分。如何做一个好的股东，许多中国家族是不了解的，这便是需要进行所有者教育的一个很重要的原因。

另外，中国家族不会设计所有权结构，这也是所有者教育之所以十分迫切的重要原因之一。中国在20世纪90年代才正式建立现代企业制度，《公司法》也是在1993年才颁布，因此，对于大多数中国第一代企业家而言，他们并没能从创业的初期便对所有者结构及相关的权益结构有一个清晰而准确的界定及认识。

我们可以发现，许多中国家族企业对所有权结构的设计都存在很大的问题。比如，有的企业对应当集中锁定的股权没有设置相应的锁定机制，从而导致家族控制权的丧失；有的企业习惯于对股权予以均分，从而引发家族成员或家族各支系之间的内部斗争，对家族企业产生负面影响；还有的企业未选择合适的权利持有主体，导致风险自企业穿透至个人等。

我们之前探讨过的长荣集团的案例，对大家有什么启发吗？

**晓初律师：**这个案例我印象非常深刻。长荣集团张荣发先生在2016年春节前夕辞世，一个月之后其遗嘱一经二房独子张国炜公布，即被媒体炒作为"史上最偏心"的遗嘱。张荣法先生在遗嘱中明确规定："本人之存款及股票，全部由四子张国炜单独继承……公司业务接班，我本人希望：四子张国炜接人集团总裁……"随后，我们便看到大房在短短几个月的时间内，通过掌控张荣发慈善基金会、利用其在长荣集团的控股地位迅速把张国炜乃至集团管理总部的权力架空，张国炜也离张荣发先生的接班安排渐行渐远。

**东兰律师：**这的确是个令人唏嘘的案例。

**胡弯律师：**张荣发先生虽然有意愿将其股份传给张国炜，并希望将家族企业掌控大权一并交付给他，但长荣集团的所有权结构并不能支持他个人意愿的顺利实现。后续发展逐渐背离张荣发先生的意愿，非常重要的原因之一便是大房一支享有长荣集团的控股地位。

由此可见所有权结构的重要性。家族（企业）的传承，光靠个人意愿是没有用的，特别是对于经营性资产而言，如果没有良好的所有权结构作为支持，不仅仅是传承，家族（企业）的保护与管理也都将变成空话。

当然，国内的家族企业对于家族控股公司、特殊目的公司等所有权结构的构建工具渐渐有了一定认识，但是距离全面理解及灵活运用还存在比较大的差距。

### 2. 合理进行权益配置，避免消极与积极股东的冲突

**逸凡律师：**除了刚刚提到的所有权结构，还有一种情形也让我们必须去重视所有者教育，那就是大家不知道如何去分配股权。有了好的结构之后不知道如何进行配置，这也是一个核心问题。

**胡弯律师：**怎么分配，这对于许多的中国家族而言的确是个难题。比

如家族的第二代共有三个孩子，传承时，所有权比例如何分配？是三三四还是二三五？各自又拿多少？

中国的家族企业中不乏跟风的情况，今天张家的股权是这样安排的，我们王家看上去情况差不多，那我们家的股权就像他们家那样安排吧！这是许多一代在进行股权分配或者说权益配置的时候非常容易进入的误区。其中，股权均分可以说是我们见过的最普遍的安排了。

**晓初律师：** 除此之外，积极股东与消极股东的问题也非常值得我们关注。无论是父子创业、夫妻创业还是同代创业，如果不做适当处理，在交接过程中都会产生股权分散的情形，由此必然会产生积极股东和消极股东。在这种情况下，所有者教育就显得更加重要。就像L家族一样，有些人认为未来自己就是消极股东了，但又想保障自己的权利；有些人认为自己未来就是控制家族企业局面的角色，但却不清楚自己的权利边界。

**胡弯律师：** 从上面的讨论来看，最起码有四个非常充足的理由让家族去重视所有者教育。要想做一个好的股东，必须进行所有者教育；要想设计并掌握好的家族所有权结构，必须进行所有者教育；要想进行合理的权益配置，必须进行所有者教育；要想避免积极股东与消极股东的冲突，必须进行所有者教育。

家族所有者教育，很重要的一个目标，就是确保家族（企业）的顺利传承。实际上，一旦做好了所有者教育，家族（企业）传承前后的安全、发展都会得到保障，也就能进一步实现我们常说的家族（企业）保护、管理与传承。

所以说，如果将所有者教育的价值展开来讨论，进行所有者教育的理由远远不止上面讲到的四点，也许有n个理由。

**东兰律师：** 除了家族企业的股权之外，其他方面是否也涉及所有者教育呢？

**胡弯律师：** 当然。我们所提到的所有者教育绝不仅仅针对家族企业股权，实际上，任何资产、任何法律结构都面临所有者教育，例如这两年非常热门的家族信托。

可以说只要涉及权利归属，便会涉及所有者教育的问题。教育方法或许存在差异，但是其中的逻辑是一样的。

### 合格股东的标志——负责任，不论拥有1%还是99%

**东兰律师：** 如果没有好的所有权结构，所有权将不断从集中趋向分散。但即使有好的所有权结构，利益主体也是在不断分散的。

在这种情况下，如何避免积极股东与消极股东之间的冲突将是家族企业面临的巨大问题。很多家族争产、控制权争夺等类似问题的爆发，都与这样的冲突有关。我们现在帮助家族处理的危机化解项目，很多情况下就是在解决这样的冲突。

| 合格所有者的五大标志 | |
|---|---|
| 1 | 将自己看作家族企业的管事者 |
| 2 | 在考虑自身利益的同时也会兼顾家族企业本身、家族、家族其他成员以及其他股东的利益 |
| 3 | 会进行自我教育，对家族所有权有更为深入全面的了解 |
| 4 | 明白所有权是一种特权 |
| 5 | 想方设法为家族企业增加价值 |

**逸凡律师：** 比如我们一直在探讨的鹰君家族的案例，鹰君家族的问题表面上看是控制权争夺的问题，但从某种意义上讲，也是积极股东与消极股东的冲突问题。

**胡弯律师：** 对家族企业而言，需要明白的是，这两类股东的产生是必然的，只是时间早晚的问题。

家族企业发展到今天，无论是什么样的家族企业，都进入了更复杂的所有权阶段，不同家族企业选择的路径是不同的，有一些选择了集中，还有一些被动接受了分散。伴随着代际的发展、家族成员的增加，家族企业所有者的数量也在不断增加，这意味着现有的所有者的股权会被稀释，家族企业的股权将会分散，必然会产生你们提到的"积极股东"与"消极股东"。

在我们翻译的著作里，我们使用的是"积极所有者"的概念，那么"消极所有者"也不可不提。今天，我就先概括地从这两个角色出发去探讨家族所有者教育的问题。

### 1. 积极所有者与消极所有者

**晓初律师**：我这两天正好在重读《家族企业所有权——如何成为合格的股东》这本书，书里我们是这样描述积极所有者的："他们对于家族企业面临的问题万分关切，与管理层之间也建立了深厚联系。他们会努力地了解公司战略，同时也会花时间尽心尽力地推广企业文化。换言之，他们对公司所有的兴趣是非常真切的，正因如此，他们才会不遗余力地向管理层提供支持，同时也会在适当的情况下插手公司事务。"根据我的理解，积极所有者，且不论他们与家族企业是否具有雇佣关系，但顾名思义，他们是起到"积极"作用的。

**胡弯律师**：积极所有者，首先也是一个有自身需求、有独立诉求的家族成员。只是他们因为长期、持续地关注家族和家族企业，了解家族与家族企业的发展方向，因此可以从家族立场出发，在适当的时机做出恰当的判断和选择。

**逸凡律师**：同意。我们常说，作为为家族（企业）提供服务的第三方机构，应当站在家族的立场去提供解决方案；同样地，积极所有者在以"所有者"的角色进行决策时，更应该选择家族立场这一大立场，而非个人的小立场。

**东兰律师**：那么如何理解"消极所有者"呢？

**晓初律师**：虽然《家族企业所有权》这本书并没有对"消极所有者"做出定义，但根据这么多年为家族企业服务的经验以及许许多多的案例，我认为，消极所有者可以定义为因持有股权比例较小而无法对家族企业经营决策产生决定性影响的所有者。

**胡弯律师**：在讨论消极所有者之前，需要明白我们刚刚反复强调的一点，那就是消极股东的产生存在一定的必然性。对于消极所有者而言，因为持有的股权较少，股权的价值更多地体现在其收益权上，因此消极所有者的股权流动性意愿往往较强，而行使其他权利的意愿往往较弱。

但永远要记得，无论是积极所有者还是消极所有者，或者是其他类型的所有者，他们都会通过不同的形式给家族（企业）带来特定的价值，也都需要承担相应的责任。

**逸凡律师**：消极所有者对于家族企业股权的集中还是有着重要影响的。如果对消极所有者的股权流动性管理不当，将直接导致家族企业股权的进一步分散。

### 2. 有针对性地开展股东教育

**胡弯律师**：如果处理不好积极股东与消极股东之间的冲突，首先对家族资本的长期平衡是非常不利的，同时，两者的冲突更会导致家族内部冲突，影响家族和合，对家族、家族企业而言都将产生巨大的负面影响。

对积极股东的教育，应当集中在如何做一个好的企业领导者。积极股东应当对权利的边界有清晰、准确的认识，并关注其他股东的利益，具备必要的牺牲精神，更应当承担相应的责任。

对于消极股东而言，首要明确的一点是，消极股东同样是家族企业的所有者。躺在权利上睡觉的人不会得到保护——消极股东依然应当积极行使各项股东权利。对于消极股东而言，行使权利，是一种权利，更是一种责任。

**东兰律师**：胡弯律师实际上就是从角色、权利和责任这三个方面的教育来展开的。

**胡弯律师**：当然，积极股东与消极股东的划分从某种意义上来讲通常与股权大小有关，但这种关系一定不是必然的。

进一步讲，实际上对于家族而言，不仅仅需要所有者教育，在家族治理或所有权结构的机制安排上，还应当有相应的机制安排，从而能够促使和保障所有者，不论是积极所有者还是消极所有者，都成为合格的股东，这一点也是非常重要的。

## 不仅仅是股权，也不仅仅是所有权

**晓初律师：**刚才关于所有者教育的讨论，主要还是从家族企业股东的角度去展开的。但是家族所有者所面临的绝不仅仅是家族企业的所有权，还包括了其他法律结构下的所有权。

同样，正如我们反复强调的权利配置，权利的所有不仅仅是指对所有权的"所有"，还应当包括对经营权、控制权以及收益权的"所有"。

**逸凡律师：**其实我们在做的所有者教育，正是围绕所有权、控制权、经营权及收益权这四个权利来展开的。为什么这四个权利如此重要呢？

### 1. 所有权结构思维与所有者教育

**胡弯律师：**我们在和大军律师的其他讨论中也多次谈到了四个权利的问题，在这里就不再进一步展开了。这里我想聊一下这四个权利对于所有者教育的重要性。

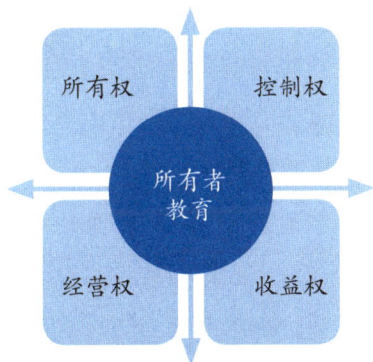

首先，无论是对于经营性资产，还是对于非经营性资产而言，这四项权利都是客观存在的，这一点谁也无法否认。我们可以把这四项权利比喻成四条路径，不同的人选择的路径是不同的，通过四条路径来解决问题，总比通过一条路径解决问题要灵活得多。这是家族所有者教育的核心内容之一。

第二，不同的权利，有不同的权利逻辑以及对所有者的不同要求，如对实际控制人有要求，对收益权享有者也有要求。我想，这个道理大家都不难理解。

第三，从长远来看，所有权、控制权、经营权及收益权这四项权利的分化是必然的，甚至是一种趋势。作为家族而言，不可能去改变这种趋势，实际上也很难去改变，只能把握和顺应这种趋势。

比如说，我们此前对于所有权和收益权的分离往往是不关注的，但恰恰在很多情况下，所有权和收益权是彻底分离的，家族信托就是一个例子。这个时候我们的教育重点是什么？当然，应该是对收益权所有者的教育。

### 2. 所有者教育的实践——以家族信托为例

**逸凡律师：**接着胡弯律师的思路，我们对家族信托已经做了很多的讨论，其中也提到了信托教育的重要性，其实信托教育的本质也是所有者教育。

**东兰律师：**完全同意。我们在进行家族信托筹划时往往发现，家族的"所有者"意识不够强，这也影响到他们对家族信托的有效运用——作为委托人的家族成员并不知道怎么做一个合格的委托人，而作为受益人的家族成员也不知道如何做合格的受益人。

**晓初律师：**家族信托教育的出发点，即委托人教育。委托人应学会在法律规定的框架内，尊重家族信托的合规性与价值性，并以此为前提去做家族信托的架构设计与安排。如果是境内信托，应依据《中华人民共和国信托法》；如果是境外信托，应当根据当地的法律法规。

从长远来看，家族信托教育还包括对监察人、受益人甚至受托人的持续教育。他们对于家族信托的长久存续是非常关键的因素。在接受家族教育时，他们首先需要学会尊重家族对于信托的安排；其次要充分了解自己的权利，学会恰当地行使权利，了解表达诉求的途径并选择最适当的途径进行表达。

## 情感与责任同样重要

**胡弯律师：** 回到家族企业的层面，除了所有权，情感与责任也是同样重要的教育内容。所有者的本质是什么？其实就是家族财富的一代代管理者。他们需要遵从于家族，这就需要情感与责任作为纽带。一个合格的所有者，应当对家族企业负责，对家族负责，对现有的家族成员及未来的家族后代负责。家族企业的发展状况与这三者的利益密切相关。只有具备对这三者的责任感，作为家族企业所有者的家族成员才能够更好地作出判断与决策。

**东兰律师：** 对于年轻一代的家族成员而言，基于他们的成长坏境和过程，往往难以深刻理解他们将要面临的责任，更难以理解上一代的艰辛。这就需要从情感层面出发进行教育，责任的承担需要个人情感的投入。

情感　责任

**逸凡律师：** 说得好！情感与责任是密切相关的。我所服务的一些潮汕家族，在企业面临困难时，下一代往往能够坚定地留在企业，与家族其他成员一起咬牙坚持，攻克难关。

我从跟这些潮汕地区的企业家们的沟通中了解到，其中很多家族一代在创业时，便有意识地安排自己的子女从小去工厂帮忙，提供一些力所能及的支持，比如男孩儿跟着父亲一起搬运货物。在这样的过程中，子女们自然可以看到父辈创业的艰辛，体会到父辈的不易；而随着子女们学识的丰富及眼界的开拓，当他们看到父辈所面临的时代局限时，基于早期的体验，子女们也能更多地给予理解。

共同体验是一种非常重要且有价值的方式，是一种持续的、潜在的所有者教育，能让家族成员之间及家族代际建立起难以割裂的情感纽带。这大概也是为什么会出现我们所看到的新老两代的共同坚守。

**胡弯律师：**两代人之间情感纽带的建立，能够加强年轻一代对家族企业的使命感，这也是所有者教育的一种重要手段。要让年轻一代感受到所交托的责任，这个过程需要情感、需要温度，让年轻一代感受到他们所接到的并不是一项冷冰冰的权利。

不仅如此，这样的方式还有利于年轻一代与家族企业之间同样地建立起情感纽带，包括与家族企业的人与物。尤其在中国人情社会的环境下，这一条纽带能够发挥极大的作用，避免所有权所蕴含的人情味越来越淡。

**晓初律师：**说到人情味，作为家族企业所有者，除了对家族、家族企业及家族成员承担责任，还应该做到对企业员工负责，进一步地承担社会责任。

**胡弯律师：**没错。我刚刚也说了，家族所有者，是家族财富的一代代管理者，从更广的层面来看，他们更是社会财富的管理者，应当肩负起一定的社会责任，正如我们团队过去一直强调的，"扎根家族情感，承担社会责任"。

需要明确的是，所有者教育并不是一件一劳永逸的事情，而是需要持之以恒的，是需要终生投入的。因为我们总是会发现有新的东西需要学习，或者与家族相关，或者与家族企业相关，又或者是与如何提升所有者的能力相关。这个永无止境的学习过程，对于每一个所有者而言也是一个激动人心而又妙趣横生的经历。

# 启示与建议

● 要想成为一个好的股东，设计并掌握好的家族所有权结构，进行合理的权益配置，避免积极股东与消极股东的冲突，必须进行所有者教育。

● 对积极股东的教育，应当集中在如何做一个好的企业领导者。积极股东应当对权利的边界有清晰、准确的认识，并关注其他股东的利益，具备必要的牺牲精神，更应当承担相应的责任。

● 消极股东同样是家族企业的所有者。躺在权利上睡觉的人不会得到保护——消极股东依然应当积极行使各项股东权利，行使权利是一种权利，更是一种责任。

● 在多元化的情况下，家族必须学会通过法律使内部权利的边界变得清晰。通过必要的家族共识、教育、规则以及所有权结构，使家族内部形成更加稳定、长久的共同价值。

● 共同体验是一种非常重要且有价值的方式，是一种持续的、潜在的所有者教育，能让家族成员之间及家族代际建立起难以割裂的情感纽带。

# "人"才是家族未来的核心问题
## ——家族雇佣政策与家族经理人

**分享嘉宾：** 和丰君

**互动律师：** 胡弯律师、逸凡律师、东兰律师

**分享时间：** 2019年3月15日　星期五

## 课堂研讨

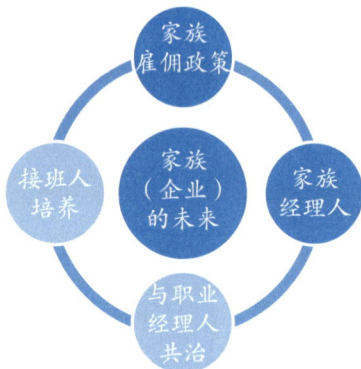

　　**和丰君：** 今天分享一个绝大多数家族（企业）都面临的但大都存在一定认识偏差的问题——家族雇佣政策与家族经理人的安排。

　　**胡弯律师：** 您这样说可能部分家族领袖会不理解。不少家族领袖甚至能够举出自己如何顶住家族的压力，阻止某些能力不够的亲戚进入家族企

业，或者如何呕心沥血培养子女接班的例子。我想，您说的认识偏差，和他们理解的不在同一个层面上。

**和丰君：**是的。我所谓的认识偏差并不是说他们心里觉得这件事不重要，而是指他们低估了这个问题的复杂性，并且始终没要找到应对这个问题的正确方法。

家族雇佣政策与家族经理人的安排是家族（企业）治理的一个重要方面，必须要有一个从上到下、从家族政策到企业具体规章、从决策评价机构到执行实施机构的完整安排。在许多第一代家族领袖的心中，这个问题被他们视为处理家族人际关系、自己是否有威信有手段，或是"帝王传位"的私人问题。这就很容易引起本来能够避免的矛盾和冲突。

**逸凡律师：**也有的家族领袖认为这完全是一个企业如何用人的问题，或者说是一个企业如何招聘的问题。无论是认为这纯粹是一个"家族问题"或是完全的"企业问题"，都是不够全面的。

**和丰君：**以大小观之，家族雇佣政策与家族经理人的安排既关乎家族，也关乎企业。家族成员的进入、考评和担任高级管理层，这不仅仅是企业的问题，还包含了家族价值观的问题。如果家族成员享有太多的特权，则企业中的非家族成员难免心生不满；但如果完全阻断家族成员进入企业的领导层，则家族的特殊资源无法传承，家族企业的核心优势无法发挥。这二者之间的平衡需要仔细拿捏。

以远近观之，则家族雇佣政策与家族经理人的安排解决的绝不仅仅是当下的用人问题，还关系到家族（企业）接班人在这个体系中的培养与成长、家族经理人与职业经理人的长期共治，可以说它决定了家族（企业）的未来。

## 家族雇佣政策：从"一环"到"三环"的必然选择

**和丰君：**家族雇佣政策的必要性是由家族企业的发展特性决定的。家族第一代创始人既是股东，又是家族成员，还是管理家族企业的领导者，此时所有权、家族和企业是高度重合的，不需要特别处理三者的关系，但是随着家族企业的发展壮大和家族（企业）的世代交替，所有权、家族、企业三者开始分化，彼此的关系互有交叉变成"三环"，由此形成七种角色。

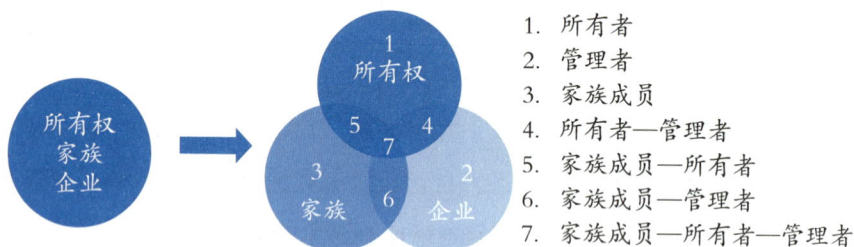

1. 所有者
2. 管理者
3. 家族成员
4. 所有者—管理者
5. 家族成员—所有者
6. 家族成员—管理者
7. 家族成员—所有者—管理者

此时，需要处理的关系变得复杂，首先要处理的是核心圈层——家族成员和家族企业的关系：家族成员是否在企业中工作，如果在企业中工作，那么担任什么职务；其次是周边圈层——非家族股东和职业经理人与家族（企业）的关系：前面两类身份的人如何看待和接受家族成员在企业中工作。三个领域相互交叉的关系使得家族企业如何雇佣家族成员变成一个棘手的问题。

**逸凡律师**：在解决"三环"这种状况所带来的家族（企业）雇佣问题上，许多家族（企业）领导人习惯用非正式的方式来处理，而忽视了正式的家族雇佣政策的价值。

其实许多中国家族企业都有家族成员在企业中工作的传统做法或惯例，只是没有意识到这就是家族雇佣政策。比如一些家族第一代创业者希望长子接班，其他子女担任其他高管角色辅助长子经营；另有一些家族只允许长子进入家族企业，其他家族成员不得进入，必须在外部谋求职位；又有些家族鼓励所有家族成员都在家族企业中任职，实行自愿申请的原则，并设置一定的门槛和考核条件等。

**和丰君**：这些可以视为非正式的家族雇佣政策，在很大程度上取决于家族（企业）领导人的意愿和权威，容易将一些企业问题私人化。如果二代的长子在家族企业任职，其弟弟及姐妹也想进入家族企业，那如何决定哪些人应该进入、哪些不该进入；由谁来决定；这个决定是否会让家族成员感到不公平；随着家族的壮大，人数更多的第三代也想进入家族企业，又该如何抉择；另外，姻亲和家族成员的配偶是否可以进入家族企业？

面对以上种种问题，如果在家族成员提出想进入企业后再由家族领袖或者家族成员商量决定，难免会让人觉得所做的决定是针对其个人的，家族成员间的矛盾可能一触即发。

**东兰律师：** 不仅会引起家族内部的矛盾，如果职业经理人对于家族成员进入家族企业工作有所异议，也会引发家族（企业）和职业经理人之间的矛盾。

**和丰君：** 所以，家族雇佣政策不仅要有非正式的部分，比如家族领袖的意愿和家族成员内部的职业规划等，更需要有大家都看得到的正式规定，比如具体的家族雇佣政策和企业的人事制度等。

家族雇佣政策为各方都提供了一个可预期的标准，基本目的是确立管理家族成员进入和退出家族企业的标准、具体程序和步骤。更深层次的目的则是消除误解和歧义，以便有志于进入家族企业的家族成员可以进行职业规划，并为家族企业挑选和培养合适的家族经理人，以此实现家族（企业）的基业常青。

**逸凡律师：** 正式与非正式的家族雇佣政策相结合，可以协调家族与企业之间的关系、家族（企业）与非家族利益相关者的关系，缓解各方因为家族企业雇佣家族成员而产生的矛盾。

**和丰君：** 逸凡律师总结得很好。从家族（企业）的角度出发，家族雇佣政策是通过教育、规划和规则来为家族成员是否进入家族企业进行引导、定位与安排；而对于家族成员而言，家族雇佣政策是一种进入家族企业工作的意愿和职业规划，同时也是家族企业的需要与个人意愿、能力的匹配。

从非家族利益相关者的角度出发，家族雇佣政策是他们所接受的家族企业雇佣家族成员的规则，帮助他们选拔、监督和约束家族经理人，是家族对他们的交代。

所以，家族雇佣政策不是可选项，而是家族（企业）从"一环"发展到"三环"后的必然选择。

### 不是简单问题的汇总，而是复杂体系的制定与运作

**胡弯律师：** 家族（企业）对于家族雇佣政策和家族经理人安排的认知偏差不仅在于忽视了这两者的重要性，还在于低估了其复杂程度，缺少系统性的思考和解决方案。

**和丰君：** 确实如此，家族雇佣政策不是几个简单问题的汇总，而是覆盖了家族雇佣政策各方面的系统性政策，主要包括指导原则、决策机构和机制、准入资格、管理四大方面。

| 指导原则 | 决策机构和机制 | 准入资格 | 管理 |
|---|---|---|---|
| ·目的<br>·愿景<br>·是职位空缺，还是创造职位<br>·家族成员和非家族成员的雇佣标准是否一样<br>·接班人与非接班人是否区别对待 | ·由谁决策<br>▷家族委员会<br>▷就业委员会<br>▷企业董事会<br><br>·决策机制<br>▷一致同意<br>▷多数同意<br>▷过半同意<br>▷一票否决 | ·家族成员配偶、姻亲是否可以加入<br>·申请流程<br>·教育要求<br>·工作经验<br>·知识技能<br>·年龄<br>·职位的特殊要求 | ·初始岗位<br>·轮岗制度<br>·汇报关系<br>·表现评估<br>·晋升<br>·薪酬<br>·辞退<br>·回归<br>·兼职<br>·实习 |

### 1. 指导原则——根本之"道"

**东兰律师：** 把指导原则放在第一部分，如何理解它在家族雇佣政策中的定位？

**和丰君：** 指导原则，是制定整个家族政策的依据。具体的政策可以是

灵活的，但是一个家族（企业）的指导原则是比较恒定的。

只有有了指导原则，当家族（企业）对于某个政策的规定产生分歧时，才不会就政策本身讨论不休，而是站在更高的层面，从最根本的本质——指导原则出发去讨论问题。这就是我们经常说的"道"和"术"，指导原则是"道"，而具体的政策规定是"术"。

**东兰律师：**这样一来，家族雇佣政策的指导原则就需要和整个家族的价值观相匹配了，需要在一些涉及本质的问题上达成共识。

**和丰君：**是的。有些家族本身已经有整体的指导性原则，有些甚至有"家族宪法"，那么家族雇佣政策就需要遵守这些大的原则，并在此基础上予以展开和细化。

### 2. 决策机构和机制——双重治理

**和丰君：**有了指导原则，那就需要说一下由谁根据这些指导原则来决策了，这个也是最基础的问题之一。

**胡弯律师：**从之前服务过的家族（企业）来看，很多家族都有正式或非正式的家族委员会，掌握了家族各种重大事项的决策权，家族雇佣政策也在其中。少数家族还设立了专门的家族就业委员会，来制定并实施家族雇佣政策，指导家族成员的职业发展。

**东兰律师：**我补充一点：家族企业的雇佣同时也是企业事务。一直以来，我们都强调家族和家族企业双重治理，家族雇佣政策的制定与决策也需要企业决策者的参与。

**和丰君：**两位律师说的都对。许多家族在家族企业中仍有较大的所有权和控制权，家族委员会制定的家族雇佣政策，可以直接在家族企业中推行。但是在具有较为正式的家族企业治理的家族企业中，家族委员会的决策并不能理所当然地在家族企业中推行。我的观点是，正式的家族（企业）的双重治理也是适用于家族雇佣政策的。可以由家族决策机构（比如家族委员会）发起制定家族雇佣政策，但需要家族企业决策机构（比如董事会）的批准，以及家族企业管理者的配合执行。

在明确了家族雇佣政策的决策机构后，决策机构可以指定一个专门的小组来执行家族雇佣政策的制定工作。这个小组可以包括家族成员代表、外部专家、外部股东和职业经理人代表，然后由小组成员充分商讨并达成共识，必要时可向更广大的利益相关者征求修改意见，最终由家族委员会和企业董事会审阅和批准执行。制订的过程异常重要，只有这样制定出来的家族雇佣政策才能得到利益相关者的认可并严格遵循。家族雇佣政策还需要适时审阅和修订，以便适应各种变化。

### 3. 准入资格——各有偏好，平等为佳

**逸凡律师**：指导原则、决策机构和机制的重要性毋庸置疑，但最终还是要落到具体的政策规定上。

**和丰君**：是的，我先来说一下大家最关心的部分——准入资格，就是规定哪些家族成员可以进入家族企业。

**胡弯律师**：每个家族都有自己的偏好，有些家族鼓励所有家族成员都进入家族企业，有些家族不允许家族成员的配偶和姻亲进入，有些家族只允许长子、长女进入，有些家族只允许儿子进入等。

**和丰君**：胡弯律师所说的准入资格是由家族成员的身份决定的，然而这并不意味着符合要求的家族成员可以随意进入家族企业。

从企业的本质属性来分析，任何一个企业对人力资源都有特定的要求，并不是每一位家族成员都可以进入家族企业。然而，从家族属性上分析，每一位符合身份要求的家族成员进入家族企业的机会应该是均等的。解决这一矛盾的方法，是为家族成员进入家族企业设定具体的门槛。一般来说，准入资格的标准包括家族身份、最低年龄、教育背景、外部经验、实习经验和知识技能等。

## 4. 管理机制——是全面系统，也有重点关注

**逸凡律师：** 这些门槛只是一个起点，只是起到一个初步筛选的功能。在解决了谁能够进入家族企业这个问题之后，问题的焦点转移到了如何对在家族企业中工作的家族成员进行管理。

**和丰君：** 家族雇佣政策的管理机制是一套全面的系统性规定，覆盖了家族成员职业发展各个阶段所面临的各种问题——初始岗位、轮岗制度、汇报关系、表现评估、晋升、薪酬等。

各方最为关注的方面包括晋升和薪酬。有些家族认为家族成员需要和非家族成员一样遵守公司的晋升制度，另有一些家族认为家族成员应该拥有特别的晋升路径，特别是对于被定为企业未来接班人的家族成员而言，遵循与非家族成员雇员一样的职业路径是不现实的。两种做法都有其自身的考量，需要做到的是事先明确并与家族经理人做好沟通，让家族经理人在进行职业规划时有依据和侧重。

**东兰律师：** 随着由晋升带来的家族成员在职位上的分化，薪酬也将呈现出差别，家族成员在企业中的薪酬到底是基于市场的标准还是基于成员的需求，这是许多家族企业面临的难题。

**和丰君：** 在家族企业中，家族成员的角色总是特殊而重要的。在非家族成员的企业员工看来，家族成员的薪酬标准直接反映了企业的"公平"理念。总体来说，家族经理人的薪酬需要把握"透明"和"按劳分配"两大原则。

"透明"不是指将每个员工的工资都予以公开，而是指家族企业对于如何确定工资有市场化的、合理的标准。这么做解决了家族成员之间、家族经理人与职业经理人之间的公平问题，更重要的是在企业内部培养了"公平""公正""竞争"的企业文化。"按劳分配"比较容易理解，就不展开说了。

**胡弯律师：** 和丰君说的是家族经理人具有能力的情况，其实很多家族

还会遇到家族经理人无法胜任职位的情况，而家族碍于情面又难以将他们辞退，家族雇佣政策也应该处理这种情况。

**和丰君：**是的，家族需要思考如何客观评价家族经理人的表现，在什么时候应该辞退不符合要求的家族经理人。对于家族经理人的调整、约束、监督和退出机制也是家族雇佣政策的一部分。

总的来说，家族雇佣政策不是几个简单雇佣问题的汇总，而是一个依据指导原则，由家族（企业）权力机构决策，规定了家族经理人的准入、管理和退出等机制，在家族（企业）中遵照执行并据之实现代际交接班的复杂体系，需要家族（企业）给予足够的重视。

## 一体两面：家族雇佣政策和接班人培养

**逸凡律师：**家族雇佣政策和家族接班人培养的关系，这是每个家族（企业）需要深入思考的问题。

**和丰君：**要理解两者的关系，首先要理解两者的定位是什么。接班人培养，就是通过制订计划，让一个或多个备选接班人可以通过执行计划成长为家族（企业）的领导人。为了实现最终目标，接班人培养计划还会将最终目标分解为阶段性目标，包括业务入门、业务熟悉、领导力培养等，这是一种主观的计划和目标。

而家族雇佣政策是关于家族成员在家族企业中工作的规则，通过规则帮助家族企业选拔和培养合适的人才，将不同的家族成员放在与之相匹配的位置上，并约束其行为，这是一种客观的规则。

| 客观规则 | | 主观计划 |
|---|---|---|
| 家族雇佣政策 | 配合 →<br>← 遵守 | 接班人培养 |

接班人培养计划需要遵守家族雇佣政策、接受家族雇佣政策的约束；

在遵守指导原则的前提下，家族雇佣政策需要配合接班人培养计划，做出适当的调整；可以说两者是一体两面、不可分割的。

**东兰律师：**接班人培养计划遵守家族雇佣政策，这个我有所体会。有个家族企业领导人计划让儿子接班，但儿子刚从国外留学回来，在家族企业所在的行业没有经验，无法满足在家族企业任职的要求。这位领导人先让儿子在其他公司工作几年，积累的经验满足家族雇佣政策的要求后，才让儿子进入家族企业。但是，家族雇佣政策根据接班人培养计划进行调整，这个我接触得比较少，可否请和丰君详细说一下？

**和丰君：**家族雇佣政策调整的前提是有利于家族（企业）的发展，符合雇佣政策的指导原则，这个要首先予以明确。借用上面的例子，家族雇佣政策规定家族成员只有具备一定的行业经验才能进入企业，指导原则是"家族成员具有有利于家族企业发展的经验，才能进入家族企业"，而对于在何处、如何积累经验的规定是可以调整的，家族雇佣政策可以调整为没有经验的家族成员可以通过在家族企业实习的机会积累经验，在满足要求后，再正式进入家族企业。

**胡弯律师：**家族雇佣政策和接班人培养是一体两面的关系我理解了，但是两者应该仍有对方无法覆盖的地方。比如说，家族雇佣政策的规定约束的对象不仅包括了候选接班人，还包括了在管理层的其他家族经理人和其他在基层工作的家族成员。

**和丰君：**家族雇佣政策确实有接班人培养无法覆盖的地方，但是家族雇佣政策为家族企业接班人和其他在家族企业工作的家族成员之间的相互转换提供了基础。

从备选接班人到成长为真正的接班人，还有太多的不确定性，不仅需要备选接班人有意愿、天赋和努力，还需要其与企业相契合，还能迎合环境和时代的发展。所以，在备选接班人的培养和成长过程中，必定会有调整或选择。有些家族经理人表现突出，被增选进入培养计划，有些不合适的则逐渐退出培养计划，成为管理层的普通一员，或者成为基层员工，甚至退出家族企业。

**逸凡律师：**就接班人培养的范围来说，也有家族雇佣政策无法覆盖的方面。

**和丰君：**确实如此。从时间的维度来说，家族接班人培养不仅包括进入家族企业后的培养阶段，还包括进入企业之前的早期态度培养阶段。从范围的维度来说，家族接班人培养不仅包括了如何成为企业领导人，还包括了如何成为合格的所有者和家族的领导人等。

所以，这里所说的家族雇佣政策和接班人培养是一体两面，是对于家族企业接班人进入企业工作前后的培养阶段而言的。

## 共治的趋势——最终还是所有权结构问题

**逸凡律师：**家族企业的候选接班人通过接班培养计划成长为家族企业真正的接班人，或者家族企业完全由家族成员来进行管理，这是一个理想的状态。但是随着家族企业达到一定规模，仅仅依靠家族成员来发展企业是不现实的。

**和丰君：**尤其是在目前转型升级、世代交替、所有权更迭、全面合规四期叠加的时期，仅仅依靠家族成员已经难以保持家族企业的竞争力，职业经理人的加入成为必然选择。从"家族治理"转向"家族经理人与职业经理人共治"的模式是一个大的趋势。

**胡弯律师：**但是中国引入职业经理人也存在各种问题，由于职业经理人的进入导致家族企业失败的案例也不在少数。许多家族（企业）认为职业经理人难以信任，只能共享富贵而不能共担风险。

**和丰君：**信任问题确实是中国家族最大的软肋，但这其实只是个表象。大家可以先说说市场上常见的职业经理人与家族经理人共治的理论和案例，我再来逐一分析。

**逸凡律师：**范博宏教授曾经提出过一个理论，让家族经理人传承家族特殊资产、让职业经理人传承核心资产以外的资产，以此实现家族经理人和职业经理人的分工和平衡。

**和丰君**：这样的两分法在理论上固然合理，但是难点在于，首先需要确定家族的特殊资产是什么，这不像公司具体战略和事务的决策与执行一样易于区分。家族中居于核心地位的特殊资产包括了家族文化和家族精神，这类特殊资产依靠家族经理人传承时应该用什么制度和机制来实现？实践中，这样的分类和分工实现的难度较大。

**东兰律师**：业界经常提到的是所有权和经营权的分离，比如沃尔玛的沃尔顿家族，家族成员拥有公司股权，担任公司董事会成员，而职业经理人担任总经理。

**和丰君**：这个划分只有两个权利维度的划分，我们认为有所有权、控制权、经营权和收益权四个权利维度的划分，这是讨论的前提。东兰律师提到的仍是一种较为理想的做法，沃尔顿家族拥有所有权，是否就理所应当地拥有控制权？家族是否就真的只会通过董事会来掌握控制权，而经营权全部授予职业经理人呢？实际情况可能很复杂的。

**胡弯律师**：比如雅居乐的董事会中既有家族成员，又有职业经理人；而在其管理层中，家族经理人和职业经理人分别负责管理不同的区域或板块。

**东兰律师**：还有另一种设计，比如新希望六合的家族接班人刘畅与外部专家陈春花教授担任联席总裁。

**和丰君**：这些例子充分说明家族经理人和职业经理人的共治是可行的，并且共治的方式多种多样。其本质是通过顶层的所有权结构设计，进行所有权、控制权、经营权和收益权四大权利的配置，通过有效的家族（企业）双重治理，让家族经理人和职业经理人遵循家族（企业）的核心价值观、降低利益冲突，共同致力于家族（企业）的长期发展。这才是我所认为的家族经理人与职业经理人共治。

**逸凡律师**：现在又回到本书的大逻辑下来探讨了，那此时需要特别关注些什么呢？

**和丰君**：家族需要格外关注控制权的问题。国美电器的职业经理人陈晓与家族争夺控制权是个惨痛的教训。拿雅居乐来举例，虽然职业经理人进入了董事会，可以参与企业的决策，但陈氏家族成员在董事会还是占多数，企业最终还是由家族所控制。又比如新希望六合，陈春花在帮助刘畅建立企业治理制度和实现战略转型后，选择了退出，最终还是刘氏家族控制着家族企业。

**东兰律师**：美的集团好像是个例外，因为职业经理人担任了公司董事长，而家族少有人参与企业的具体经营，所以被业界称为"去家族化"的典范。

**和丰君**：这个例子有点意思。创始人何享健在保留控制权上仍是下足了功夫。首先，何氏家族借着各种时机集中了家族股权，虽然家族不参与公司的日常经营，但仍然通过集中股权保留了家族对企业的最终控制权；儿子何剑锋和何享健信任的元老担任董事，在决策方面也对董事长方洪波形成制衡。

**胡弯**：难怪许多职业经理人会说家族企业里的家族太"霸道"，原来这么多家族实际上都最终保留了对家族企业的控制权。

**和丰君**：解读为"霸道"只是因为角度不同，如果从家族角度来解读，可以说是为了家族（企业）的可持续发展，设计了合理的顶层所有权结构，对四大权利做出了配置。在美的集团，职业经理人所享有的经营权可以说是非常大了，而且包括方洪波在内的职业经理人也通过股权激励等形式成为美的集团的股东。总的来说，我认为不应该把"家族化"和"去家族化"当作目标，而应该利用所有权结构设计，通过家族企业治理来实现家族经理人和职业经理人的长期共治。

**逸凡律师**：听完和丰君的阐述，我想很多家族（企业）现在意识到家族雇佣政策与家族经理人的安排的重要性和复杂性，值得给予更多的关注和重视，同时也找到了解决这个问题的正确方式。

**胡弯律师：** 不仅如此，这个话题再次说明所有权结构设计是家族（企业）实现基业长青需要处理的根本问题。

**和丰君：** 知易行难！引起重视、弄清逻辑还只是开始，真正的难点在于实施。

## 启示与建议

● 家族雇佣政策是家族企业从"一环"发展到"三环"的必然选择。

● 家族雇佣政策为所有权、家族和企业这三个领域中的所有利益相关者提供了一个可遵守的标准，帮助家族（企业）选拔、监督和约束家族经理人，以此实现家族（企业）的基业长青。

● 家族雇佣政策是依据指导原则，由家族（企业）权力机构决策，规定了家族经理人的准入、管理和退出等机制，在家族（企业）中遵照执行并据之实现代际交接班的复杂体系。

● 家族（企业）接班人培养需要遵守家族雇佣政策，家族雇佣政策需要根据接班人培养计划来进行调整，可以说两者是一体两面、不可分割的。

● 家族经理人和职业经理人的共治是通过顶层的所有权结构设计，进行四大权利的配置，通过有效的家族（企业）双重治理，让双方遵循家族（企业）的核心价值观、降低利益冲突，共同致力于家族（企业）的长期发展。

# 家族企业接班人的五门功课
## ——接班人如何实现家族企业的稳定与发展

**分享嘉宾：** 大军律师

**互动律师：** 胡弯律师、逸凡律师、东兰律师

**分享时间：** 2019年3月21日　星期四

## 课堂研讨

- 扎根家族情感，构建和合家族
- 稳步完成交替，构建领导核心
- 坚守核心价值，承担社会责任

家族企业接班人必须完成的五门功课

- 厘清顶层结构，实现有效控制
- 坚持家族战略，创新驱动发展

**大军律师：** 2018年刚好是改革开放40周年，改革开放40年以来，家族企业得到了迅猛发展，在国民经济中发挥了重要的作用。同时，随着第一代创业者基于各种原因逐步退出历史舞台，家族企业的传承问题已经成为一个时下政府、经济界及家族自身都非常关注的社会热点话题。

**胡弯律师：** 这一轮的家族财富管理浪潮事实上就是由家族企业传承而引发的。李新春、储小平及陈凌等知名家族治理、家族企业治理领域的学

者不仅在国内率先关注家族企业传承问题，而且取得了丰富的理论研究成果。应当说，我们今天的研究和实践都是在这样的基础上展开的。

## 不断实践才是真正持续推动的核心力量

**大军律师：**胡弯律师说得很对，几位学者与我们都有不同程度的交集，应当说我们的逻辑起点就是家族治理与家族企业治理，这是深受他们影响的。

虽然我们也是从家族传承、家族企业传承这个角度切入家族服务领域的，但是在实践中是存在明显错位的。在这个过程中我们不断地在反问自己，家族传承、家族企业传承是不是当下家族面临的最重要的问题呢？

站在家族治理、家族企业治理的角度，我们最终得出了结论：传承问题一定不是唯一的重要问题！家族、家族企业的保护、管理与传承三个问题同等重要。我们提出的这个观点也逐渐得到了行业的普遍认同。

**逸凡律师：**但是传承问题确实非常重要呀。

传什么？　　传给谁？　　如何传？

**大军律师：**我们并不否认家族、家族企业传承是一个关键问题，对此我们也非常重视。

通常认为，家族的传承问题应当从三个点上予以考量，即：传什么、传给谁及如何传。这三个点的关注度很高，也有很多研究成果，我也曾经写过一些文章进行探讨。

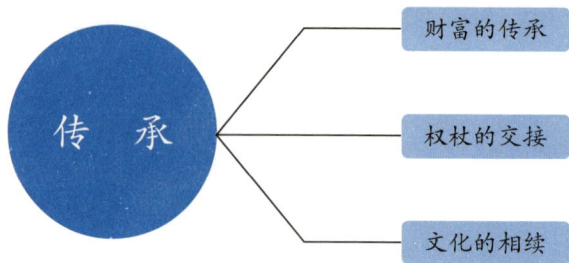

实际上在回答传什么、传给谁及如何传这三个问题时，总觉得回答得不清晰、不准确，也不透彻！在近些年的实践中，我们逐步从财富传承、权杖交接、文化相续这三条线出发去观察和分析家族传承问题，也就是从这三条线出发回答传什么、传给谁及如何传的问题，应当说有了一些心得体会。

**东兰律师：**当下对于财富传承与权杖交接的问题提及得比较多，但对文化相续的关注度实际上是不够的。

**大军律师：**确实是这样，而且三者的难度事实上是依次提升的，权杖交接的难度大于财富传承，文化相续的难度高于权杖交接。中国家族传承的难点从短期来看应当是权杖交接，而从长期来看更大的难点是文化相续。

依照这三条线去观察和分析家族传承问题，脉络是清楚了，但似乎又割裂了财富、权杖与文化的关系，也存在一些问题。所以，近两年来我们开始更多地从家族力的角度进行了一些思考与实践，甚至开始去检讨家族财富传承的目标等基础性问题。

**胡弯律师：**大军律师理解的家族财富传承的目标是什么呢？

**大军律师**：如果有人现在问我家族财富保护、管理与传承的目标是什么，我会肯定地回答：实现当下及未来家族成员内心的安宁、生存的尊严与行为的从容，这才是家族财富保护、管理与传承的根本目标。

我们就家族保护、管理与传承所展开的一切活动都应当围绕这个目标而展开。那么问题来了，如何才能实现安宁、尊严与从容呢？这就是当下家族及我们要解决的问题。

**东兰律师**：我还想再提一个问题：传承之后接班人应当如何做呢？

**大军律师**：这个问题提得非常及时。事实上，从近几年的家族传承实践来看，似乎忽略了另外一个同样关键的问题。我们认为应当对接班人如何实现家族企业的稳定与发展给予更多的关注，这方面的研究与实践似乎都是欠缺的。

事实上，刚才回顾了我们关于家族传承等问题的思考、实践及研究的演进路径，实际上这一切都是来源于家族实践活动持续的推进，这肯定也是一个不断提升、甚至是异化的过程！

从大量的交接班实践中，我们很清楚地看到，接班人认识和理解家族治理、家族企业治理、家族传承路径与家族财富传承目标等概念，是接班人思考并选择接班后"做什么"与"如何做"的前提！

## 接班人承继家族企业的类型与挑战

**逸凡律师**：这个问题提得很及时，下一代接班后大多数都很难超越上一代的辉煌，甚至出现"状况"的情形也是很突出的，这是顶层结构设计中需要特别予以重视的新课题。确实要给新生代们支支招，点拨一下方向！

**大军律师**：我也认为，为新生代、接班人支支招确实有很大的必要！

**东兰律师**：感觉这个问题的探讨可能与不同的交接班类型也是有很大关系的，不知道是否可以这样理解？

**大军律师：**确实如此。要讨论这个问题我们就不得不对接班人承继家族企业的两种类型做一下简单的梳理。

一种是规划下的继承安排，上一代家族企业领导人根据家族的规划与意愿将"权杖"移交给下一代；另一种是家族企业领导人突然离世或丧失能力，继承人"非正常"接班。

**胡弯律师：**请大军律师先谈谈"权杖移交"式的交接班吧。

**大军律师："**权杖移交"式的交接班又可以分为生前传承和身后传承两种类型，例如：

2017年10月发生的"万向系"鲁冠球家族因鲁冠球先生去世引发的鲁伟鼎先生接班的传承事件，就应当理解为一种"权杖移交"式的身后传承。

而被关注较多的"长和系"李嘉诚家族、"新希望"刘永好家族、"海翔药业"罗邦鹏家族的传承都属于生前传承。

可以肯定的是，"权杖移交"式的交接班相对而言更为有序，但交接班后的家族企业稳定与持续发展却并不是确定的。例如，目前来看应当说鲁冠球家族的传承是比较顺利的，尤其是近期家族慈善信托的定制式构建的一些细节安排，证明了"万向系"的"权杖移交"式交接班的效果；也有相反的例子，罗邦鹏家族在二代接班后黯然退出海翔药业就是非常令人痛惜的案例。

**东兰律师："**非正常接班"式的传承呢？

**大军律师："**非正常接班"基本上都是身后传承，此种类型的接班相对而言是无序且缺乏必要准备的，失败的案例颇多。

例如，山西闫吉英家族"三佳科技"的家族内斗、李海仓家族的"海鑫钢铁"破产重整等。当然也有成功的例子，如李裕杰家族"非正常接班"后"水星家纺"IPO顺利冲关成功。

**逸凡律师：**对于"权杖移交"与"非正常接班"两种类型的效果，可不可以做一个总体的评价？

**大军律师：**当然可以！总体来看，<u>"权杖移交"式的交接班成功率相对而言略高；而"非正常接班"式的接班成功率较低，甚至可以说成功是"偶然"的。</u>

**胡弯律师：**无论是哪种接班类型，接班人都会面对诸多挑战，这是肯定的。但是，不同类型接班面对的挑战有何不同呢？

**大军律师：**接班人承继家族企业后所面对的挑战是今天的讨论应当重点分析的问题之一。需要明确的是，接班人面对的挑战，也正是家族所面对的挑战，这是家族应当合力解决的问题。

<u>无论是"权杖移交"式还是"非正常接班"式的交接班，家族及接班人所面对的根本挑战事实上并无本质的差异，只是复杂程度不同罢了。真正的差异在于家族及接班人是否已经完成必要的准备、规划与安排。</u>

<u>接班人承继家族企业所面对的挑战就是如何避免家族、家族企业因交接班而导致家族企业衰败。细究起来，具体挑战来源很多，我用"散与分""乱与斗""弱与失"六个点概括。</u>

散与分　　乱与斗　　弱与失

**东兰律师：**大军律师的概括总是很经典，我们了解大体的意思，可否先请您谈谈"散与分"？

**大军律师：**上一代强力家族领导人退出后，家族往往失去或者说在一段时间内失去"核心"，家族凝聚力减弱，很可能导致家族人心无法继续真正凝聚在一起而"散"掉，甚至出现非正常的"分家"与"分产"现象，家族分崩离析，后果不堪设想。这个时候家族往往处于一种有心无力的尴尬境地。

**逸凡律师：**"乱与斗"是最可怕的局面，这对家族、家族企业就是一场噩梦。

**大军律师：**逸凡律师说的很对！

耳熟能详的香港"镛记烧鹅"甘穗辉家族传承后的长子支系与次子支系内斗就是令人十分唏嘘的案例。

由于缺乏必要的、有效的规划与安排，家族、家族企业在心理上、能力上与路径上都没有做好必要的传承准备，由此家族陷入混乱，甚至陷于长期的内斗，最终导致家族力量消耗殆尽。

**胡弯律师：**"弱与失"中的"失"指的是什么？

**大军律师：**"弱"说的是接班人未必具备上一代家族领导人的能力及企业家精神，能力偏弱，无法引领家族企业持续发展。当然，接班人接班后的所有权结构重构导致控制力减弱、甚至导致家族控制权丧失的现象也不在少数，由此家族走向衰落，这就是我说的"失"。

**东兰律师：**毫无疑问，接班人承继家族企业后面对的每一个挑战都是巨大的。必要的规划、充分的准备、正确的方向、足够的能力及家族的团结都是应对挑战的基本条件。

**大军律师：**东兰律师的总结很到位。这些应对挑战的基本条件与传承模式有着非常直接的关系，我们将在专门的传承规划讨论中进行深入的探讨。

对于接班人而言，传承模式往往是无法选择的，但接班后如何去维护家族企业的稳定与发展却是可以、也必须为之做出一番努力的。

## 接班人的核心目标与五门功课

**逸凡律师：**前面的讨论都是"热身"，下面我们还是给接班人具体支支招吧。

**大军律师：**在具体支招前，先要明确家族企业接班人应当牢牢把握的核心目标与应当关注的核心问题。

家族企业接班人在保持家族企业稳定与发展这个问题上应当把握的核

心目标就是家族力的持续提升，这才是实现当下及未来家族成员内心的安宁、生存的尊严与行为的从容三个根本目标的正确路径！

经过几堂课的交流，大家已经很清楚：家族力指的是家族的生命力，具体包括家族（企业）的永续生存能力——生存力、家族（企业）的持续发展能力——发展力、家族（企业）的核心社会价值——价值力，其中价值力是最为重要的核心要素。

从另一个维度来看，家族力是围绕家族（企业）的人力资本、文化资本、社会资本及金融资本的总体提升而展开的。只有拥有强大的家族力才可能实现家族、家族企业的稳定与发展，进而实现家族、家族企业的基业常青。

也就是说，家族力应当是家族及接班人关注的核心问题，促进家族力的整体提升是接班人接班后应当把握的总体行动方向。

**胡弯律师：**接班人的核心目标与核心问题都明确了，具体应当通过哪些路径实现家族、家族企业的稳定与发展呢？

**大军律师：**要实现家族力的提升，接班人必须完成以下五门功课，这是应对家族（企业）所面临的"散与分""乱与斗""弱与失"等挑战的不二法门。

这里可以用中医治病类比一下：有病就要治病，每一种病有每一种病的病因，治疗的思路是不同的；同样一种病发生在不同的人身上，因各人体质的差异，具体的药方也是不同的。对症施治，这就是我讲的"对治"。

我只能从理论上介绍一些"治病"的原则性思路，没有看到"病人"前，具体的"方子"是万万不敢开的。

### 第一门功课：扎根家族情感，构建和合家族

**东兰律师：**大军律师说的第一门功课是什么？

**大军律师：**其实我此前在不同的场合多次讲过，这一门课不仅是家族、家族企业面对挑战的基础，而且是家族、家族企业生存的前提条件。

家族不仅要关注财富管理、企业管理，同时也要关注情感管理。俗话说"家和万事兴"，家族和合是家族延续、家族企业发展的基础。

尤其在家族长辈或领导人离世、聚合力缺失的情形下，家族情感的凝聚、团结一致是接班人必须首先去努力维护的，这是家族面对挑战、共渡难关的前提。

血缘与情感对于家族而言都是重要纽带，但血缘是一种偶然，而情感是相互付出与给予后的一种必然，家族情感一定是比血缘更重要的。我们之所以会提出"扎根"家族情感，就是因为家族情感对于家族有重要意义，这是每一个家族应当贯彻于家族的存在、发展始终的重要内容。

总之，情感管理与财富管理是同等重要的，应当说情感管理是家族接班人要修行的第一门功课。只有情感管理到位，才可能实现家族和合。

**逸凡律师：**这个"方子"可以对治"散与分""乱与斗"。

**大军律师：**与其说是"方子"，不如说是一味"药"，单靠一味"药"是很难治病的。再好的药，也需要其他药的调剂。通常要几味"药"才可以组成一个"方子"。

第二门课同样是我特别关注的，涉及最近讨论的关键词。

### 第二门功课：厘清顶层结构，实现有效控制

**东兰律师：**第二门功课是什么？涉及什么关键词？

**大军律师：**关键词是"顶层结构"与"控制权"。

家族的传承必然会涉及所有权的更迭、调整与重构，在这个过程中接班人应当高度关注顶层结构的设计。在交接班中或交接班后因顶层结构设计与安排失当而出现家族控制权减弱或控制权丧失的状况，是家族、家族企业的多发性风险。

所以在家族企业顶层结构设计与安排中，家族必须对家族、家族企业所有权、控制权、经营权及收益权进行合理的配置。尤其值得注意的是，在顶层结构的设计中不仅要关注控制权的问题，同时也要关注流动性的问

题及增长资本的问题，要实现控制权、流动性及增长资本三者的平衡。

当然，对于顶层结构与控制权的安排，除了实现上面讲的四个权利的配置、资本的平衡以外，还有几点诉求需要综合考虑：既要具有合法性，符合法律价值，也要体现公平性，符合家族价值与社会价值，更要保证有效性，能够落地执行并充分实现，还要有持续性，能够借以实现长远目标、满足长期规划。

家族、家族企业顶层结构设计可以包括保护结构、传承结构及控制权结构三个方面，在世代交替、所有权更迭下安排好控制权是非常关键的。

**胡弯律师：**我觉得这味"药"的药性好像可以让它成为对治"散与分""乱与斗""弱与失"等六种病的方子的"主药"。

**大军律师：**胡弯律师的反应很快！这味"药"确实不错，尤其对于"强身健体"有奇效，所以一定是"主药"。这味"药"选择对了、安排好了，不仅可以"防病"，而且在"生病"时可以稳得住、控制得住"病情"！

### 第三门功课：尽快完成交替，构建领导核心

**逸凡律师：**接下来请大军律师谈谈第三门功课是什么？

**大军律师：**接班人在承继家族企业后，自然要面对从上一世代到下一个世代交替的问题。这个交替期不仅要保证平稳、避免动荡以降低风险，同时也不宜拖得过长，应尽快完成交替。

这里的交替指的不仅是"权力"与"财富"交替的完成，更是"心理"交替的完成，较快形成全新的、有力的领导核心是家族持续与稳定发展、步入新时代的关键。交替期拖得越久，对于家族企业事实上是越不利的，这一点是不言自明的。

如果交接班完成后家族成员或家族企业的其他相关者还长期有"你爸爸是如何如何做的""你妈妈一定不会这样""要是你爸爸在就好了"等诸如此类的表达或者心理，那将是非常致命的！因此，实现迅速跨越是很

关键的，这个过程一定要"稳中见快"，过好"心理关"最重要。

**东兰律师：**这味"药"虽然很好，但不容易找到，需要"天时""地利""人和"等很多因素的配合。

**大军律师：**东兰律师这一点说得很好，也确实如此。难找的药不可能从天上掉下来，稀缺的药是要提前备货的，机会一定是给有准备的家族的。

### 第四门功课：坚持家族战略，创新驱动发展

**胡弯律师：**下面应当是第四门功课了。

**大军律师：**是的。家族持续与稳定发展的前提是家族应当拥有清晰明确的家族战略与规划、家族企业战略与规划，这一点是接班人应当坚持的，而不应轻言改变。

但不可否认的是，中国的家族企业目前普遍处于转型升级期，而且社会环境、市场环境更是处于持续迭代变动中，此时接班人也应当具有相应的创新精神与能力，不能死守陈规及教条。换句话说，<u>不易流行、"变"与"不变"的平衡对于接班人而言是一个大考</u>。

日本京都"近江系"成功传承的一些家族企业对于"不易流行"非常重视，是将它作为家训世代传承的。当然这里的"不易"与"流行"的平衡是最关键的，不易的是什么？流行的是什么？知易行难！

基业长青的家族一定是在"变"与"不变"之间实现了很好的平衡！

**胡弯律师：**看来这味"药"也是很难得的。

**大军律师：**说实话，每一门功课就是一味"药"，每一味"药"都很珍贵，都来之不易！

### 第五门功课：坚守核心价值，承担社会责任

**东兰律师：**最后一门功课通常应当是最重要的，是这样吗？

**大军律师：**可以这样理解。这是我一直以来强调的一个观点。

　　家族最重要和最宝贵的是家族价值力，而家族的价值力来源于先辈家族领导人的企业家精神，来源于良好的家规家风，来源于家族社会责任的承担，这是家族长治久安、基业长青的根本，也是家族必须坚守的，更是家族接班人应当率先垂范的。

　　其中家族对于社会责任的承担是非常重要的，切莫忽视！这是家族和合、文化凝聚、社会尊重的基础与关键，关乎家族的人力资本、文化资本与社会资本，是家族力提升的关键。

　　家族内部的普遍共识、家族成员的责任担当与共同的信仰是家族力的核心要点，而慈善是一条能够打通这三个要点的重要路径。

　　"只有慈善才可能让家族持久地凝聚在一起"，这句话虽然说得未必准确，但其中说的道理是不会有错的。

　　**逸凡律师**：大军律师，您一直对慈善非常关注，自己也身体力行。如何理解"只有慈善才可能让家族持久地凝聚在一起"呢？

　　**大军律师**：这个问题问得好！家族一定要认真研究与关注慈善问题。今天简单谈谈我的基本观点：

　　每个人的财富都不是凭空而来的，而是取自于他个人周围的环境或人群，从这个角度来看，财富是社会的；而每一个人的财富也并不是别人轻易赠予的，而是来自于个人的福德与努力，从这个角度来看，个人的财富是受个人管理的；同样，个人的慈善也不是凭空而来，而是来自于内心的悲悯与善良，从这个角度来看，慈善是个人的，而个人的慈善之心也并不是轻易可以实现的，而是需要借助于财富的管理，从这个角度来看，慈善必将是社会化的事业。

　　慈善是财富管理者将受托的财富重新回馈给社会。慈善不仅能够让做慈善的人懂得个人与家族、社会的关系，懂得财富与个人、家族、社会的关系，同时能够让他们理解得与舍、爱与被爱、荣耀与责任。慈善的重要功能之一就是让家族形成共同的价值观，而这恰恰是家族凝聚的基石。

　　**东兰律师**：刚才大军律师的这番话确实是让我受教了！

**大军律师：**如果我们将上面所谈及的五门功课看成五味"药"，那接下来就是用这五味"药"开"方子"了。这五味"药"是要同时用的，但对于不同的"方子"，每味"药"所需的量各有不同，这样才能更好地发挥药效。同样的道理，对于不同家族、家族企业而言这五门功课并不是先后完成的，而是作为一个整体同时展开的，这可能才是对接班人最大的挑战。

当然，家族企业的交接班，不仅是对接班人个人的考验，更是对全体家族成员的考验；不仅是家族的内部问题，更是一个社会问题。

**胡弯律师：**接班人在实现家族企业稳定与发展的过程中，不仅要在内部"聚力"，同时也要向外部、向社会"借力"，运用各种工具有效打通家族财富管理、家族顶层结构设计及家族力整体提升三个层次与路径，这才是确保家族（企业）持续稳定与发展的关键所在。

**大军律师：**胡弯律师总结的"聚力"与"借力"很有意思，一内一外，是很重要的两个方向。

虽然接班人完成五门功课非常不易，既需要规划，也需要努力，可能还需要一些"运气"，但是，责任在身，接班人必须冲出去找到出路！

## 启示与建议

● 从财富传承、权杖交接、文化相续这三条线去观察和分析家族传承问题，也就是从这三条线出发回答传什么、传给谁及如何传的问题更为有效。

● 实现当下及未来家族成员内心的安宁、生存的尊严与行为的从容，这才是家族财富保护、管理与传承的根本目标。

● 在家族企业顶层结构设计与安排中家族必须对家族（企业）所有权、控制权、经营权及收益权进行合理的配置，既要合法，也要公平，更要有效，还要长远。

● 家族内部的普遍共识、家族成员的责任担当与共同的信仰是家族力的核心要点，而慈善是一条能够打通这三个要点的重要路径。

● 接班人有效打通家族财富管理、家族顶层结构设计及家族力整体提升三个层次与路径，这才是确保家族（企业）持续稳定与发展的关键所在。

# 转 "危" 为 "机"

## ——危机化解是一种家族必备的能力

**分享嘉宾：** 大军律师

**互动律师：** 东兰律师、逸凡律师、胡弯律师

**分享时间：** 2019年3月29日　星期五

## 课堂研讨

**大军律师：** 今天是对话家族顶层结构27堂课中的最后一堂，应当用什么样的内容来结束这组话题的讨论呢？我考虑再三，最后还是决定以"危机"作为主题，我想具体谈一谈的是危机化解的问题。

**东兰律师**：危机化解确实是一个非常重要的话题。最为突出的是2017年下半年开始，相当高比例的民营上市公司及其股东出现"爆仓"现象，很多公司出现控制权危机。在危机面前有很多家族不堪一击，而有的家族却能合力渡过难关！我认为这与各个家族不同的危机化解能力有很大关系。

**大军律师**：东兰律师说得非常好，我之所以选危机化解这个主题，就是受上述集中爆发的家族危机的启发。

来自自然的、社会的，家族的、个人的，以及经营的危机无时不在。危机是每个家族（企业）都无法回避的问题，我们不应惧怕危机的降临，但也不应面对危机的来临无动于衷。

我们不能期望一个没有危机的环境，家族应该直面危机，构建有效的危机管理体系，组建常态化的危机管理团队，形成有效的危机处理机制，积极对危机进行干预和处理，以化解危机，乃至转"危"为"机"。

**逸凡律师**：从目前的实践来看，家族（企业）面对的危机不仅非常复杂，而且由于新媒体传播资讯的能力很强，危机一旦爆发就很难控制，很多时候相当于"现场直播"。处置稍有不当，后果就不堪设想。

## 从几个案例出发做一个观察

**大军律师**：每一次危机都是现场直播，没有彩排，也没有重新再演一次的机会。我们先要让大家对危机有一个清醒的认识！借此形成一定的危机意识，这是一个基础性的前提。

**胡弯律师**：我觉得案例更有说服力，还是请大军律师从案例出发作一些介绍吧。

**大军律师**：华为最近遇到了两个全世界都高度关注的危机事件：

其一，孟晚舟女士在加拿大被捕。目前孟晚舟女士虽然已经在加拿大获得保释，但依然会面对是否引渡美国的"战斗"。假设被引渡美国，后面将面临更为复杂和困难的局面。

其二，部分5G重要市场"禁入"。华为无疑在5G领域获得了全球性的技术领先优势，且在很多市场取得了成功，但在进入一些重要市场时受到了一系列的非市场性限制。

最新、最重要的消息是2019年3月7日华为宣布就美国《2019财年国防授权法案》第889条的合宪性向美国联邦法院提起诉讼，请求法院判定这一针对华为的销售限制条款违宪，并判令永久禁止该限制条款的实施。

从表面上看两个事件都可以被视为法律事件，但背后的真实逻辑到底又是什么呢？两个事件对华为而言无疑都是巨大的危机，影响之大显而易见，而且危机所面对的是全球范围复杂的政治、经济及法律环境，化解危机的难度之大可想而知。

**东兰律师：** 大军律师对华为的危机化解能力如何评价呢？

**大军律师：** 这个场合并不是对华为的危机化解能力作系统评价的场合。让我们拭目以待吧，华为现在展现出来的化解危机的勇气与决心是必须点赞的！华为的危机化解能力一定比一般的公司要强大很多，这一点不容置疑。

但是，孟晚舟女士在加拿大被捕本身就意味着华为的危机管理存在一定的问题。我的观点是，本来就不应当让这种事情存在发生的可能！

我再讲第二个例子——波音公司因737 MAX机型"缺陷"所面临的巨大危机。

连续"掉"了两架737 MAX飞机，除了令全世界都揪心的空难处理本身以外，此种机型所存在的"设计缺陷"随之被披露，更为严重的是波音公司对于"设计缺陷"的"知情"被曝光后，引起了世界范围的强烈质疑。

我们期待事情的真相。波音公司现在面对的来自市场和舆论的压力有多大，危机后续会如何发酵？我认为波音公司面对的是"空前"的"生死"考验！

波音公司有这样的危机化解能力吗？这个危机又会如何化解呢？

**胡弯律师：**大军律师如何看待这个问题呢？

**大军律师：**波音公司也许已经重要到了"不能倒下"的地步，但是这场危机对该公司及航空领域的影响一定是深远的！

**逸凡律师：**华为公司和波音公司都是世界性的公司，其能力非一般公司可以比拟，它们可以调动的危机化解资源同样也是巨大的，应当说这两个案例是有一定特殊性的。

**大军律师：**是有一定的特殊性。但这种世界性公司在管理危机、化解危机时所遵循的逻辑与其他公司并没有本质的区别。

我再举几个例子：

前一段时间我们处理的那个A公司危机化解项目大家应当都参与了，不知道各位有什么思考？双方当事人都是已上市的知名企业，就某一项目的归属与控制存在争议，在项目现场发生聚众冲突，导致其中A公司一方20多人被刑事拘留，包括集团副总裁、区域总经理在内的15人被逮捕。这个事件对公司的商誉、经营都产生了巨大的负面影响，公司陷入了前所未有的经营危机。

**胡弯律师：**这个项目我参与得比较多，有两点让我感触特别大：

1.这种级别的公司怎么可能犯这种低级错误呢？

2.更让人费解的是，事发后公司为什么连最基本的危机化解能力都没有呢？

**大军律师：**我和A公司的董事长也做过多次深度交流，总体上我感觉公司从上到下都缺乏基本的危机意识。遗憾的是这在中国的家族企业中是一个普遍现象。我也多次建议，公司必须以此为契机下大决心提升合规能力及危机管理能力！

**逸凡律师：**我最大的忧虑是，公司似乎到今天都没有真正找到危机的症结所在。

**大军律师：**我也正有这个担心。接下来我们换一个角度看一下危机。

前几天《中国经营报》有一篇题目为"百亿家产争夺战，央视女主播赢官司后遭死亡威胁"的文章，讲的是"光耀东方系"的掌舵人李贵斌先生2017年离世后家族内部的"争产大战"，其中因涉及央视女主持人徐珺女士而备受关注。我们完全可以想象到各方当事人的痛苦、无奈、不安与彷徨，这实际上是一起非常典型的家族财富传承危机。这样的危机少见吗？

即使法院最终能够支持徐珺女士的诉讼请求而确认"股权转让"无效，未来公司的控制权如何实现呢？公司的经营权如何安排呢？对"光耀东方"及李氏家族而言，真正的危机还没有到来！

**东兰律师：**李氏家族的这个例子非常有代表性，李贵斌先生并不是意外离世，实际上这个家族危机理论上是完全可以避免的。

**大军律师：**东兰律师说的恰恰是最令人遗憾的地方。我们再回过头来看，因企业领导人意外离世而引发公司及家族危机的案例就更多了。

2014年1月2日，"小马奔腾"实际控制人李明先生因突发性心肌梗塞去世，公司陷入巨大危机，从此小马不再奔腾，而且公司及李氏家族均官司缠身，李明先生的遗孀更是被爆负债2亿元人民币。

2016年10月5日，"春雨医生"创始人张锐先生因突发性心肌梗塞去世，公司陷入经营危机。2018年12月，春雨医生终于和华润签订了投资协议，虽然资金还没有到位，但春雨医生似乎也算是暂时到了"安全之地"。

2017年5月26日，"水星家纺"董事长李裕杰先生意外离世，生前未做任何安排，但家族合力度过了可能的"传承危机"，并随后顺利上市。

这样的事件太多了，但结局却不尽不同！"过关者"寥寥！在不做提前规划与安排的情况下，即使能够度过这种危机，从某种意义上讲也是一种侥幸！

**胡弯律师：**每次讲到这些案例都很唏嘘，同时也感觉这些事件的发生都是不应该的！

2007—2017年"李宁"营收（亿元）

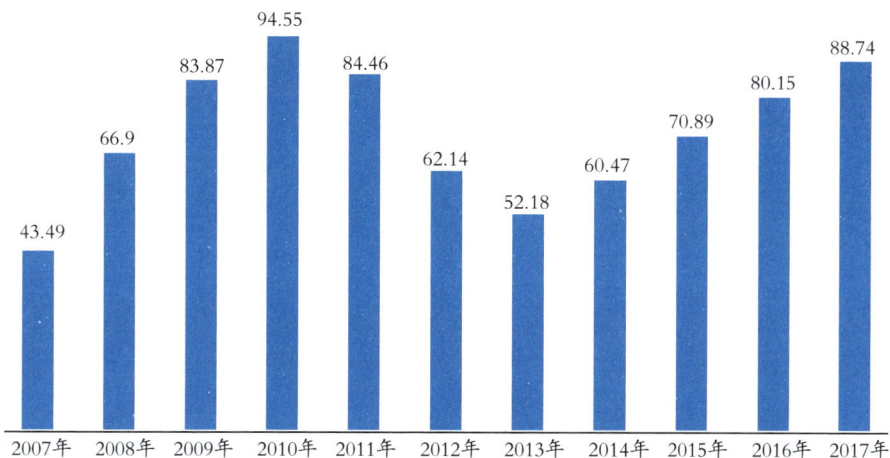

**大军律师**：不应当发生的事很多，但遗憾的是这些事都发生了！

讲一个让大家兴奋的案例吧。前几天在陈春花教授的公众号"春暖花开"中看到一篇转自"懒熊体育"的文章《从巨亏30亿到门店超过6000家、营收过100亿，李宁如何转败为胜》，看完后很激动。相信大家与我一样，对李宁及李宁公司一直都非常关注。

文章的导读写得很深刻："在李宁公司创始人的视野里，过去近10年的震荡中，李宁面临的核心问题都只有一个：零售化转型。在中国体育品牌发展史上，面向不同层级代理商的批发生意像一支不受管制的兴奋剂。创业初期，它显现的主要是"补药"的作用，为品牌带来无可比拟的扩张速度和现金流；而当跑马圈地完成，竞争从增量市场走向存量市场的刺刀见红时，其"毒药"的作用开始显现，习惯于批发生意的品牌离自己真正的消费群体越来越远，容易对市场潮流、风向乃至危机产生误判，甚至有丢掉性命的风险。而李宁的故事，即是在这样的现实危机下，完成自我改造甚至救赎的故事。"

十年震荡，面对"李宁"的"起死回生"，除了祝福以外，更多感受到的是"李宁"成功化解转型升级危机的不易与艰辛！

好了，刚才我只是随便举了几个近期我们关注度比较高，而且危机来源有一定差异性的案例，为的是让大家认识一下危机以及危机的多样性。

有一些危机也许是突然爆发的，另有一些危机则是在暗中孕育了很久，只是在某一个时间或某一个阶段集中爆发出来；有一些危机只要化解得法就可以很快过去，而有一些危机的化解本身就是一个相当漫长且困难的过程。

### "八面来风"，危机真的来了

**逸凡律师**：说到这里，必须要系统梳理一下中国家族企业的主要危机到底来源于哪些方面了，我的理解是它们应当与家族（企业）及家族成员所面对的挑战相对应。

**大军律师**：就是这个对应关系！

今天讨论的内容实际上与我们的第一堂课"决定家族未来的正确逻辑与起点——挑战、目标、方向、逻辑与立场"是可以遥相呼应的。在那一堂课中我们重新澄清了家族（企业）所面对的系统性挑战。这些挑战实际上恰恰就是相应危机的重要来源。

**胡弯律师**：还是要请大军律师系统回顾一下家族（企业），包括家族成员所面临的挑战，以便我们开展接下来的讨论。

**大军律师**：好的。其实我刚才讲到的若干个案例的危机来源既有相同的，也有不同的，大家可以对照一下。

我大致梳理一下，就不系统展开了，具体内容大家可以回顾一下第一堂课的讨论。

就家族成员来看，主要风险来源于"无常"。"无常为常"是家族成员必须面对的基本挑战，通常涉及"人寿无常""人无完人""人心难测"三个观察的维度。

**东兰律师**：我的理解是，事物总是处于一种不确定的、持续不断变化的且无法真实把握的状态，而这才是事物的真相，这就是我们所讲的"无常为常"。

上面的"无常为常"更多的是站在家族成员的角度来说的，那么家族和家族企业面对的核心挑战应当就是您之前提到的四期叠加吧？

**大军律师：**的确就是四期叠加。

我一直不断强调中国家族（企业）全面进入到了世代交替、所有权更迭、转型升级以及全面合规的四期叠加阶段，这是最大的危机源！

当然我们通常用世代交替与所有权更迭，转型升级与全面合规两条线索对四期叠加进行研究，这两条线索给家族（企业）带来的具体挑战不同，而且所能够引发的危机也存在很大的差异。

**逸凡律师：**世代交替与所有权更迭，转型升级与全面合规两条线索对家族（企业）而言所带来的危机到底有什么区别呢？

**大军律师：**这个问题事实上在前面也多次分析过了。

世代交替、所有权更迭如果无法正常、如期且有序进行，为家族（企业）带来的危机当然是巨大的，不仅会使家族（企业）陷入痛苦的徘徊与迷茫，而且很可能会使家族企业的发展陷于停顿、家族内部出现纷争、家族丧失对企业的控制权，甚至会导致家族企业的解体与消亡。

**胡弯律师：**大军律师列举到的这几种情形都有很多鲜活的例子，这就是所谓的传承危机。

**大军律师：**转型升级从某种意义上说是一个"找死"的过程，由于中国家族（企业）普遍缺乏转型升级的关键资源能力，所以转型升级成功的占比很低。而最为可怕的是，不转型是"等死"，也就是说，转型升级风险再大，也是必须进行的。

我们所讲的全面合规指的是不仅在中国的法律制度下全面合规，更要在全球背景下全面合规。做到全面合规需要付出巨大的代价，企业成本的大幅提升是必然的，这对很多家族企业而言是不可承受之重；不仅如此，在全面合规的背景下，甚至很多原有的商业模式都难以为继，这才是根本性的危机。

更为严峻的是，在无法做到全面合规的情形下，家族（企业）要面对民事责任、行政责任及刑事责任所共同施加的多重压力，很有可能导致家族企业直接面对生与死的挑战。

**逸凡律师：**看来转型升级与全面合规会直接给家族（企业）带来生死考验，可能引发的家族（企业）危机更是致命的。

**大军律师：**这样讲实际上并不为过。

当然，商文化与家文化的同时缺失也是中国家族（企业）面对的一大挑战，但是这往往是极易被忽略的。文化是家族（企业）之根，一棵树如果没有根了，还是一棵树吗？

此外，自然风险、社会风险也都是存在的，在这里就不一一展开讲了。

以上是对家族（企业）当下所面对的挑战的一个回顾与再梳理。需要特别强调的是，这几组家族（企业）及家族成员所面对的挑战对家族企业而言往往是互相牵动、相互交织、彼此传递的。

**东兰律师：**这些风险与挑战我们已经比较清楚了，但是很多家族人士认为这些风险实际上很难发生，发生危机只是小概率事件而已。

**大军律师：**问题恰恰出在这里！确实，很多风险的发生只是小概率事件，但是如果家族（企业）没有必要的危机管理能力，危机的发生则会变成不折不扣的大概率事件。

更为重要的是，转型升级及全面合规带来的挑战和引发的风险并不见得是小概率事件，由此而引发的危机对于家族（企业）而言更不是小概率事件了。

所以说，对于家族（企业）而言，危机四伏，确实是真实存在的，而且时刻都在我们的身边，从这个意义上讲，家族必须具备化解危机的能力。

## 认识危机才是正确的起点

**逸凡律师：**既然危机是真实存在的，那么对于家族而言，认识和把握危机的类型与特性就变得非常重要了，这对家族而言应当是一个基础性要求。

| 划分标准 | 危机类型 |
| --- | --- |
| 影响程度 | 重大危机、一般危机 |
| 对象 | 家族企业危机、家族危机、家族成员危机 |
| 类型 | 法律危机、非法律危机 |
| 能动性 | 主动引发危机、被动引发危机 |

**大军律师：**说得很对。从不同的视角看来，危机有不同的类型，可以从影响程度、对象、类型及能动性等多个角度进行分类。分析和识别危机的类型，对于认识危机、管理危机都是有帮助的。

这里有几个点需要特别提醒一下：

1. 重大危机造成的影响巨大，自不待言；而一般危机处理不当，也会潜伏，或直接转化为重大危机；

2. 如果没有必要的危机化解能力，家族企业危机、家族危机及家族成员危机必然是相互传递的；

3. 很多危机以法律危机的形式呈现，而法律危机与非法律危机往往是互相引发、互相关联的；

4. 主动引发与被动引发的危机所造成的后果并没有必然的差异，但所需的危机管理模式存在较大的区别。

**胡弯律师**：危机的种类很多，也有很多划分的标准，如果我们意图对危机进行管理，就必须了解危机的特性。我们很想听一听这方面的内容。

**大军律师**：这个问题很关键。

从对危机的分析来看，危机通常包括必然性与偶然性、未知性与可预测性、突发性与紧迫性、破坏性与建设性这四组看似矛盾，但又合理存在的特性。

**东兰律师**：听起来这四组特性每组内的两个特性的确是矛盾的，需要大军律师释明一下。

**大军律师**：我下面简单介绍一下，这样大家就可以体会到实际上是并不矛盾的。

### 第一组特性：必然性与偶然性

危机的必然性指危机是不可避免的，一定会发生的，任何家族成员、家族或家族企业必然会遇到大小不一的各种危机。从这个意义上来说，危机是必然的，也是一定会面对的。

同时，危机的发生具有一定的偶然性，家族（企业）及家族成员的所有薄弱环节都有可能因某个偶然因素导致危机发生。所以危机难以预测，容易给家族（企业）及个人带来混乱，从而导致不利的后果。

### 第二组特性：未知性与可预测性

危机发生的时间、地点以及破坏性等都是难以被预测到的，尤其是各种自然灾害、社会环境与结构的变化等带来的各种冲击是难以抗拒的。

但是危机的发生也存在一定的规律性因素，例如科技的进步、各种新技术的发明等都是有迹可循的，可以通过不同的方式对这些规律性因素进行一定的研究，以预测可能发生的危机。

大家觉得这两组危机特性矛盾吗？

**逸凡律师：**这样理解起来确实是合理的，也是客观和辩证的，比较容易理解。另外两组危机特性呢？

**大军律师：**另外两组危机特性同样也是不矛盾的。

第三组特性：突发性与紧迫性

危机相对于一般的事件或状况而言，由于难以预测，所以具有突发性，往往在人们还没有意识到的时候，危机就突然爆发了。

一旦危机发生，情势通常会非常紧迫，如果不及时处理、控制，将会使危机扩大，造成更严重的不利后果。

第四组特性：破坏性与建设性

危机必然会使得家族（企业）及家族成员处于一定的不稳定状态，从而造成对现状不同程度的破坏，且必然会带来某方面的损失，对于家族（企业）后续发展产生巨大的影响。

但是有"危"就有"机"，危机的出现对家族（企业）而言也是机遇，对危机的处理能促使家族（企业）提升组织能力、决策能力和应变能力，家族（企业）更可以以此为契机展示自身的良好形象。

**胡弯律师：**刚才实际上谈论了两个主题，一个主题是危机的来源，另外一个主题是危机的特性。这实际上是让我们真正认识家族（企业）的危机。在这个过程中我们听闻到的、接触过的、服务过的家族（企业）所面对的各类危机在我脑子里就像放电影一样——呈现，感触颇深！

很多家族就是因为没有真正认识危机，从而无法构建有效的危机管理体系，相应的危机化解能力更是无从谈起，而最终走了下坡路，甚至彻底衰败！

**东兰律师：**我也深有同感。认识危机，重视危机，方能化解危机！

## 危机化解的本末之道

**大军律师**：无论是对危机来源的厘清，还是对危机的认识，都是一个基础而已，最重要的还是如何进行真正意义上的危机管理与危机化解。

**逸凡律师**：关于危机管理与危机化解方面的研究事实上是很多的，这是一个非常重要的专业领域。

**大军律师**：是的。我上午还在和公关公司探讨一个关于资本市场领域的危机管理方案。某些类型的危机发生时往往涉及舆情监测、媒体管理、媒体传播等问题，因此专业的外部公关力量的介入是非常必要的。

总体来看，危机化解有两个层面的考量：

一个层面是在必然发生的危机尚未发生或者已经发生时如何进行危机管理；另一个层面是如何通过构建完善的危机管理体系，预防危机的发生。

从某种意义上讲，这两个层面是"本"与"末"的关系。

就第一个层面而言，可以理解为危机管理与危机化解之"末"，通常有四个方面的危机管理工作：

1. 提前释放危机；
2. 有效化解危机；
3. 全面把控危机；
4. 设法转"危"为"机"。

这个层面的危机化解恰似"小医"治病，针对已经发生的疾病对症施治，不同医生的具体治疗水平当然存在巨大的差异。

| | |
|---|---|
| 优化所有权结构 | 提升家族特殊资产 |
| 有效规划与安排 | 构建危机管理体系 |

**胡弯律师：** 第二个层面呢？

**大军律师：** 第二个层面才是关键，可以理解为危机管理与危机化解之"本"。

这个层面的危机化解发生在危机产生之前，恰似"大医"治病，治的是未病。从这个角度来看，我们本轮的系列讨论的目的就是为了给家族（企业）治未病，所以这本书实际上也可以被视为一本讲家族危机化解的书。

危机化解的"根本之道"当然就是家族（企业）的顶层设计，具体应当如何做呢？我想家族必须具备三种力量和一个体系：

1. 家族（企业）必须构建有效的所有权结构，完善家族（企业）的权益配置，合理配置保护结构、控制权结构及传承结构。借此家族不仅可以预防相应危机的发生，更可获取应对危机的结构性力量。

2. 家族（企业）应当通过有效的家族治理，促使家族（企业）逐步积累必要的文化资本、人力资本及社会资本等家族特殊资产，整体提升家族力，这是家族预防危机及应对危机的基础性力量。

3. 家族（企业）应及早对可规划事项进行有效的规划与安排，未雨绸缪，走在时间前面。只有走在时间前面，才有可能走在"人性"前面，从而有效避免"不应该发生的事情"的发生，这是家族预防危机及应对危机的前瞻性力量。

4. 危机的特性揭示了危机发生的必然，家族建立必要的风险及危机管理机制，构建完善的家族（企业）风险及危机管理体系，不仅至关重要，而且刻不容缓。

大家仔细思考一下，上述我归纳的三种力量及一个体系，四个方面的内容，实际上就是家族（企业）顶层结构设计的核心要素。换句话说，家族（企业）顶层结构设计才是整体提升家族（企业）风险管理及危机化解能力的核心路径。

讲到这里大家应当很清楚，"本"与"末"实际上是必须并存的危机化解之道，只有把二者结合起来才能形成完整的家族危机化解能力！

**逸凡律师：** 非常认同大军律师的观点，家族（企业）顶层结构设计才是家族（企业）风险管理及危机化解的核心路径。

### 每一次危机，都意味着一次重生的机会

**大军律师：** 最后我还是想再强调一个非常重要的观点，大家猜猜我想讲的观点是什么？

**东兰律师：** 我猜一定是要讲转"危"为"机"！

**大军律师：** 完全正确！危机有一个非常重要的特性——建设性，这在前面已经讲过了。危机当然是一种巨大的压力，但在压力之下才会有动力，才会有决心，才会有改变，才会有进步，才会有重生。

把坏事变成好事！这不仅应当是一种常态化的思维与逻辑，更应是一种必须具备的家族能力，也是家族应当具备的一种乐观的、积极的态度。

**胡弯律师：** 仔细回想起来，本系列讨论的27个主题确实很有意思，从挑战出发，到风险管理与危机化解结束，首尾呼应，形成了一个完满的闭环，实际上也给出了一个完整的解决方案，很圆满！

**大军律师：** 一切都是最好的安排！

这里可能没有具体的答案，也永远不要急于寻求具体的答案。找到"对的"逻辑，并且始终沿着"对的"逻辑走，在什么时候都可以找到"对的"答案！

祝愿大家一切安好！

## 启示与建议

● 每一次危机都是现场直播，没有彩排，也没有重新再演一次的机会，这是危机的本质特点。

● 只有走在时间前面，才有可能走在"人性"前面，有效避免"不应该发生的事情"的发生，这是家族预防危机及应对危机的前瞻性力量。

● 家族（企业）顶层结构设计才是整体提升家族（企业）风险管理及危机化解能力的核心路径。

● 危机的特性揭示了危机发生的必然，家族建立必要的风险及危机管理机制，构建完善的家族（企业）风险及危机管理体系，不仅至关重要，而且刻不容缓。

● 把坏事变成好事！这不仅应当是一种常态化的思维与逻辑，更应是一种必须具备的家族能力，也是家族应当具备的一种乐观的、积极的态度。

## 对话家族信托

多元诉求的支持平台
顶层设计的王牌工具

财富家族定制信托的21篇实战案例

张智 温玲丽 李润铭 著

家族世代·家族（企业）治理与财富管理实战系列

中国第一本介绍财富家族定制信托的实战案例专著。

抛弃艰深晦涩的写法，运用更有带入感的对话场景形式，再现经典信托的定制艺术，帮助中国财富家族把握信托构建的关键要素，合理运用这一多元诉求的支持平台和顶层设计的王牌工具。

破除市场上流传着的关于家族信托的神话与鬼话，把握家族信托的基本原理与方向，规避其中的风险与陷阱。让家族信托成为家族（企业）应对风险与挑战的强有力工具。

---

中国第一本介绍私人财富保护、管理与传承的实战研讨实录。

以多视角、多维度的对话方式描绘出中国家族（企业）及高净值人士在财富保护、管理与传承方面的诉求，把握财富保护、管理与传承中最容易被忽视的问题和风险，透视财富掩体与财富陷阱，洞见共享共治与保障支持。

打破单一工具的局限，综合剖析运用财产协议、意愿安排、金融工具、结构性工具及身份配置五大基础工具，对中国家族（企业）、高净值人士等解决财富管理问题具有重要的借鉴意义。

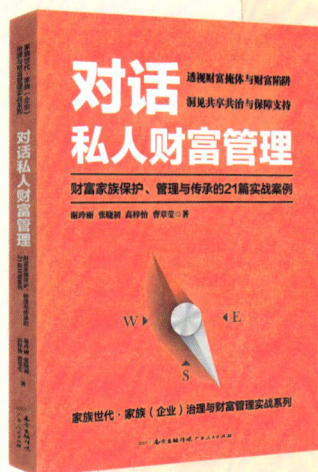

## 对话私人财富管理

透视财富掩体与财富陷阱
洞见共享共治与保障支持

财富家族保护、管理与传承的21篇实战案例

温玲丽 张晓鹃 高梓怡 曹章棠 著

家族世代·家族（企业）治理与财富管理实战系列

---

## 对话家族顶层结构

家族能力的核心逻辑
财富管理的顶层设计

家族财富管理整体解决方案的27堂课

张钧 蒋松承 张东兰 魏陵凡 胡奇 著

家族世代·家族（企业）治理与财富管理实战系列

国内第一本系统解构家族顶层结构的专著。

家族顶层结构的有效规划与安排是家族（企业）财富保护、管理与传承的核心路径。本书从家族（企业）治理、家族所有权（权益）结构以及家族力三个重要维度切入，全面系统地揭秘家族（企业）在顶层结构构建过程中的逻辑、路径与方法，从实战出发，从"道"与"术"两个层面揭示家族（企业）所有权、控制权、经营权及收益权的配置精要。

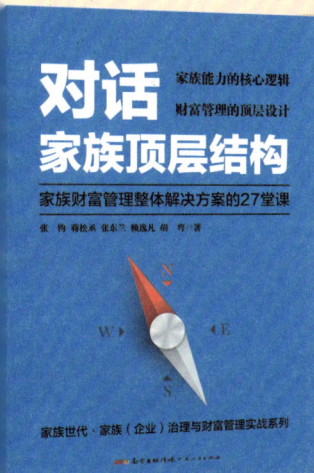

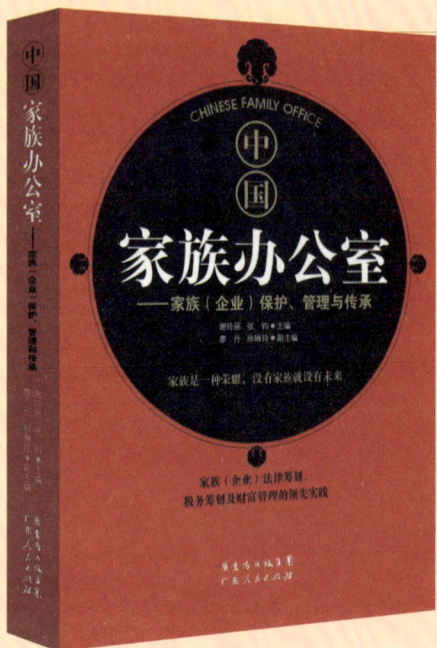

中国首本全面介绍和构建中国家族办公室服务体系的著作。

立足于中国的现状，深入探索家业长青及家族（企业）保护、管理与传承的规律，为中国家族（企业）的未来发展提供有力支撑。

集合了法律筹划、税务筹划、财富管理等不同专业的内容，具有指引实践操作的意义。

中国第一本以家族办公室视角深入阐释和解析财富管理的著作。

首次提出"家族生态系统"概念，全方位剖析家族基业内涵，系统阐释家族生态系统运作机理。

清晰地界定出四大家族资本（人力资本、文化资本、金融资本和社会资本）与八大家族子系统（治理系统、投资系统、法务系统、税务系统、风控系统、教育系统、慈善系统和生活系统），并从金融资本的视角深入剖析家族各系统与金融资本之间的联动关系，系统阐释家族生态系统运作机理，给出四大资本维系、增长与交接的路线图。

中国第一本真正在全球视野下深度解析家族信托构建与运用的专著。

将信托原理与实践紧密结合，通过对大量国内外家族信托立法与案例的分析，深入解读家族信托的逻辑演绎与实务操作。

把握家族信托运用与限制的基本矛盾，将家族信托去功利化、去神秘化；强调信托技术价值与制度尊重的平衡，信托利益相关人理性与欲望的平衡；注重信托功能实现与危机应变的统一，信托内外部保护与救济手段的结合；指引了定制完美家族信托的方向与路径。

弥补了当前市场上同类书籍在论述深度、广度及实践性方面的不足，提出了公司法律顾问服务产品化的新概念，对公司法律顾问服务领域的研究和实践能产生巨大的推动作用，对法律实务工作者具有很强的借鉴意义。

不仅具有较强的创新性，还具有很强的实践性，直接面对法律工作者的实际工作，能为其解决现实问题提供直接的依据和参考。

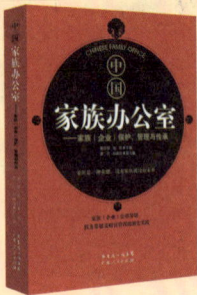

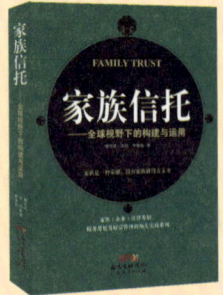

如您对本书有任何疑问和建议，或者想要与我们进行业务洽谈，欢迎与我们联系！

如您对家族（企业）与私人财富保护、管理与传承领域感兴趣，欢迎关注和丰家族团队的微信公众号"家族世代"。该公众号会定期向读者分享更多家族案例、专业文章以及相关的前沿资讯。

**联系人：**胡弯律师（团队法律筹划专家）

wan.hu@dentons.cn

吴林燕女士（团队公共关系部经理）

lynn.wu@multifo.com

020-38368531

扫描上方二维码
关注本团队微信公众号